科学出版社“十四五”普通高等教育研究生规划教材

国家社会科学基金重大项目
“社会治理现代化中的社会信用体系创新路径研究” 资助
（项目编号：23&ZD175）

绿色金融
——理论与农林实践

GREEN FINANCE:
THEORY AND AGRICULTURAL & FORESTRY PRACTICES

石宝峰 彭红军 主 编

科 学 出 版 社
北 京

内 容 简 介

本教材立足全球低碳转型的环境变化，将绿色金融教学内容分为 4 篇 14 章，分别为绿色金融基础、绿色金融体系与运行、绿色金融发展与可持续、绿色金融评价与监管。本教材既保持了相对完备的绿色金融理论体系，也融入了农林绿色金融实践的最新研究成果，同时增设了绿色金融思政专栏，填补了农林高校绿色金融教学的空白，为培养具有绿色金融专业素养的优秀人才奠定了坚实的基础。

本教材适用于全国 80 余所农林高校的经济类、管理类研究生，可作为农林经济管理、应用经济学、金融学等专业学生的参考用书。

图书在版编目（CIP）数据

绿色金融 : 理论与农林实践 / 石宝峰, 彭红军主编. 北京 : 科学出版社, 2025. 7. -- (科学出版社“十四五”普通高等教育研究生规划教材). -- ISBN 978-7-03-082286-4

Ⅰ. F832

中国国家版本馆 CIP 数据核字第 2025D9H762 号

责任编辑：方小丽　贾雪玲 / 责任校对：王晓茜

责任印制：张　伟 / 封面设计：有道设计

科 学 出 版 社 出版

北京东黄城根北街 16 号

邮政编码：100717

http://www.sciencep.com

北京市金木堂数码科技有限公司印刷

科学出版社发行　各地新华书店经销

*

2025 年 7 月第　一　版　开本：787 × 1092　1/16

2025 年 7 月第一次印刷　印张：12 1/4

字数：290 000

定价：68.00 元

（如有印装质量问题，我社负责调换）

《绿色金融——理论与农林实践》
编写人员

主　　编　石宝峰　彭红军

副 主 编　张龙耀　何　婧　李志勇　罗添元　顾雪松　彭艳玲
张靖佳　赵志冲　夏　咏　田茂茜　胡　振　熊　磊

编写人员　（按姓氏笔画排序）

石宝峰（西北农林科技大学）
田茂茜（西北农林科技大学）
李志勇（西南财经大学）
何　婧（中国农业大学）
张龙耀（南京农业大学）
张靖佳（南开大学）
罗添元（西北农林科技大学）
赵志冲（东北财经大学）
胡　振（西北农林科技大学）
夏　咏（新疆农业大学）
顾雪松（北京林业大学）
彭红军（南京林业大学）
彭艳玲（西北农林科技大学）
熊　磊（重庆理工大学）

PREFACE

前　言

党的二十大报告指出："我们要坚持教育优先发展、科技自立自强、人才引领驱动，加快建设教育强国、科技强国、人才强国，坚持为党育人、为国育才，全面提高人才自主培养质量，着力造就拔尖创新人才，聚天下英才而用之。"教材是教学内容的主要载体，是教学的重要依据、培养人才的重要保障。在优秀教材的编写道路上，我们一直在努力。

绿色金融作为推动高质量发展的关键途径，已成为贯彻新发展理念的内在要求。自2015年"中国金融学会绿色金融专业委员会"成立以来，我国逐步推进绿色金融体系建设。2016年发布的《关于构建绿色金融体系的指导意见》标志着我国成为全球首个由政府主导构建绿色金融体系的国家。此后，绿色金融逐渐成为各国和国际组织的共识。2017年，中国人民银行将绿色金融纳入宏观审慎评估，并自2018年起优先接受符合标准的贷款。2019年，我国发行了313亿美元的绿色债券，位列全球第二。2021年，绿色金融被纳入《中华人民共和国国民经济和社会发展第十四个五年规划和2035年远景目标纲要》(简称《"十四五"规划和2035年远景目标纲要》)，国家支持力度进一步增强，绿色金融业持续快速发展。在这一进程中，绿色金融与农林产业协调发展，相互融合促进，留下了众多实践案例与宝贵经验。

本教材是对绿色金融领域的一次全面探索，旨在帮助读者深入了解绿色金融的理论基础，并从理论和实践两个方面全面探讨了绿色金融在农林领域的应用。本教材系统讲授绿色金融学相关内容，设置基础知识、农林绿色金融实践、思政专栏、探究与思考、前沿专栏等相关模块，包含4篇14章内容，包括绿色金融基础篇、绿色金融体系与运行篇、绿色金融发展与可持续篇、绿色金融评价与监管篇。绿色金融基础篇包含绿色金融概念与缘起和绿色金融政策与发展两章内容；绿色金融体系与运行篇包含绿色金融体系概览、绿色金融市场、绿色金融市场的机构、绿色金融市场的交易机制4章内容；绿色金融发展与可持续篇包含绿色金融与"一带一路"、绿色金融与碳中和、绿色金融与生物多样性保护3章内容；绿色金融评价与监管篇主要包含金融机构绿色信用评价、绿色债券评估认证、企业主体绿色评级、ESG评级、绿色金融监管5章内容。

本教材的编写遵循以下3个层次的人才培养目标。

知识目标：①全面理解和深刻认识绿色金融的基本概念、相关政策及其发展；②系统掌握绿色金融体系及其运行机制，熟知绿色金融市场内各产品的特点及发展现状；③掌握绿色金融与"一带一路"、碳中和及生物多样性的关系，学习绿色金融在此间能发挥的作用以及作用方式；④掌握绿色金融评价理论与评价方法，学习绿色金融监管理论相关知识。

能力目标：①培养学生明晰绿色金融理论和解决金融实际问题的能力；②提高学生在社会科学方面的素养，为进一步学习其他专业课程打下必要的基础。

素质目标：培养新时代遵纪守法、诚实守信、具有绿色金融理念和金融报国情怀的金融人才。

本教材的主要特色和创新总结如下。

1. 有望填补农林高校农林经济管理、应用经济学、金融学研究生培养的教材空白

农林业绿色金融的实践和应用案例成果丰富，如绿色信贷支持土地综合整治、林业碳汇金融、林权抵押贷款等，形成了农林业绿色金融理论与实践体系。然而，全国相关教材建设尚处于空白阶段。在大力推进新时代生态文明建设的背景下，系统整理绿色金融的理论和在农林方面的实践，编写本教材，对于培养创新型卓越农林人才具有重要的意义。

2. 教材编写中融入课程思政元素

在教材编写中，围绕培养新时代遵纪守法、诚实守信、具有绿色金融理念和金融报国情怀的金融人才这一目标，充分挖掘课程的思政元素，运用案例教学、讨论探究式、新闻事件等多种方法，潜移默化地开展价值观教育、遵纪守法教育、诚信教育、自信教育、感恩教育、绿色金融理念教育以及金融报国情怀教育。

3. 优化“绿色金融”课程知识体系

本教材紧密契合全球低碳转型需求，教学内容划分为四大模块，共 14 章，涵盖绿色金融基础、绿色金融体系与运行、绿色金融发展与可持续以及绿色金融评价与监管等核心领域。本教材系统梳理了绿色金融的理论体系，并结合农林行业的最新实践成果，强调绿色金融在实际操作中的应用探索。同时，本教材特别设立了绿色金融思政专栏，强化思想政治教育与绿色金融实践的融合。本教材适合农林高校本科、研究生的教学需要，同时也可供企业管理人员、政府经济部门决策人员学习和参考，使得金融专业的人才培养更好地契合国家绿色金融发展需要。

4. 加大案例示范和前沿教学

设置案例专栏，通过正反面案例分析，实现知识理解和掌握部分案例融合课程思政元素的目标，培养绿色金融理念和金融报国情怀，达到教书育人的目的。

5. 优化课后练习，加大课后讨论探究问题的比重

课后习题加大了开放式的讨论探究问题的比重，其中包含课程思政方面的问题。

编 者

2025 年 1 月

CONTENTS

目　录

第一篇　绿色金融基础

第二篇　绿色金融体系与运行

第一篇

绿色金融基础

第1章 绿色金融概念与缘起

绿色金融是金融领域的一场创新与变革，代表了未来金融发展的新趋势与新方向。开展绿色金融对促进产业转型升级、推动区域经济可持续发展具有重要意义。

本章旨在阐述绿色金融的概念、演进，并从国内外两个视角展示绿色金融的实践概况。与国际相比，我国的绿色金融起步较晚，但经过不断探索与实践，目前我国在绿色金融的实践方面取得了喜人进步，未来发展势头良好。

1.1 绿色金融的概念

绿色金融具有两层含义：一是指金融业如何促进环保和经济社会的可持续发展；二是指金融业自身的可持续发展。前者强调了绿色金融在引导资金流向节约资源技术开发和生态环境保护产业、引导企业生产注重绿色环保，以及引导消费者形成绿色消费理念方面的作用；而后者则明确指出金融业需要保持可持续发展，避免注重短期利益的过度投机行为。

2016年8月31日，中国人民银行等七部委发布了《关于构建绿色金融体系的指导意见》，其中，绿色金融被定义为“支持环境改善、应对气候变化和资源节约高效利用的经济活动，即对环保、节能、清洁能源、绿色交通、绿色建筑等领域的项目投融资、项目运营、风险管理等所提供的金融服务”。二十国集团（Group of 20，G20）绿色金融研究小组在《G20绿色金融综合报告》中，将绿色金融定义为能产生环境效益以支持可持续发展的投融资活动。其中，环境效益包括减少空气、水和土壤污染，降低温室气体排放，提高资源使用效率，减缓和适应气候变化并体现其协同效应，等等。

与传统金融相比，绿色金融最突出的特点是，更强调人类社会的生存环境利益，它将环境保护和资源的有效利用程度作为计量其活动成效的标准之一，通过自身活动引导各经济主体注重自然生态平衡。它讲求金融活动与环境保护、生态平衡的协调发展，最终实现经济社会的可持续发展。

1.2 绿色金融的演进

绿色金融的发展大致可分为两阶段：过去的意识觉醒阶段和如今的逐步耦合阶段。

1.2.1 意识觉醒阶段

早期研究对绿色金融的定义是实践导向的，并未有清晰的内涵边界。涉及生态保护、资源节约、污染降低以及环境意识提高等的金融活动，均被冠以绿色金融之名。由于绿色项目属性特殊，其一般具有投资回报期限长、高风险、低收益等特点，较之一般投资项目而言并不具有比较优势。基于利润和风险管控的诉求，金融机构在选择其投资对象时，主要关注风险最小化、利润最大化，而非主动承担更多的社会责任。

20 世纪 70 年代，环境问题日益严峻。工业化程度较高的发达国家首次号召传统金融部门取缔利润决定论，开始履行相应的社会责任。1972 年，罗马俱乐部发布了《增长的极限》一书，首次提出了可持续发展理念，该理念引发了工业化社会环境资源矛盾日益突出的深入思考。1974 年，联邦德国设立了第一家政策性环保银行“生态银行”，其主要提供优惠贷款给商业银行不愿意受理的环境保护项目。美国国会在 1980 年通过的《超级基金法》将贷款人纳入了“潜在责任方”范畴，唤醒了金融机构对评估项目环境影响的重视，培养了重视声誉与环境责任的投资者。此时绿色金融理论尚未成型，但人们开始意识到金融活动对环境的影响，进而逐步产生并提出了绿色金融的概念。

1.2.2 逐步耦合阶段

在此阶段，新兴市场国家逐步开启绿色金融征程，绿色金融成为全球共识。1992 年，在巴西里约热内卢举行联合国环境与发展大会（United Nations Conference on Environment and Development，UNCED）期间，联合国环境规划署金融倡议（United Nations Environment Programme Finance Initiative，UNEP FI）督促金融机构实现可持续发展，并发布了《银行界关于环境可持续发展的声明》，以推动绿色金融（可持续金融）的发展。1997 年，《京都议定书》的签订标志着绿色金融正式成为发达国家重点关注的对象。

2002 年，世界银行下属的国际金融公司和荷兰银行提出了企业贷款准则“赤道原则”（Equator Principles，EPs），即金融机构投融资时需综合评估该项目对环境和社会可能产生的影响。自此，绿色金融逐步得到各国政府的重视，并在全球范围内快速发展。2005 年，《京都议定书》正式生效，开启了全球碳金融时代的新篇章。自此之后，国际碳交易市场发展逐步成熟，碳交易量以及交易额迅速增长，金融机构参与度不断提高，市场机制建设不断完善，碳金融业务逐步渗透到交易的各个环节，包括以碳排放权交易为核心的碳交易业务、碳金融衍生品交易和低碳项目开发的投融资活动等，国际发达地区的碳金融体系基本形成。

1.3 绿色金融的实践

1.3.1 绿色金融的国际实践

绿色金融概念的首次提出可追溯到 20 世纪 90 年代，2015 年因联合国发布可持续发展目标（Sustainable Development Goals，SDGs）和《巴黎协定》而首次进入公众视野。随后召开的 G20 峰会首次将绿色金融的国际发展纳入核心议题，就此启动多个经济体、公共和私营部门的绿色步伐，绿色金融开始在资本市场上崭露头角。现如今，绿色金融已走到全球资本市场的舞台中央。

1. 绿色金融市场蓬勃发展

国际绿色金融市场发展迅速，绿色债券、绿色信贷、绿色保险和碳市场等创新型金融产品不断涌现，全球金融和生态环境保护融合的广度和深度不断得到拓展。

1）绿色债券

绿色债券标准委员会制定的《中国绿色债券原则》规定，“绿色债券指募集资金专门用于支持符合规定条件的绿色产业、绿色项目或绿色经济活动，依照法定程序发行并按约定还本付息的有价证券”。绿色债券是目前绿色金融领域应用最成熟、最广泛的金融产品，占据着绿色金融产品市场的主导地位。

据气候债券倡议组织（Climate Bonds Initiative，CBI）统计，2022 年全球绿色债券发行总额为 4 871 亿美元，共有来自全球 51 个国家和地区的 741 家发行机构参与发行。其中，中国、美国、德国、荷兰和法国是全球绿色债券的主要发行国家。2022 年，中国首次超过美国，成为全球绿色债券发行量最大的国家。

从发行规模来看，过去 10 年间发行的十大主权绿色债券中，9 只来自欧盟，其中最大两只均发行于 2021 年，分别来自英国（137 亿美元）和意大利（101 亿美元）。十大公司债中，4 只来自美国的公司，其中最大一只是苹果公司于 2016 年发行的 120 亿美元绿色债券。

从债券主题来看，除了绿色项目债券外，其他新型产品有可持续发展挂钩债券、蓝色债券、生物多样性主题债券、碳中和债券、绿色零售债券以及数码绿色债券等。

2）绿色贷款

绿色贷款是为“绿色项目”筹集资金的贷款行为。绿色贷款也是绿色项目最常用的债权类融资工具。与绿色债券 2021 年发行量下降的表现不同，绿色信贷市场在 2021 年和 2022 年都保持了较快的增长速度。据环境金融数据库（Environmental Finance Data）统计，2022 年全球绿色贷款发行总额创下新高，达 513 亿美元，较 2021 年增长了 43.7%，由 221 个机构发放，与 2021 年相比几乎翻倍。

目前，全球对公信贷产品主要有绿色信贷、可持续发展信贷、可持续发展挂钩信贷、绿色及可持续贸易信贷和绿色项目融资及再融资信贷，其中可持续发展挂钩信贷发展最为迅猛，根据路孚特（Refinitiv，伦敦证券交易所集团旗下的金融市场数据和基础设施提供商）统计的数据，2021 年新发行的可持续发展挂钩信贷比 2020 年同比增长 300%以上，攀升至 7 170 亿美元。

3）绿色保险

绿色保险是绿色金融的重要组成部分，其通常指的是与环境保护和可持续发展相关的保险产品。这些保险产品旨在帮助个人和企业减少对环境的负面影响，并在环境灾害发生时提供保障。随着绿色保险的发展与演进，国际金融市场对于发展不同绿色保险产品的需求不断增加，以应对气候变化、自然灾害等带来的风险。瑞士再保险（Swiss Re Institute）集团 2021 年报告显示，2021 年全球由洪水、飓风等自然灾害造成的总经济损失高达 2 700 亿美元，其中实际投保金额却不到一半，即 1 110 亿美元。尽管如此，该投保数字仍创下历史新高。

目前，国际上具有代表性的绿色保险产品主要是针对政府、公共团体、企业以及家庭的巨灾保险、绿色能源保险和碳排放信用保险等。较具有代表性的实践有瑞士再保险集团所开发的碳信用保险产品和巨灾保险产品、法国安盛集团（AXA Group）推出的支持“绿色技术”的保险产品。

4）碳市场

碳市场是绿色金融的重要组成部分，碳市场利用市场化机制为碳排放权益定价，是目前将环境效益变现最为成熟的市场化尝试。2021 年，碳市场的增长量达到了近十年来的顶峰，且在 2022 年保持高位运行。作为重要的市场化减排工具，碳市场正受到越来越多的关注。

1997 年 12 月签订的《京都议定书》以及相关的一系列制度文件，为全球减少温室气体的排放、应对全球气候变化搭建了国际框架，为碳资产大规模、标准化交易奠定了基础。截至 2023 年 1 月，国际碳行动伙伴组织（International Carbon Action Partnership，ICAP）的报告显示，全球共有 28 个碳市场正在运行，覆盖全球 17%的温室气体排放，涉及全球将近 1/3 的人口。

国际碳市场较早开始探索创新碳市场交易工具。依托传统金融市场的优势，欧盟排放交易体系（European Union Emissions Trading System，EU ETS）在建立时就引入了碳金融衍生品，是目前全球规模最大、覆盖面最广、最具代表性的碳金融市场。2005 年，EU ETS 正式启动，是依据欧盟法令和国家立法建立的碳交易机制，也是目前世界上参与国最多、交易金额最大、发展最成熟的碳排放权交易市场，目前已形成多层次的碳排放交易市场体系。从减排效果来看，截至 2019 年，欧盟碳排放量相对 1990 年减少了 23%。从市场规模来看，根据路孚特对全球碳交易量和碳价格的评估，2020 年 EU ETS 的碳交易额达到了 1 690 亿欧元左右，占全球碳市场份额的 88%。

当前，国际社会在民间和政府层面、产业和金融领域、供给和需求两侧，都在积极探索建立一个全球性的统一碳定价机制。欧盟计划于 2027 年推出碳边境调节机制；美国经过长时间的谈判，在民主党的主导下于 2022 年通过了《通胀削减法案》，该法案是美国历史上最大的清洁能源与气候治理的投资法案。

2. 绿色金融政策法规体系逐渐完善、日益严格

随着全球环境问题的日益突出，包括气候变化、空气污染和水资源短缺等，绿色金融政策已经成为国际社会的重要议题。通过引导金融资本向低碳、环保和可持续发展方向流动，绿色金融政策能够有效应对气候变化和环境问题，促进经济社会的绿色转型。

欧盟的绿色金融政策是很多国家的重要参考标准，其政策框架以 2018 年的《可持续发展融资行动计划》（Action Plan: Financing Sustainable Development）为核心，重点在绿色分类法、监管和披露要求上。欧洲央行和英国央行分别使用压力测试来评估银行应

对经济和金融冲击的能力，欧洲央行的压力测试主要分为年度压力测试、特定风险压力测试和以宏观审慎为目的的压力测试三种类型。英国是全球首个立法承诺 2050 年实现温室气体净零排放的国家。2019 年，英国发布了《绿色金融战略》(Green Finance Strategy)，其核心要素是金融绿色化、融资绿色化和紧握机遇。美国绿色金融政策体系以 1980 年《超级基金法》为起点，核心是推进环境净化和控制温室气体排放。

3. 全球性绿色标准相继实施

目前，已有相关金融机构参与签订可持续管理的全球性绿色标准，均为针对可持续或气候相关的重大财务信息披露的自愿原则，各自有不同的披露侧重点，并且相互借鉴和融合。具体包括全球报告倡议组织（Global Reporting Initiative，GRI）标准（荷兰银行、汇丰银行、花旗集团等 1 290 家机构签约）、ISO 26000 标准及一些自愿加入的协议，如联合国环境规划署金融倡议（美国银行、瑞士信贷集团、摩根大通集团等 180 家金融机构参加）、联合国负责的投资原则（697 家机构签约）、联合国全球契约（德意志银行、荷兰国际集团、日本三菱日联金融集团等 7 500 家机构签约）、联合国气候变化框架公约、“赤道原则”及碳排放披露计划（高盛集团、美林证券、摩根士丹利等 534 家机构签约）等。所有这些标准均以可持续发展为目标，促进金融机构绿色投资经营。

4. 国际实践经验借鉴

1）创新绿色金融产品，拓宽融资渠道

为提高绿色金融市场的规范化水平，推进绿色金融法律和政策的执行，美国建立了专门的绿色金融组织机构，设立了全国性的环境金融中心、环境顾问委员会以及环境金融中心网络，以支持对绿色金融的推进与管理。澳大利亚积极发展绿色债券市场，扩大绿色债券发行规模，着力推进绿色基础设施改造，提高国家绿色金融的可持续发展能力。

2）调整完善法律法规，构建相关的战略合作计划

发达国家绿色金融起步较早，相关法律体系较为完善。美国联邦政府和各州政府制定了相关法律法规，以规范金融机构、行业部门、市场中介机构和个人行为；韩国颁布了《绿色增长基本法》等法令条例，将低碳增长战略纳入法律范畴，明确环保产业为绿色金融的发展方向；英国提出了《英国低碳转型计划》《英国可再生能源战略》等指导方针，并实施了“绿色新政”。

3）建设配套服务体系和市场主体

发达经济体在推动绿色发展的进程中，逐渐形成了配套服务体系。如国际四大会计师事务所均推出了环境、社会和公司治理（Environmental, Social, Governance，ESG）的信息披露与咨询业务。同时，发达经济体成立专业的投资机构来引导绿色金融的投资。2012 年，英国出资 30 亿英镑设立了英国绿色投资银行，致力于解决基础设施融资中市场缺失的问题，该银行 80%以上的资金投资于海上风电、废物和生物能源以及社区可再生能源等领域。

4）加强社会宣传，培养低碳的消费方式

欧盟注重舆论宣传，培育绿色债券投资群体，通过加强社会责任和投资者服务，促

使投资者更加关注绿色债券投资，使绿色发展的理念深入人心。韩国政府通过环保主题视频宣传和制作绿色宣传片等方式加大社会宣传力度，倡导市民绿色低碳生活等。

1.3.2 绿色金融的中国实践

与国际相比，我国的绿色金融起步较晚，但经过不断探索与实践，我国绿色金融的发展取得了长足进步，发展的框架体系基本建立，市场参与主体逐渐扩大，产品和服务创新不断深化。

1995 年 2 月 6 日，中国人民银行发布了《关于贯彻信贷政策和加强环境保护工作有关问题的通知》，将金融机构的信贷工作与环境保护相结合，发挥金融市场的作用来推动环境保护和污染防治相关工作。全国人民代表大会于 2016 年 3 月表决通过的《中华人民共和国国民经济和社会发展第十三个五年规划纲要》（简称“十三五”规划纲要）明确指出要建立绿色金融体系；同年，中国人民银行等七部委联合印发了《关于构建绿色金融体系的指导意见》，这是全球首个由中央政府部门制定的绿色金融政策框架，提出“构建绿色金融体系，不仅有助于加快我国经济向绿色化转型，支持生态文明建设，也有利于促进环保、新能源、节能等领域的技术进步，加快培育新的经济增长点，提升经济增长潜力”。

当前，我国进入了经济结构调整和发展方式转变的关键时期，绿色产业的发展和传统产业绿色改造对金融的需求日益强劲。2021 年 12 月 21 日，生态环境部办公厅等九部门印发了《关于开展气候投融资试点工作的通知》及《气候投融资试点工作方案》，提出了有序发展碳金融。指导试点地方积极参与全国碳市场建设，研究和推动碳金融产品的开发与对接，进一步激发碳市场交易活力。2022 年，中国银行保险监督管理委员会（简称中国银保监会）印发的《银行业保险业绿色金融指引》，要求银行保险机构贯彻落实党中央、国务院关于推动绿色发展的决策部署，从战略高度推进绿色金融。目前，中国的绿色金融体系已确立“三大功能”“五大支柱”的政策思路，以及通过完善绿色金融标准体系，强化金融机构监管和信息披露要求。党的二十大报告提出，推动经济社会发展绿色化、低碳化是实现高质量发展的关键环节，特别指出要推动制造业高端化、智能化、绿色化发展，同时强调绿色环保是中国经济新的增长引擎之一。

目前，中国已形成多层次的绿色金融产品和市场体系，其中绿色信贷、绿色债券发展较快，体系较为成熟，规模居于世界前列。2016 年，中国债券市场上的绿色债券发行规模为 2 314 亿元，共发行了包括金融债、企业债、公司债和资产支持证券等各类债券 60 只，之后呈逐年上升趋势。截至 2020 年，境内绿色债券的累计发行规模突破 1 万亿元，达到 11 095.54 亿元。

2019 年 11 月 20 日，中国人民银行发布的《中国绿色金融发展报告（2018）》显示，绿色金融发展取得了新成绩和新进展。截至 2018 年末，全国银行业金融机构绿色信贷余额为 82 300 亿元，同比增长 16%；全年新增 11 300 亿元，占同期企业和其他单位贷款增量的 14.2%。2018 年，绿色企业上市融资和再融资合计 224.2 亿元。绿色基金、绿色保险、绿色信托、绿色 PPP（Public-Private Partnership）、绿色租赁等新产品、新服务和新业态不断涌现。

2022 年，我国绿色贷款保持高速增长，分用途看，基础设施绿色升级产业、清洁能源产业和节能环保产业贷款余额分别为 98 200 亿元、56 800 亿元和 30 800 亿元，同比分别增长 32.8%、34.9%和 59.1%。分行业看，电力、热力、燃气及水生产和供应业绿色贷款余额 56 200 亿元，同比增长 27.4%；交通运输、仓储和邮政业绿色贷款余额 45 800 亿元，同比增长 10.8%。与 2021 年相比，2022 年的投向结构更加均衡和多元化，投向其他行业的绿色信贷比例有所上升。中国人民银行于 2023 年 12 月 25 日发布的《中国人民银行 2022 年报》数据显示：截至 2022 年末，金融机构本外币绿色贷款余额 220 300 亿元，同比增长 38.5%，高于各项贷款增速 28.1 个百分点，其中投向具有直接和间接碳减排效益项目的贷款分别为 86 200 亿元和 60 800 亿元，合计占绿色贷款余额的 66.7%。

思政专栏

习近平总书记谈绿色金融

2016 年 8 月 30 日，新华网报道了习近平总书记主持召开中央全面深化改革领导小组第二十七次会议。会议指出，发展绿色金融，是实现绿色发展的重要措施，也是供给侧结构性改革的重要内容。要通过创新性金融制度安排，引导和激励更多社会资本投入绿色产业，同时有效抑制污染性投资。要利用绿色信贷、绿色债券、绿色股票指数和相关产品、绿色发展基金、绿色保险、碳金融等金融工具和相关政策为绿色发展服务。要加强对绿色金融业务和产品的监管协调，完善有关监管规则和标准。

2022 年 10 月 25 日，新华网报道了习近平总书记在党的二十大上的报告全文，报告指出，“推动经济社会发展绿色化、低碳化是实现高质量发展的关键环节”，“推动经济实现质的有效提升和量的合理增长”。发展绿色金融，是推动绿色发展的必然要求。绿色金融主要为促进环境改善、应对气候变化和资源节约高效利用的经济活动提供金融服务，是促进绿色低碳发展的催化剂和加速器。推动绿色金融健康发展，对于促进绿色经济发展、切实把绿水青山转化为金山银山具有积极意义。

林业绿色金融实践

可持续性森林经营

森林在调节气候、维护生态平衡以及保护生物多样性等方面具有不可替代的作用，同时也是陆地上最大的碳储库、地球上最宝贵的资源之一。然而，由于人类的过度利用和不可持续的经营方式，全球森林面临着巨大的威胁。在此背景下，可持续性森林经营在促进国家经济、社会层面的可持续发展方面发挥着不可或缺的作用。可持续性森林经营是指在满足人类需求的同时保持森林生态系统的完整性和功能的管理方法。它注重平衡经济、社会和环境的发展，以长期满足人类日益增长的物质和环境需要，最终实现长期利益的最大化。

国家林业和草原局的统计数据显示，得益于我国多年来施行的退耕还林、天然林保护等多项森林保护和恢复政策，我国森林面积从 1998 年的 24 亿亩[①]增至 2021 年的 34.65 亿亩，森林覆盖率从 1998 年的 16.55%增至 2021 年的 24.02%，预计将于 2035 年达到 26%的峰值。虽然森林面积在逐步增大，但是森林质量仍然存在明显的“短板”，树种、树龄、结构单一，单位面积蓄积量少，已成为我国森林经营面临的一大挑战。推进可持续性森林经营，提高森林蓄积能力，增强森林碳汇能力和森林生态系统功能，提高森林生态系统的多样性、稳定性和持续性，加强森林可持续经营迫在眉睫。

党的二十大报告指出：“必须牢固树立和践行绿水青山就是金山银山的理念，站在人与自然和谐共生的高度谋划发展。”这无疑为我国森林资源的高质量发展指明了方向。2023 年 3 月，《全国森林可持续经营试点实施方案（2023—2025 年）》印发，根据该方案，全国范围内选择 310 个试点单位，试点任务规模拟定为 257.66 万亩，其中，中幼龄林抚育 241.37 万亩、低质低效林改造 16.29 万亩。当前，林草资源数量持续增加、质量稳步提高、功能不断增强，我国林草事业的发展正处在提质量、上水平的关键时期。通过科学且高质量的可持续性森林经营，不仅守护住了我们的“绿水青山”，也将产生令人惊叹的生态宝藏，为我们带来“金山银山”。进入生态文明新时代，作为水库、钱库、粮库、碳库的森林，必将是一片风光壮阔、潜力无限的蓝海。

探究与思考

1. 绿色金融包括哪几层含义，分别是什么？
2. 简述绿色金融的定义，并分析同传统金融相比它的突出特点。
3. 绿色金融的国际实践现状如何？对于我国发展绿色金融的经验借鉴有哪些？

① 1 亩≈666.7 平方米。

第 2 章　绿色金融政策与发展

绿色金融助力于社会、环境和经济的可持续发展。政策激励对推动绿色金融的发展具有重要意义。通过引导资本流向绿色产业，绿色金融政策有助于促进技术创新，增强金融机构的社会责任，推动国际合作，实现可持续发展目标，并提高公众对环境保护的认识。

本章将深入探讨国内外绿色金融政策的发展历程与政策安排，为推进绿色金融体系建设提供参考和借鉴。

2.1　国际开发性金融机构的绿色金融政策

2.1.1　国际绿色金融的发展

随着全球环境问题的日益突出，绿色金融作为一种重要的金融创新模式逐渐兴起，并在过去几十年中取得了显著的发展。通过文件的梳理，可将国际绿色金融的发展划分为起源阶段、发展阶段和现阶段。

1. 起源阶段（20 世纪 60 年代至 80 年代末）

绿色金融的萌芽可以追溯到 20 世纪六七十年代，环境问题开始受到全球范围内的关注。联合国于 1972 年举办了首届人类环境会议，该会议标志着环境问题正式进入国际议程。然而，当时的金融体系更多关注经济增长和发展，环境保护并没有得到足够的重视。

随着时间的推移，人们面临的环境压力逐渐增大，环境意识也逐渐提高，可持续发展理念开始兴起。这一时期，环境和社会问题开始引起了一些具有社会责任感的欧美投资者的关注。同时，越来越多的公司开始意识到，公司的长期价值与环境质量和地球的健康密切相关。在这一阶段，绿色金融的发展主要是由市场驱动的。投资者开始将环境和社会因素考虑在内，积极选择符合环境和社会责任标准的投资项目。社会责任投资（social responsible investment，SRI）迅速普及，成为投资者关注的热点之一。这一趋势推动了绿色金融产品和服务的发展，为可持续发展提供了资金支持和市场动力。

2. 发展阶段（20 世纪 90 年代初至 2014 年）

在此阶段，气候变化成为一个重要的全球问题，其标志是 1992 年在巴西里约热内卢召开的联合国环境与发展大会通过的《联合国气候变化框架公约》。在此期间，各国政府积极推动绿色金融发展，并建立了若干多边融资机制。1991 年成立的全球环境基金（Global Environment Facility，GEF），是第一个支持发展中国家实现生物多样性、气候变化、化学品和荒漠化等国际环境公约和协定目标的重要多边融资机制。1994 年，《联合国气候变化框架公约》正式生效，呼吁发达国家根据"共同但有区别的责任"原则，向发展中国家提供资金，以推动减缓和适应气候变化的行动。全球环境基金受托负责《联合国气候变化框架公约》气候资金机制的运作。2001 年，《联合国气候变化框架公约》第七次缔约方大会同时设立了最不发达国家基金和气候变化特别基金，由全球环境基金管理，此外还根据《京都议定书》设立了适应基金，后由世界银行管理。这些基金旨在为发展中国家应对气候变化提供资金支持，主要是支持适应性项目和方案。

1997 年，《联合国气候变化框架公约》第三次缔约方大会通过了《京都议定书》，要求主要工业发达国家在 2008～2012 年承诺期内，将其温室气体排放量在 1990 年的水平上平均减少 5.2%。根据 2005 年生效的《京都议定书》的清洁发展机制，发达国家可以投资发展中国家的减排项目并获取碳信用额，以此完成其温室气体减排义务，这为发展中国家减缓气候变化提供了另一个资金来源。同时，《京都议定书》还允许发达国家通过碳交易来管理其碳信用额的不足或盈余。2005 年，欧盟启动了碳排放交易，实施总排放量限额和排放权交易制度。在第一阶段的试验后，EU ETS 于 2008 年进入第二阶段，以履行《京都议定书》的承诺。2010 年，《联合国气候变化框架公约》第十六次缔约方大会设立了绿色气候基金，其任务是帮助发展中国家限制或减少温室气体排放，并适应气候变化的影响。绿色气候基金于 2011 年开始运作，是目前世界上最大的气候基金。

在这一阶段，多边开发银行（世界银行和区域开发银行）设立了各种适应和减缓气候变化的基金，以支持发展中经济体成员采取应对气候变化的行动。许多双边援助增加了对发展中国家适应和减缓气候变化项目和方案的支持。除了这些官方绿色金融举措外，还出现了市场化自发的绿色和可持续金融倡议，目的是相互交流学习和倡导良好的投资原则。其中包括 1992 年发起的联合国环境规划署金融倡议、2003 年通过的"赤道原则"、2006 年通过的责任投资原则、2009 年发起的联合国可持续证券交易所倡议、2009 年成立的全球价值银行联盟、2012 年启动的可持续银行网络、2012 年通过的联合国环境规划署金融倡议的《可持续保险原则》。

绿色金融的市场创新也为这一阶段的重要特征。2007 年，欧洲投资银行在卢森堡证券交易所发行了世界上第一只"气候意识"债券。2008 年，世界银行发行了第一批绿色债券。从此，绿色债券的发行激增，国际标准也日益规范。2013 年，瑞典房地产公司瓦萨克罗南（Vasakronan）发行了第一只企业绿色债券，同年，美国马萨诸塞州发行了第一只绿色市政债券（气候债券倡议）。

3. 现阶段（2015 年起至今）

2015 年，联合国可持续发展目标和《巴黎协定》的通过推动了绿色金融的全球发展。《巴黎协定》强调，发达国家应带头为资金缺乏和受气候变化影响较大的国家提供资金援助，还首次鼓励其他缔约方根据自身情况提供援助。2015 年在巴黎召开的《联合国气候变化框架公约》第二十一次缔约方大会上，商定《联合国气候变化框架公约》资金机制的运作主体——绿色气候基金、全球环境基金、气候变化特别基金、最不发达国家基金将服务于《巴黎协定》。

2016 年以来，绿色债券的发行快速增长，涉及多种货币，覆盖区域广泛。然而，绿色债券的发行人主要集中在发达经济体和几个新兴经济体，美国、中国和法国在发行量上居首位。2016 年，波兰发行了第一只主权绿色债券。碳市场和碳融资也在全球范围内取得了重大进展。EU ETS 提高了碳排放总量削减系数，2020 年碳排放配额拍卖占比已提高到 57%，并将继续提升。2021 年，欧盟碳市场进入第四阶段（2021～2030 年），对减排方案作了进一步修订，包括从 2021 年起将年度排放配额递减率提高到 2.2%，以确保欧盟 2030 年减排目标的实现。2015 年，韩国也启动了碳排放权交易市场系统，该系统是东亚第一个全国性的碳交易系统。如今，越来越多的欧洲、北美、亚洲及太平洋、拉丁美洲与加勒比国家和地区正在以不同的速度发展碳市场。

2.1.2　推动国际绿色金融的政策安排

1. 欧盟和英国

欧盟和英国目前均已制定了相对全面的绿色金融政策，以推动绿色金融发展。

欧盟通过出台一系列的政策和战略，建立了一个清晰的绿色金融组织架构。2019 年，《欧洲绿色新政》由欧盟委员会提出，旨在将欧盟转变为一个资源利用高效、包容性强且具有竞争力的现代经济体，并到 2050 年实现温室气体净零排放。欧盟于 2020 年 1 月启动了《可持续欧洲投资计划》，以在未来十年内调动至少 1 万亿欧元的可持续投资来支持绿色转型。2021 年 7 月，欧洲议会议员通过了一个自愿性标准——“欧洲绿色债券标准”，作为《可持续欧洲投资计划》的一部分，其有力地推动了资本流向那些有助于欧盟在 2050 年前实现净零碳排放目标的项目，该标准将使用欧盟绿色分类法中有关绿色经济活动的详细定义来界定绿色投资。

作为欧洲绿色新政的重要组成部分，绿色可持续金融已成为一个重要的政策议程。该议程包括《可持续发展融资行动计划》（于 2018 年 3 月通过）、修订后的《可持续金融战略》（于 2021 年 7 月通过）和新的《向可持续经济转型的融资战略》（于 2021 年 7 月通过）。EU ETS 是绿色金融的另一个关键组成部分。按照年度交易量进行计算，欧盟的碳市场交易规模目前位居全球首位。2022 年，EU ETS 的碳交易额达 7 514.59 亿欧元，占全球总量的 87%。根据《2023 年欧盟碳市场进展报告》，2023 年 EU ETS 的碳交易额达到了 7 700 亿欧元，比 2022 年的 7 514.59 亿欧元增长了 2%，仍占全球总量的 87%左右。

同欧盟一样，英国也制定了相对完整的绿色金融政策框架。英国政府于 2019 年发布了《绿色金融战略》，并提出了两个目标：推动私人资本流向与清洁能源、环境可持续和韧性增长相一致的方向，并加强英国金融服务部门的竞争力。近年来，英国制定并采取了一系列国内、国际政策，以引领全球绿色金融的发展。2017 年，英国建立了绿色金融工作组，发布了《清洁增长战略》，并成为首个采纳气候相关财务信息披露工作组建议的国家，于 2019 年发布了《绿色金融战略》，2021 年成立了绿色技术咨询小组，该小组负责对标欧盟分类法，制定英国的绿色分类法。2021 年 10 月 31 日至 11 月 12 日，在英国主办的第26届联合国气候变化大会上，近200个缔约方都达成了《格拉斯哥气候公约》，这项全球协议将在本十年加速应对气候变化的行动，并最终完成巴黎规则手册。

2. 美国

美国具有世界上历史最悠久、结构最复杂、发达程度最高的金融体系。同欧洲各国的情况不同，美国的绿色金融发展模式整体呈现出“自下而上”的市场驱动模式，联邦政府对绿色金融市场的干预较少，大多数的环境和气候政策由各州做决策。

2009 年，奥巴马签署了《美国复苏和再投资法案》，超过 800 亿美元用于清洁能源的研究、开发和部署。2021 年 3 月，拜登政府颁布了《美国就业计划》，涉及新能源的直接投资约为 3 270 亿美元，其中 1 740 亿美元用于扶持电动汽车产业，460 亿美元用于清洁能源采购，520 亿美元用于重点支持农村制造业和清洁能源，550 亿美元涉及解决气候危机的相关技术突破。2021 年 11 月通过的《基础设施投资和就业法案》将投资 1 150 亿美元用于清洁能源转型和电力基础设施升级改造，以及 1 520 亿美元用于改善环境污染问题和提供清洁水资源。

2.2 中国绿色金融政策

2.2.1 中国绿色金融的发展

生态文明建设是关系中华民族永续发展的千年大计，发展绿色金融是推进生态文明建设、实现绿色高质量发展以及建设美丽中国的重要手段。在多方支持与共同努力下，中国绿色金融发展大体经历了部门探索、顶层设计与基层差异化发展三个阶段。

1. 绿色金融部门探索阶段

20 世纪 90 年代以来，监管部门率先推出绿色金融政策措施，开启绿色金融实践探索。1995 年 2 月，中国人民银行颁布的《关于贯彻信贷政策与加强环境保护工作有关问题的通知》，首次将金融机构信贷工作与环境保护结合起来，提出把环境保护和污染防治纳入银行授信决策因素。中国银行业监督管理委员会（简称银监会）于 2007 年 11 月印发的《节能减排授信工作指导意见》，倡导金融机构响应国家节能减排战略，严把“高耗能、高污染项目”贷款闸门，满足“节能环保项目”贷款需求。2012 年，银监会发布的《绿色信贷指引》，提出完善相关信贷管理系统，明确绿色信贷的支持方向和重点领域，促进经济发展方式转变和经济结构调整。

在绿色金融政策的引导下，以兴业银行为代表的金融机构积极推进绿色金融业务发展。兴业银行在 2008 年 10 月 31 日宣布正式采纳“赤道原则”，成为国内首家赤道银行（指接受“赤道原则”的银行），这代表中国在发展“绿色银行”领域成功实现一项重大突破。兴业银行在绿色金融领域为业界树立了榜样，总结出了可复制、可推广的经验，在推动构建中国绿色金融体系方面发挥了重要作用。

在此期间，绿色保险和碳市场政策也开始启动。2007 年，国家环境保护总局（简称国家环保总局）与中国保险监督管理委员会（简称保监会）发布的《关于环境污染责任保险工作的指导意见》提出，加快建立环境污染责任保险制度，进一步健全我国环境污染风险管理制度。2011 年，国家发展和改革委员会（简称国家发展改革委）在北京、天津、上海等 7 省市开展碳排放权交易试点，覆盖电力、水泥、钢铁等 20 多个行业的近 3 000 家重点排放单位。

2. 绿色金融顶层设计阶段

党的十八大以来，党中央、国务院高度重视生态文明顶层设计与制度体系建设，并将“绿色发展”纳入国家战略范畴，使绿色金融进入快速发展阶段。2012 年，党的十八大提出的“推进生态文明建设”，成为治国理政的长期方略。2015 年，党的十八届五中全会提出“创新、协调、绿色、开放、共享”的发展理念，将绿色作为经济社会高质量发展的底色，促进人与自然和谐共生。2015 年 9 月，中共中央、国务院发布了《生态文明体制改革总体方案》，提出建立绿色金融体系。2015 年 12 月，中国人民银行、国家发展改革委办公厅相继发布了《绿色债券支持项目目录（2015 年版）》《绿色债券发行指引》，明确绿色债券发行规范与标准。

3. 绿色金融基层差异化发展阶段

2017 年 6 月以来，中国在浙江、江西、广东、贵州、新疆五省（区）八地开展绿色金融改革创新试点，形成中央顶层设计与地方实践探索相结合的绿色发展新路径。试验区结合自身具体情况，出台绿色金融改革创新试点方案，为形成可供复制和推广的改革提供创新经验。2019 年 11 月，国务院正式批复甘肃兰州新区设立绿色金融改革创新试验区，甘肃兰州新区成为第九个试验区。2022 年 8 月，重庆市获批全国第十个试验区。截至 2023 年第三季度末，试验区（含已结项）绿色贷款余额接近 2.3 万亿元，占全部贷款的 14.96%。绿色债券余额约 3 600 亿元，同比增长 29.55%，对区域低碳转型的支持力度不断加大。

2.2.2　推动中国绿色金融的政策安排

中国绿色金融政策框架的特点是具有完善的顶层设计、“自上而下”的贯彻落实方式，以及创新性的地方试点工作。

我国绿色金融政策体系呈现三个主要特征。一是战略化。2015 年 9 月，中共中央、国务院印发了《生态文明体制改革总体方案》，明确指出“建立绿色金融体系”，这标志着绿色金融正式成为我国的国家战略；2016 年 8 月，中国人民银行等七部委联合发布的《关于构建绿色金融体系的指导意见》从国家层面对绿色金融体系作出了总体规划。目前，绿色金融的战略化程度不断提升，《深圳经济特区绿色金融条例》的正式实施标志着绿色金融政策上升至法律约束层面。二是整体化。我国绿色金融的政策制定内嵌于国家发展整体规划之中，呈现出“阶段化”特征，结合绿色金融发展情况提出新要求，《“十三五”规划纲要》提出要“建立绿色金融体系，发展绿色信贷、绿色债券，设立绿色发展基金”，

《“十四五”规划和2035年远景目标纲要》提出要“大力发展绿色金融。健全自然资源有偿使用制度，创新完善自然资源、污水垃圾处理、用水用能等领域价格形成机制”。三是协同化。绿色金融的实施需要财政、环保、产业等多部门联合协同才能减少行政和业务壁垒，形成政策合力。目前重大绿色政策的推进，从相关政策起草制定到颁布实施，均是多部门合作。例如，我国绿色金融体系建设最全面的指导性政策文件《关于构建绿色金融体系的指导意见》，是由中国人民银行、财政部、国家发展改革委、环境保护部、银监会、中国证券监督管理委员会（简称证监会）和保监会七部委联合发布。

为积极推进中国绿色金融的发展，中央各部委发布了一系列绿色金融政策指导意见，涉及绿色信贷、绿色证券、绿色保险、绿色基金、绿色公私合营、环境权益交易和地方试点项目等，其中包括《绿色信贷指引》（2012年发布）、《绿色债券支持项目目录》（2015年版、2019年版和2021年版）以及《关于促进应对气候变化投融资的指导意见》（2020年发布）。

思政专栏

绿色金融列入G20峰会议题

2015年4月，中国金融学会绿色金融专业委员会成立，成员单位达140家，所管理的金融资产余额占中国全部金融资产的65%左右。成果方面，诸多研究项目如环境效益评估、环境压力测试、自然资本估值、绿色股票指数、绿色债券评级等都取得了可喜的进展。

2016年是中国绿色金融发展元年。G20峰会顺应热点，首次把绿色金融列入议程，并向大会提交了《G20绿色金融综合报告》，拓展了解决温室气体排放的融资途径，有效缓解了财政资金不足的状况。这也说明金融服务业将在减少碳排放和环境保护中扮演更加重要的角色。

中国作为轮值主席国，首次将绿色金融纳入G20峰会重点议题，这一方面体现了中国积极推动经济向绿色低碳可持续发展方向转型的决心，另一方面也体现了发展起来的中国作为一个大国的责任与担当，有助于在全球范围内推动绿色金融发展，促进可持续发展和应对气候变化的国际合作。

首先，将绿色金融列入G20峰会议题，意味着全球最具影响力的经济体将共同关注和致力于推动绿色金融发展，从而在全球范围内推动可持续发展和应对气候变化的议程。G20是由世界上最具影响力的20个经济体组成的论坛，其成员国占据全球国内生产总值（gross domestic product，GDP）的85%、贸易量的80%、人口的67%，因此G20峰会是全球经济政策制定的重要平台。

其次，绿色金融是应对气候变化和推动可持续发展的重要手段。通过引导资金流向对环境友好的项目和企业，绿色金融可以促进低碳经济的发展，减少对环境的不利影响，提高资源利用效率，推动清洁能源和环保技术的发展。

最后，G20成员国在金融和经济领域有着丰富的经验和资源，它们的共同行动和努力对于推动绿色金融发展具有重要的示范和引领作用。通过在G20平台上分享经验，推动合作项目，制定共同标准和政策，可以加速绿色金融的国际化进程，促进全球绿色金融市场的发展，进一步推动可持续发展议程的实施。

思政专栏

建立健全绿色低碳循环发展经济体系

建立健全绿色低碳循环发展经济体系是党中央、国务院作出的重大战略决策，是促进生态文明建设、构建现代化经济体系和实现高质量发展的必由之路。2021 年 2 月 22 日，国务院印发的《国务院关于加快建立健全绿色低碳循环发展经济体系的指导意见》，成为解决我国经济发展过程中存在的资源环境生态问题的基础之策，对“十四五”时期加快推进生态文明建设、落实碳达峰碳中和、2035 年建成美丽中国和基本实现社会主义现代化具有重要意义。

当前，我国已实现了第一个百年奋斗目标，即全面建成小康社会，并进入了全面建设社会主义现代化国家的新发展阶段。经济发展由高速增长阶段转向了高质量发展阶段。社会的主要矛盾也随之转变为人民日益增长的美好生活需要和不平衡不充分的发展之间的矛盾。人民群众对美好生态环境的需求已成为矛盾的重要方面。然而，如果我们不能解决资源环境问题，那么高质量发展就难以实现。建立健全绿色低碳循环发展经济体系是解决发展与保护之间关系的关键。这样的体系能够确保经济发展与资源环境气候之间的协调，有力促进高质量发展。同时，它也为实现第二个百年奋斗目标奠定了坚实的基础，助力我国成为富强民主文明和谐美丽的社会主义现代化强国。

农林绿色金融实践

2018 年贵州单株碳汇扶贫项目开发

碳汇是指能够吸收和储存大气中二氧化碳的自然或人工系统。这些系统包括森林、湿地、海洋和人工林地等。通过增加碳汇的容量，有助于减少大气中的二氧化碳含量，可以帮助减缓气候变化。碳汇也是国际碳交易和碳减排项目中的重要概念。相关研究表明，林木每生长 1 立方米蓄积量，大约可以吸收 1.83 吨二氧化碳，释放 1.62 吨氧气。

2018 年 6 月，贵州省单株碳汇项目应运而生，并于 2020 年 11 月 25 日被列入《国家生态文明试验区改革举措和经验做法推广清单》。贵州碳汇扶贫项目是一项尝试将树林的生态价值转化为助力乡村振兴的经济价值的创新之举，是一项旨在保护和合理管理贵州省的具有一定碳汇功能（吸收二氧化碳，产生并释放氧气）的森林资源，同时帮助全省深度贫困村建档立卡、合法拥有人工造林的贫困户增收脱贫的项目。2020 年 11 月 23 日贵州省整体脱贫。

据了解，2020 年，单株碳汇项目覆盖贵州省全省 18 个县 663 个村 10 326 户，开发碳汇树木 412.3 万株，年可销售碳汇金额 1 236.9 万元，其中“9+3”贫困区县以及盘州市共开发 10 187 户 406.3 万株，年可交易碳汇金额 1 218.9 万元。单株碳汇项目取得了阶段性成效，这也证明了该项目有助于将全省范围内的林木资源转化为经济价值，由此实现生态保护与百姓增收的双赢。但作为一种创新的生态产品价值实现机制，其也面临着开发效率不高、生态产品不全面、社会力量参与度较低等难点问题。贵州省将进一步扩大参与对象范围，同时强化责任性购碳约束，推广碳金融产品和服务，助力乡村振兴，实现百姓富、生态美的有机统一，让绿水青山真正变为金山银山。

农林绿色金融实践

2017 年三都县“林权抵押”+“深扶贷”

三都县“林权抵押”+“深扶贷”是指 2017 年在中国贵州省黔南布依族苗族自治州三都水族自治县推出的一项金融扶贫政策。这项政策旨在帮助贫困户利用自己的林地资源获取贷款，从而促进经济增长和减轻贫困压力。

一是运用“林权抵押”业务模式，充分挖掘了农村的可利用资本，贫困户可凭借借款人或第三人拥有的森林资源资产作为抵押物来申请贷款，此举有效解决了贫困户发展产业长期以来的资金瓶颈问题。让“沉睡”的森林和林地资源变成了可以抵押融资的资产，有效地拓展了贫困户的融资方式和渠道，让贫困户能够充分利用既有资源的优势，促进自身产业发展并带动当地经济增长，实现了贷款担保方式新的突破。

二是运用“深扶贷”贷款条件发放贷款，不仅降低了绿色企业的融资成本，提高了绿色经济效益，还能很好地解决当地贫困户的就业问题，产生较强的社会效益，真正实现“效益+名誉”双丰收。

2020 年 3 月 3 日，三都县成功脱贫摘帽，“林权抵押”+“深扶贷”有一定的贡献。这种模式将林权抵押与特色贷款产品相结合，是金融服务地区农村经济和绿色产业发展的创新实践，为金融机构在农村地区开展业务提供了新的思路和模式，有助于金融机构更好地服务乡村振兴战略，同时也为其他地区解决农村产业发展融资问题提供了可借鉴的经验。

探究与思考

1. “建立绿色金融体系”是由哪一份文件所提出的？其标志着什么？
2. 我国首家赤道银行是哪一家银行？它是什么时候采纳的“赤道原则”？它在绿色金融领域产生了什么贡献？
3. 我国绿色金融政策体系呈现的主要特征是什么？
4. 简述绿色金融列入 G20 峰会议题的意义。

第二篇

绿色金融体系与运行

03

第3章　绿色金融体系概览

为助力实现碳达峰碳中和，落实党的十九届五中全会和 2020 年中央经济工作会议有关精神，中国人民银行认真组织开展了一系列研究，初步确立了“三大功能”“五大支柱”的绿色金融发展政策思路。

首先，本章将主要阐述绿色金融体系的功能与构成，从绿色金融体系结构角度出发讲述绿色金融体系的形成。其次，本章通过解构绿色金融体系的组成架构，系统梳理其演进脉络，重点从政策制度迭代与实践路径创新两个维度，全景式呈现中国绿色金融体系的发展轨迹与建设成效。随着全球绿色金融体系的不断完善和发展，我国绿色金融体系的研究与实践取得了一定的阶段性进展，未来发展趋势持续向好。

3.1　绿色金融体系的基本框架与功能

3.1.1　绿色金融体系的功能

1. 功能的概念界定

功能表示事物具有满足未来特定需求的能力，按一定标准对功能进行分类，有利于厘清创新思路，并最终设计出新产品。按产品被设计出来的目标划分，功能可以分为核心功能和附属功能。也有学者将功能分为核心功能和扩展功能，或者按照层级分为基本功能与二级功能。核心功能是产品本质属性的反映，也是界定和区分不同产品的本质特征。附属功能或者扩展功能则是建立在核心功能基础上的进一步延伸。比如说在经济体系中，金融的核心功能是实现资源合理配置，其扩展功能则表现在风险分散、信息提供等方面。不同功能之间相互联系，功能组合及相互关系共同构成了功能体系。

2. 绿色金融功能的界定与分类

谈到金融，无论是在理论还是实践中，我们首先想到投融资，并将金融定义为“银根”或“资金融通”。对绿色金融的理解也是如此，我们通常将其视为绿色投融资产品和中介体系。在对绿色金融的理论解读与实践过程中，我们容易只看到作为投融资的绿色金融，而忽视绿色金融所具有的丰富且立体的功能体系。事实上，功能视角有助于我们深化对绿色金融体系的理解。绿色金融虽然加上了“绿色”二字，但本质上仍然是金融，其发展离不开现有的金融体系基础。绿色金融既具有金融体系的一般功能，如资源配置功能、融资功能，也有传统金融所不具备的新功能。构建绿色金融体系不是简单颠覆之前的金融体系，而是在传统金融体系里将原先忽视的环境因素，作为新的约束条件纳入进来。绿色金融是一种新的发展范式，其在功能作用上体现“绿色”二字。

2021 年，中国人民银行将“落实碳达峰碳中和重大决策部署，完善绿色金融政策框架和激励机制”列为重点工作，并初步确立了“三大功能”“五大支柱”的绿色金融发展政策思路。“三大功能”简要概括如下。

第一，资源配置功能。通过一系列相应的绿色金融相关的产品创新等，引导和撬动金融资源更多的向绿色低碳领域倾斜。通过货币政策、信贷政策、监管政策、强制披露、绿色评价、行业自律、产品创新等，引导和撬动金融资源向低碳项目、绿色转型项目、碳捕集与封存项目等绿色创新项目倾斜。

第二，风险管理功能。诸如保险一类本身具有避险作用的金融工具，能够防范金融体系内与气候环境相关的风险，同时金融体系自身由于面临转型风险、物理风险，也需要通过使用气候风险压力测试、环境和气候风险分析、绿色和棕色资产风险权重调整等工具，提升其管理气候变化相关风险的能力。

第三，价格发现功能。各个银行对于绿色信贷都有差别化的利率，从 30 个 BP 到 100 多个 BP 不等，通过这种利率优惠来引导资金更多的支持绿色低碳的方向。另外，大力推动碳权交易市场的健康运行，能够发挥交易市场发现价格的功能，为交易、减排合理定价，同时也为投资低碳领域提供价格参考，推动全国碳排放权交易市场建设，发展碳期货等衍生产品。

也有学者从不同层面总结了绿色金融体系的功能，主要如下。

第一，绿色金融的核心功能。绿色金融的核心功能是实现资源在不确定性环境中跨时空配置，与传统金融体系相比，绿色金融体系的核心功能强调实现资源绿色配置。资源绿色配置主要体现为两个方面。一是实现资源利用的可持续性。资源绿色配置是建立在可持续性的基础上的，既要金山银山，也要绿水青山，要将绿水青山转化为金山银山。任何有利于资源可持续利用的经济活动，都属于绿色金融的核心功能可以发挥作用的范畴。二是构建环境友好型经济，这是实现资源绿色配置的根本目的。环境友好型经济是指在满足生产生活必需后，将人类活动对生态环境的负面影响降至最低，从而促使人类社会经济活动与自然生态环境之间形成良性互动。环境友好型经济是一个广义概念，经济活动难免会对周遭生态环境产生影响，要实现环境友好型经济，绿色金融体系在配置资源时需要将环境因素纳入生产生活各个方面，使生产消费各环节更加节能和环保。

第二，绿色金融的扩展功能。扩展功能是核心功能更具体的表达，是核心功能的自然衍生，也是实现核心功能的手段。绿色金融核心功能的实现离不开环境资源价格发现和环境风险管理这两项扩展功能。环境资源价格发现是指通过绿色金融工具将环境成本正确反映出来。例如，绿色信贷就是在传统信贷市场中将环境风险纳入银行的信贷发放，使得原本被忽视的环境风险成本反映到相关主体银行信贷成本当中。绿色信贷的实施使重污染企业面临着更高的贷款利率，而绿色企业可以获得更加优惠的贷款利率。环境风险管理是指绿色金融组织为客户提供专业的环境风险管理服务，降低客户面临的环境风险损失，其中最典型的是绿色保险。环境风险管理既包括宏观上的环境风险，比如全球气候以及国家区域性的物理环境风险管理，也包括微观上企业社会环境风险带来的投资和生产损失。

第三，绿色金融的衍生功能。衍生功能是扩展功能的自然衍生，也是扩展功能的实现手段。金融的衍生功能包括信息传递、公司治理、财富再分配、引导消费、经济激励等。绿色金融主要有三个衍生功能：绿色金融投融资服务、引导绿色消费、激励绿色产业发展。绿色金融投融资包括两方面。一方面，满足绿色经济发展的资金需要，为绿色产业发展、传统产业改造升级、引导绿色消费等活动提供投融资服务。实现将资金从“非绿”项目导入绿色项目，同时动员社会可利用资源支持绿色产业发展，进而引导绿色消费。另一方面，限制资金流入高污染、高耗能的企业。绿色金融的发展能够有效抑制对“两高”企业的投资，同时降低绿色投融资交易成本，将更多的社会资金撬入绿色发展领域。绿色金融体系还能重塑金融主体偏好，促使资金从“非绿”产业流向绿色产业。此外，使用绿色金融产品工具，也能够有效引导绿色消费，如针对新能源汽车的绿色消费信贷支持。

3.1.2　绿色金融功能体系的构成

理解事物的功能首先要确定事物的发展目标，绿色金融的发展目标由绿色经济发展需求所决定。绿色经济发展的核心需求是构建生态友好型现代经济体系，经济发展与生态环境之间能形成良性互动。绿色金融功能体系与绿色经济发展目标相对应，功能的实现意味着需求被满足。绿色金融功能体系由核心功能、拓展功能与衍生功能构成。绿色金融的发展目标、核心功能、拓展功能、衍生功能共同构成了绿色金融功能体系。其中，核心功能是发展目标的实现手段，拓展功能则是核心功能的实现手段。反过来，核心功能构成拓展功能的发展目标。层次之间形成一种线性的逻辑关系，而同一层次之间则是平行关系，共同对上一层目标发挥作用。

绿色金融功能体系具有以下三个特点。

第一，绿色金融功能体系的复杂程度往往和其核心目标的实现难度呈正相关关系。目标越复杂，越需要高度复杂的功能体系设计来实现这个目标。此外，功能只是对事物及现实可能产生的作用的一个抽象描述，其实现依赖于一定的组织结构和外部环境，分析功能必须同时考虑到这两个因素，这三者之间的关系构成了完整的绿色金融体系。

第二，绿色金融功能之间具有层级。功能体系总是包含不同的功能，而功能之间呈现出层级关系，表现为上一层功能构成下一层功能的发展目标，下一层功能则是上一层功能的实现手段。因而，绿色金融的核心功能构成其拓展功能的目标，绿色金融的拓展功能成为其核心功能实现的手段。同理，我们也可以得出拓展功能和衍生功能之间的关系。功能分析呈现出的这种关系，可以大大降低问题分析的难度，将目标和所需要的功能紧密联系起来。上下层级分析也使得问题分析更有逻辑性和层次性。除了功能体系内部表现出的上下层级关系，同一层级之间也存在某种作用关系，不同功能之间不是简单孤立割裂的，而是一个有机整体。

第三，绿色金融功能实现依赖于一定内外部条件。任何事物的发展都离不开一定的环境。广义的外部环境赋予事物功能需求，环境的变化同时也会带来事物功能需求的变化。环境若在短时间内处于比较稳定的状态，也能为功能的实现塑造一定的约束条件。

组织结构是功能实现的物质载体。抽象的功能只能停留在头脑中和图纸中，现实的功能必须通过对组织结构的设计来实现。同样一种功能可以由不同的组织结构来实现，同样一种组织结构也可以实现不同的功能，它们之间不是简单的一对一的关系，而是多对多的关系。功能可以作为组织结构的设计衡量标准，组织结构的确定可以由多个功能来共同决定。因此，绿色金融功能的实现，一方面依赖于绿色金融组织体系结构，另一方面依赖于所处的社会经济环境。

3.2 绿色金融体系结构及演进

绿色金融发展依赖于金融业和资本市场的改革与发展，以及强有力的政策支持。党的十八大以来，为深入推进生态文明建设，我国在绿色金融体系构建和绿色金融发展方面采取了一系列措施，取得了突破性进展。2012～2021 年，绿色金融体系经历了从无到有、从慢到快、由表及里的发展过程。绿色金融产品和市场规模不断扩大，全国绿色信贷总额、绿色债券数量、碳排放交易市场规模均位居世界前列。

3.2.1 绿色金融体系结构

体系是指一定范围内的事物因相互联系而构成一个有层次、有大小的整体。体系的核心要素主要包括三个：第一，体系承担的功能，这种功能可以表现为单一功能，也可以表现为和其他体系一起形成组合功能；第二，体系所处的外部环境；第三，体系功能承担者，即体系所具有的组织结构。对于还未发展成熟的绿色金融体系结构而言，其外部环境并不稳定，组织结构也在不断地发展变化，因此，从功能角度着手会更容易理解绿色金融体系结构。

金融体系包括以下三个互相关联的部分：第一，金融部门，包括各种金融机构、金融市场、金融工具；第二，微观主体，包括居民、企业、政府使用的融资行为；第三，金融监管体系。三者的关系不是孤立的，而是相互协调、相互适应，从而构成一个完整的整体，来发挥金融体系所承担的经济功能。对于绿色金融体系，同样可以从三个方面去理解：第一，绿色金融功能体系，是指绿色金融所具有的功能以及功能之间的关系；第二，绿色金融功能监管体系，是指绿色金融发展所面临的制度环境；第三，绿色金融组织体系，是指绿色金融参与机构以及绿色金融产品工具，是绿色金融实现的现实载体。绿色金融体系由绿色金融功能体系、绿色金融功能监管体系和绿色金融组织体系三部分构成，三者相互作用。

3.2.2 绿色金融体系演进

1. 绿色金融体系构建的相关政策演进

党的十八大以来，中国高度重视绿色发展，将生态文明建设上升到总体布局，并首次提出“建设美丽中国”。中国政府深刻认识到绿色金融在生态文明建设中的重要作用，相继出台了《绿色信贷指引》(2012 年)、《企业环境信用评价办法(试行)》(2013 年)、《绿色信贷实施情况关键评价指标》(2014 年)等。2015 年，中央政府工作报告首次提出了“大力发展普惠金融”，随后出台的《生态文明体制改革总体方案》首次明确提出“建立绿色金融体系”。《“十三五”规划纲要》在“发展绿色环保产业”中，明确提出“建立绿色金融体系，发展绿色信贷、绿色债券，设立绿色发展基金”，绿色金融正式写入国家规划纲要。

2016 年，以《“十三五”规划纲要》为指导，中国人民银行等七部门联合印发了《关于构建绿色金融体系的指导意见》，着力推动构建覆盖银行、证券、保险、基金、环境权益交易市场等领域的绿色金融体系。这一指导意见的出台标志着中国成为首个由政府推动系统建立绿色金融体系的国家，2016 年也被称为国内绿色金融发展元年。此后，绿色金融体系加速构建，进入快速全面发展阶段。2017 年，中国人民银行等部门进一步细化任务目标，出台了《落实〈关于构建绿色金融体系的指导意见〉的分工方案》，逐条落实牵头单位和成果进度，为绿色金融体系建设确定了时间表和路线图。同年，浙江、广东、江西、贵州、新疆 5 省(自治区)的绿色金融改革创新试验区获批，开始了绿色金融体制机制改革探索。2019 年 11 月，国务院正式批复甘肃兰州新区设立绿色金融改革创新试验区，甘肃兰州新区成为第九个试验区。除此以外，为推动地区绿色金融发展和经济绿色转型，非试点地区政府和市场主体也开展了形式多样的探索与实践。

2020 年 10 月，党的十九届五中全会通过了《中共中央关于制定国民经济和社会发展第十四个五年规划和二〇三五年远景目标的建议》，提出“强化绿色发展的法律和政策保障，发展绿色金融”。《“十四五”规划和 2035 年远景目标纲要》第十一篇“推动绿色发展 促进人与自然和谐共生”中第三十九章“加快发展方式绿色转型”，将“大力发展绿色金融”作为“构建绿色发展政策体系”的重要任务而提出。2021 年，中国人民银行初步确立了“三大功能”“五大支柱”的绿色金融发展政策思路，以适应国家产业结构、能源结构、投资结构和人民生活方式等全方位的深刻变化。2022 年 6 月，中国银保监会发布了《银行业保险业绿色金融指引》，指导银行保险机构从战略高度发展绿色金融，助力经济社会全面绿色转型。构建绿色金融体系、促进绿色金融发展成为未来中国经济社会发展的重要举措之一。

2. 构建绿色金融体系的阶段性进展

气候和环境是重要的全球公共产品。应对气候变化，保护生态环境，建设美丽地球家园，是全球各方参与者面临的共同任务。作为“人类命运共同体”理念的提出者和倡导者，中国始终坚持发展绿色金融和加强国际合作，致力于提升全球绿色金融共识。党的十八大以来，中国在构建绿色金融体系方面采取了一系列措施，取得了积极成效，实现了跨越式发展，绿色金融发展水平已居国际第一方阵。具体成效主要体现在以下四个方面。

第一，绿色金融政策框架日渐成型。绿色金融政策框架逐步完善，绿色金融体系逐渐健全。“自上而下”的顶层推动和“自下而上”的基层探索，推动着中国绿色金融体系不断完善。在国家层面，绿色金融相继被写入《生态文明体制改革总体方案》、中央政府工作报告、党的十九大报告、《“十三五”规划纲要》、《“十四五”规划和2035年远景目标纲要》。据不完全统计，2021年中共中央办公厅、国务院办公厅、中国人民银行、生态环境部等部门累计出台绿色金融相关政策文件20多项。《绿色债券支持项目目录（2021年版）》《银行业金融机构绿色金融评价方案》《关于明确碳中和债相关机制的通知》《关于建立健全生态产品价值实现机制的意见》《环境信息依法披露制度改革方案》相继发布，绿色金融标准体系、金融机构监管和信息披露、政策激励约束体系、绿色金融产品和市场体系、绿色金融国际合作“五大支柱”体系成型。绿色金融顶层设计覆盖更多部门，政策传导和政策工具使用纵深推进。在区域层面，全国七省（自治区）十地2017年以来先后设立绿色金融改革创新试验区，开展绿色金融实践，探索“自下而上”的绿色金融发展路径。2017年和2019年，国务院设立了贵州省贵安新区，浙江省衢州市、湖州市，江西省赣江新区，广东省广州市，新疆维吾尔自治区昌吉州、哈密市、克拉玛依市和甘肃省兰州新区9个绿色金融改革创新试验区。2022年8月，重庆市获批全国第十个试验区。各试验区先行先试，实现了绿色金融改革体制机制的重大创新，工作机制、组织机构、产品和服务创新、区域环境权益交易市场、配套制度、激励约束机制、国际合作和区域合作等方面的工作有序开展，形成了一批可复制、可推广的经验。

第二，绿色金融产品和工具更加丰富多元。一是绿色信贷。中国人民银行发布的《2021年金融机构贷款投向统计报告》显示，2021年末，本外币绿色贷款余额15.9万亿元，同比增长33%，比2020年末高12.7个百分点，高于各项贷款增速21.7个百分点，全年增加3.86万亿元。其中，投向具有直接和间接碳减排效益项目的贷款分别为7.3万亿元和3.36万亿元，合计占绿色贷款的67%。二是绿色债券。近年来，中国境内绿色债券发行体量迅速扩张，绿色债券创新品种不断丰富，碳中和债、蓝色债券等创新子品种增多，绿色债券规模居世界前列。中国银行间市场交易商协会（简称交易商协会）的数据显示，截至2021年底，中国绿色债券存量规模达1.16万亿元。2021年，中国境内新增绿色债券发行规模（不含绿色地方政府债券）约6 072.42亿元，占全国债券发行规模的0.98%；发行数量为484只，占全国债券发行数量的0.90%。另外，非贴标绿色债券发行规模为18 605.76亿元，发行数量为561只。三是绿色基金。据不完全统计，截至2022年1月5日，布局绿色投资相关方向的基金公司已有50余家，其中易方达基金管理有限公司、鹏华基金管理有限公司、富国基金、华夏基金管理有限公司、汇添富基金管理股份有限公司、工银瑞信基金管理有限公司、建信基金管理有限责任公司、景顺长城基金管理有限公司等公司布局力度较大。根据万得（Wind）数据库的统计，2021年绿色投资相关主题基金发行量超过50只，绿色基金规模接近8 000亿元，达到历年来最高峰。四是碳排放权交易。2021年7月，全国碳排放权交易市场成立，成为全球覆盖温室气体排放量规模最大的碳市场。上海环境能源交易所的数据显示，截至2021年12月31日，全国碳排放权交易市场共运行114个交易日，中国碳排放配额（Chinese Emission Allowances，CEAs）累计成交量1.79亿吨，累计成交额76.61亿元。其中，挂牌协议交易累计成交量3 077.46万吨，累计成交额14.51亿元；大宗协议交易累计成交量14 801.48万吨，累计成交额62.10亿元。超过半数的重点排放单位积极参与了市场交易。除上述发展比较成熟的领域外，金融机构在绿色保险、绿色租赁、绿色担保、碳金融衍生品等方面也开始了探索与创新，中国已经发展成为全球最大规模的绿色金融市场之一。

第三，绿色金融机制建设取得突破。首先，绿色金融体系更加完善，具体表现在：首次建立系统的绿色金融体系，《关于构建绿色金融体系的指导意见》提出构建覆盖绿色信贷、绿色债券、绿色基金等多部门、多领域的绿色金融发展框架；首次统一界定绿色项目标准，《绿色债券支持项目目录（2021 年版）》明确规定煤炭等化石能源清洁利用等高碳排放项目不再纳入支持范围；首次采纳国际通行的“无重大损害”原则，绿色债券更接近欧盟分类方案和全球通行原则；首次确立绿色金融“三大功能”“五大支柱”的绿色金融发展政策思路；首次将发展绿色金融纳入《“十四五”规划和 2035 年远景目标纲要》，使之成为生态文明建设的重要组成部分；首次成立全国统一的碳排放权交易市场，明确全国碳市场交易方式和结算规则；首次推出碳减排支持工具，降低清洁能源、工业能效等低碳项目资金成本。其次，金融机构监管和信息披露要求更加严格，完善上市公司治理章节，并新增环境和社会责任章节。最后，政策激励约束体系更加健全，构建绿色金融评价综合体系，将结果纳入央行金融机构评级等中国人民银行政策和审慎管理工具。

第四，绿色金融国际引领作用增强。一方面，我国绿色金融全球指数排名位居前列。由国际金融论坛（International Finance Forum，IFF）和中央财经大学（Central University of Finance and Economics，CUFE）绿色金融国际研究院（International Institute of Green Finance，IIGF）联合开发的全球绿色金融发展指数（Global Green Finance Development Index，GGFDI），是第一个从国家层面对绿色金融发展的政策与战略、市场与产品、国际合作三个维度进行综合评价的指数。据 2021 年 12 月的统计数据，在世界前 55 大经济体中，法国绿色金融发展指数名列第一，中国位列第四。其中，政策与策略方面，中国排名第三，仅次于英国和法国。另一方面，我国与其他国家在绿色金融方面的合作不断深化。中欧联合推出了《可持续金融共同分类目录》，向全球绿色金融标准化迈出了重要一步；中美气候领域的合作有所改善，《中美应对气候危机联合声明》和《中美关于在 21 世纪 20 年代强化气候行动的格拉斯哥联合宣言》相继发布；绿色“一带一路”稳步推进，投资“一带一路”共建国家绿色产业，以满足绿色发展需求；筹建多边开发性金融机构，如亚洲基础设施投资银行、新发展银行，加强我国在全球绿色金融领域的话语权。

思政专栏

关于构建绿色金融体系的指导意见

2016 年 8 月 31 日，中国人民银行、财政部、国家发展改革委、环境保护部、银监会、证监会、保监会联合印发了《关于构建绿色金融体系的指导意见》。该指导意见包括构建绿色金融体系的重要意义；大力发展绿色信贷；推动证券市场支持绿色投资；设立绿色发展基金，通过政府和社会资本合作模式动员社会资本；发展绿色保险；完善环境权益交易市场、丰富融资工具；支持地方发展绿色金融；推动开展绿色金融国际合作；防范金融风险，强化组织落实等九大部分 35 条具体意见。

随着《关于构建绿色金融体系的指导意见》的出台，中国成为全球首个建立比较完整的绿色金融政策体系的经济体。该指导意见强调，构建绿色金融体系主要目的是动员和激励更多社会资本投入到绿色产业，同时更有效地抑制污染性投资。构建绿色金融体系，不仅有助于加快我国经济向绿色化转型，支持生态文明建设，也有利于促进环保、新能源、节能等领域的技术进步，加快培育新的经济增长点，提升经济增长潜力。该指导意见提出了支持和鼓励绿色投融资的一系列激励措施，包括通过再贷款、建立专业化担保机制、绿色信贷支持项目财政贴息、设立国家绿色发展基金等措施支持绿色金融发展。该指导意见明确了证券市场支持绿色投资的重要作用，要求统一绿色债券界定标准，积极支持符合条件的绿色企业上市融资和再融资，支持开发绿色债券指数、绿色股票指数以及相关产品，逐步建立和完善上市公司和发债企业强制性环境信息披露制度。此外，该指导意见还提出发展绿色保险和环境权益交易市场，按程序推动制定、修订环境污染强制责任保险相关法律或行政法规，发展各类碳金融产品，推动建立环境权益交易市场，发展各类环境权益的融资工具。该指导意见支持地方发展绿色金融，鼓励和支持有条件的地方通过专业化绿色担保机制、设立绿色发展基金等手段撬动更多的社会资本投资于绿色产业。同时，该指导意见还要求广泛开展绿色金融领域的国际合作，继续在 G20 框架下推动全球形成共同发展绿色金融的理念。

林业绿色金融实践

林业碳汇与林业绿色金融

随着全球气候变暖加速，其带来的负面影响逐渐增多，气候变化已成为全球可持续发展面临的最严峻挑战之一。在此背景下，人类一方面需要不断提高气候适应能力，另一方面需要努力减少温室气体排放，降低全球升温速率，加快碳中和进程。基于森林、农田、草地、荒漠、湿地以及海洋生态系统碳汇能力的自然解决方案得到了广泛的关注、认可和发展。其中，森林作为陆地生态系统的主体，其碳汇能力将在应对气候变化中发挥举足轻重的作用。截至 2021 年底，全球森林总面积为 40.6 亿公顷，占全球土地面积的 31%，森林碳贮量高达 6 620 亿吨，几乎占到了陆地碳库总量的一半。

经过近 40 年的研究和发展，林业碳汇在全球应对气候变化工作中得到了充分的应用，并取得了一定效果。国际上，碳定价机制在全球广泛兴起，已有 13 个国家及区域的碳定价体系中纳入了林业碳汇抵消机制，包括碳市场机制和碳税机制，管制市场成为森林碳汇最主要的资金来源；在自愿市场方面，森林碳汇项目已超过可再生能源项目，成为交易量最大的自愿减排项目类型，但森林碳汇项目交易价格仍有待提升。在国内，林业碳汇起步较晚，但是发展迅速，我国目前参与的林业碳汇项目既有国际层面上的清洁发展机制项目、国际核证减排标准项目和黄金标准项目，也有国家层面的中国核证自愿减排量林业碳汇项目，还有省级层面的福建林业核证自愿减排量项目和广东省碳普惠核证减排量项目等，初步形成了林业碳汇项目全球、国内和省级的多层次市场齐头并进的发展格局。

目前，我国林业碳汇和绿色金融支持林业发展处于初期阶段，面临着一些待解决的问题。

在技术标准方面，我国林业碳汇方法学开发时间久远，需要更新完善，同时数量不足，难以满足快速发展的实际需要。此外，碎片化问题普遍，需要整理统一，林业碳汇金融产品标准有待出台。在政策体系方面，林业碳汇政策体系尚需完善，暂缺相关框架、机制与措施等。同时，碳汇权属问题突出，绿色金融支持林业碳汇的政策体系亟待完善。在市场机制方面，中国核证自愿减排量市场停滞制约林业碳汇发展，林业碳汇开发成本相对较高，而价格偏低；碳汇交易缺乏流动性，地方林业碳汇交易市场之间互不联通，交易机制有待完善。在碳汇管理方面，统一的林业碳汇交易与管理规范尚需建立，基础设施建设还需加强，林业碳汇信息披露机制缺失，林业碳汇收益分配方式尚不完善，林业碳汇行业面临人才缺失。在社会认知方面，对林业碳汇的认识和对非碳效益的关注需要进一步加强。

要解决上述问题，需要多部门协同发力，形成组合拳，共同面对和解决相关问题。

林草部门可以加快林业碳汇方法学、标准的开发和完善，包括完善现有方法学、开发新方法学、统一规范全国和地方的各类方法学；出台林业碳汇及产业发展激励政策；推进建立林业碳汇多元化价值核算评估体系，为丰富林业碳汇等绿色生态金融产品奠定基础；加强林业碳汇产品价值实现的保障机制建设，包括加快推进林业碳汇权属法规建设、林业碳汇信息披露机制建设等；完善林业碳汇产品价值实现利益分配机制；加强林业碳汇知识宣传。生态环境部门可以完善林业碳汇政策体系；积极推进中国核证自愿减排量项目重启，奠定林业碳汇全国交易基础；完善林业碳汇交易规则，打破地域限制，创新林业碳汇交易主体，纳入政府、企业、个人等多元化的购买主体；严格规范中介组织发展，严格管理第三方核证机构；建立部门间合作机制，共同促进林业碳汇发展；推进林业碳汇参与全球多种机制下的碳定价行动，提升中国在应对气候变化工作中的国际话语权。金融监管部门可以加强林业碳汇金融路径的理论研究，结合林业碳汇的特征，加强林业碳汇领域不同金融工具的应用机制研究；进一步细化与林业碳汇相关的金融产品和工具的制度规范；构建绿色金融支持林业碳汇的评价体系及激励机制，推动包括环境信息披露在内的各类信息披露工作。

林业绿色金融实践

融合财政资金与商业性资金

财政资金是指政府在预算范围内筹集和使用的资金，包括税收收入、政府债务、国有资产收益等各种资金来源。这些资金用于支持政府的日常运转、提供公共服务、推动经济发展等各项活动。财政资金的管理和运用涉及财政预算编制、执行、监督等方面的工作。

商业性资金是指企业在经营过程中筹集和使用的资金，主要用于企业的运营、扩张、投资等活动。商业性资金的来源包括公司股权融资、债券发行、银行贷款、销售收入等；而商业性资金的使用则包括购买原材料、支付工资、购置设备、开展市场推广等方面。商业性资金的管理和运用涉及企业财务管理、风险控制、投资决策等方面的工作。

林业绿色金融是指通过金融手段支持和推动林业生态保护、可持续经营和资源可再生利用的一种金融模式。财政资金作为政府财政收入和支出的重要组成部分，在林业绿色金融方面扮演着重要的角色。而商业性资金则是企业经营活动中的资金运作，包括自有资金和通过金融市场融资获取的资金，是推动林业绿色发展的重要动力之一。

在林业绿色金融的背景下，财政资金和商业性资金可以相互融合，并发挥各自优势，共同推动绿色发展和生态保护。具体来说，财政资金可以通过以下方式与商业性资金相融合。

一是政府补贴和激励措施。政府可以通过向符合绿色金融标准的企业提供补贴或激励措施，鼓励其投入林业绿色金融领域。这样一方面可以减轻企业的融资压力，另一方面可以推动林业绿色项目的发展和推广。政府的财政资金可以通过这种方式与企业的商业性资金相互配合，从而实现资源的最大化利用。

二是公私合作项目。政府可以与商业机构合作开展林业绿色金融项目，共同投入资金并分享风险与收益。政府的财政资金和企业的商业性资金相互融合，可以实现资源的有效整合，促进绿色金融项目的发展和实施。

三是税收优惠政策。政府可以针对参与林业绿色金融的企业提供税收优惠政策，例如减免企业所得税、城镇土地使用税等，以鼓励其增加投入并持续发展。这可以促使企业将商业性资金更多的用于林业绿色金融领域，同时政府的财政资金也通过税收优惠政策的形式得以发挥作用。

四是建立绿色金融基金。政府可以设立专门的绿色金融基金，吸引社会资本参与，并将这些资金用于支持林业绿色项目。财政资金和社会资本的相互融合，可以为林业绿色金融提供更多的资金支持和保障，进而推动绿色金融的发展和应用。

探究与思考

1. 简述我国绿色金融体系的功能。
2. 简述我国当前构建绿色金融体系的阶段性进展。
3. 浅谈你对于资源配置、风险管理和价格发现三大功能的理解。
4. 结合当前我国绿色金融体系的阶段性进展，试分析我国未来绿色金融体系的发展趋势。

04

第 4 章 绿色金融市场

2020 年，新冠疫情冲击全球，绿色复苏成为热点。2020 年 10 月 29 日，党的十九届五中全会通过了《中共中央关于制定国民经济和社会发展第十四个五年规划和二〇三五年远景目标的建议》,其指出未来五年要推动金融与实体经济均衡发展,发展绿色金融。包括绿色信贷、绿色债券、绿色基金、绿色保险、碳金融等多层次的绿色金融产品和市场体系日趋丰富，在国家、部委、地区层面政策陆续出台的背景下，绿色金融市场将持续在金融支持高质量发展和我国生态文明建设中发挥重要作用。

本章将主要阐述国内外绿色信贷、绿色债券、绿色基金、绿色保险以及碳金融五类产品市场的发展概况。通过分析比较国内外发展现状，突出国内各市场存在的主要问题，并提出相应的建议。此外，结合具体案例，本章将阐述绿色金融在农林领域的实践应用，旨在深入探讨绿色金融的实际运用与发展趋势。

4.1 绿色信贷

4.1.1 绿色信贷概览

1. 绿色信贷基本起源

随着全球性问题如环境污染、资源枯竭以及食品安全等日益凸显，人们逐渐意识到过去不可持续的生产和消费方式对环境和社会造成的危害。同时，环保、劳工权利和人权等公众运动的兴起，使得国外银行不得不搁浅涉及客户环境和社会问题的项目。20 世纪 80 年代，美国的《超级基金法》扩大了环境污染治理责任主体范围，这导致大多数美资银行为避免成为连带责任人而开始在贷款程序中加入环境尽职调查环节，仅在考虑项目的环境影响后才做出贷款决策。20 世纪 90 年代，一些商业银行包括德意志银行、汇丰银行、国民西敏寺银行、加拿大皇家银行、西太平洋银行在与联合国环境规划署合作致力于提高银行业环境意识时，提出了银行业环境倡议（Banking Environment Initiative），并在 1992 年联合国环境与发展大会上提出希望金融机构将 ESG 表现纳入决策过程，呼吁金融机构在经营和服务中考虑环境因素，并动员私人资本增加对环境友好技术和服务的投资。这一举措奠定了绿色信贷的基础，推动了金融业对环境可持续性的关注和行动。

2. 绿色信贷的定义

国际上对于银行业金融机构开展“绿色金融”的定义主要集中于：在传统经营与服务中加入对环境和社会因素的考量，规避和管理相关风险；加大对可持续发展相关（如环保类）项目的投融资支持。

银监会于 2012 年印发的《绿色信贷指引》正式提出了“绿色信贷”，并对其作出了定义：绿色信贷应包括对绿色经济、低碳经济、循环经济的支持，防范环境和社会风险，提升自身的环境和社会表现等基本内容。

绿色信贷的目的是以信贷等金融资源推动经济和社会的可持续发展，同时优化银行业金融机构的信贷结构，降低环境和社会风险，提高服务水平。

3. 发展绿色信贷的意义

绿色信贷是银行业金融机构应对环境和社会风险、提升国际竞争力、贯彻落实科学发展观的一项重大举措，是实现资源节约型、环境友好型社会和实现社会可持续发展的有力金融杠杆。绿色信贷是对传统金融观念的改变和发展，是现代金融发展的一个重要趋势。它具有以下几点重要意义。

（1）确保银行信贷资金安全。在迅速推进工业化和城市化进程时，部分地方在宏观决策和整体规划上较少考虑环境、资源、公共健康安全等因素，这使企业因污染被关停、项目因劳工和移民等问题遭到公众反对而终止所带来的信贷风险逐渐加大，如政策风险、法律风险、信誉风险等。这些风险可能使金融机构资金受损乃至影响经济运行，进而威胁信贷资金的安全。绿色信贷政策是减少银行贷款风险、引导企业发展方向的重要措施。这项政策的执行将有助于银行调整信贷投向，化解信贷风险，确保信贷资金安全。

（2）促进社会可持续发展。金融部门对环境与社会议题的助力，有利于消除“守法成本高，违法成本低”的不公平现象，促进企业环境和劳工权益保护意识的觉醒和提高。以环境议题为例，银行可以将环境政策作为信贷投放的前提条件，严格控制对高污染、高能耗行业的信贷投入，防止盲目投资；同时借助宏观调控政策，把一些比较脆弱的、资金链易断的、产业结构优化程度较低的企业淘汰出去。而对于已经介入的“两高”企业，要推动其改善环境绩效，如无实质性改善迹象，银行要毫不犹豫地退出。这样既优化了银行的客户结构，提高了银行的经济效益，同时也极大地促进了企业环境保护意识的增强，促进了经济结构调整和经济增长方式的转变，实现了环境保护与金融安全的双赢。国际上暂无统一的绿色信贷环境效益统计。《2024 年度中国银行业社会责任报告》显示，截至 2024 年末，境内绿色信贷余额 4.07 万亿元，较“十三五”末增长 3.17 万元，贷款所支持项目可节约 1.43 亿吨，节约水 1.45 亿吨，减排二氧化碳 3.6 亿吨、二氧化硫 4 026 万吨。

（3）推动经济结构转型。经济结构转型要求金融必须转型，经济结构转型是金融转型的依据和前提，金融转型是经济结构转型的动力和推手。由于经济结构转型必然全面触及原有经济结构，并使社会、经济关系发生深刻变化，因而涉及面广、难度大，需要较长的过程。而加快金融转型进程，通过优化金融产品结构、金融组织结构、金融市场结构等，能更好地发挥金融支持实体经济的作用。在我国目前的金融结构格局下，以银行信贷为主导的间接融资在社会融资结构中占有优势地位，因而加快绿色信贷的发展，促进银行适应低碳经济发展的要求，并在信贷的行业结构、产品结构、业务结构等方面加快转型，对于加快推进金融转型，进而推动经济转型至关重要。

4.1.2　国际绿色信贷市场的发展与现状

1. 发行规模创下新高

据环境金融数据库统计，2022 年全球绿色贷款发行总额创下新高，达 513 亿美元，较 2021 年增长了 43.7%，由 221 个机构发放，与 2021 年相比几乎翻倍，如图 4.1 所示。从融资成本角度来看，绿色企业和绿色项目融资成本平均比普通信贷产品低 50～59 个基点。

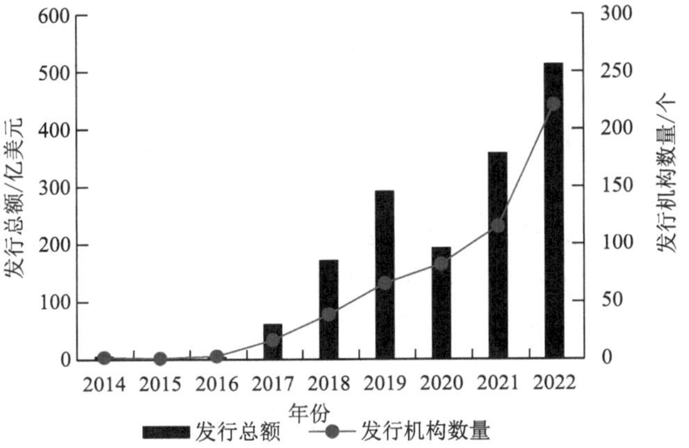

图 4.1　全球绿色贷款发行总额与发行机构数量

数据来源：环境金融数据库

2. “赤道原则”被广泛应用于国际绿色信贷实践

在国际上，绿色信贷正成为一种趋势，受到越来越多的金融机构的重视。国际上制定了“绿色贷款原则”“可持续发展关联贷款原则”“赤道原则”等，作为发展绿色信贷产品和项目的重要准则。在这些准则中，最具有代表性、应用较为广泛的是“赤道原则”。“赤道原则”作为一套非强制性的准则，于 2003 年 6 月由花旗银行、荷兰银行、巴克莱银行和西德意志银行四家私人银行联合发起，并在此后的十余年间逐渐成为国际大型银行等金融机构开发新投资的行业基准。其核心要求是金融机构在考察对新建项目是否投资的过程中，不是首先考虑项目的盈利指标和投资可能性，而是评估项目可能对环境和社会的影响。它要求金融机构在为项目融资时要综合评估项目产生的环境和社会影响，以促进该项目在环境保护等方面发挥正向作用。“赤道原则”的制度体系较为全面，其执行制度也十分严格。赤道银行需要自觉接受外部独立的监督和审查，在贷款存续期需要由外部独立的机构和社会专家来进行评估，环境评估报告也需要由外部独立的机构和社会专家来审查。

“赤道原则”被广泛应用于国际绿色信贷实践，其官网统计数据显示，截至 2022 年

7 月，38 个国家的 134 家金融机构正式采用“赤道原则”，占项目融资全球总交易的 80% 以上。其中包括我国国内 9 家银行，按签约时间顺序为：兴业银行（2008 年 10 月）、江苏银行（2017 年 1 月）、湖州银行（2019 年 7 月）、重庆农村商业银行（2020 年 2 月）、绵阳市商业银行（2020 年 7 月）、贵州银行（2020 年 11 月）、重庆银行（2021 年 2 月）、福建海峡银行（2021 年 12 月）、威海市商业银行（2021 年 12 月）。

“赤道原则”在实践中并不具有法律效力，但作为金融机构的行业准则，它在国际项目融资中发挥着不可忽视的作用。在实行“赤道原则”的过程中，采用绿色信贷机制在合理利用资源和进行环境保护方面受到了各国金融机构和银行的高度重视。

4.1.3 中国绿色信贷市场的发展与现状

1. 发行存量规模位居世界前列

2023 年，信贷规模保持高速增长，规模增速逐渐放缓。绿色产业在经济体中所占比例逐渐上升，与之相对的贷款需求在整个银行的贷款需求结构中随之上升。中证网发布的《绿色金融正当时 · 迈向大扩容时代——2022 年绿色金融年度报告》显示，截至 2023 年 6 月底，我国绿色贷款余额已达 27 万亿元，同比增长 38.4%，高于各项贷款增速 27.8 个百分点，绿色贷款占全部贷款的比重由 2021 年 3 月的 7.2%上升至 2023 年 6 月的 11.7%，呈现出量质齐升的良好发展态势。但随着绿色贷款规模不断扩大，自 2022 年底，绿色信贷规模增速有所放缓，2022 年 9 月达到最高增速 41.4%后回落，在 2023 年上半年维持 38%左右的稳定增速。

金融机构高度重视绿色信贷，银行机构率先抢占绿色信贷市场。国有银行凭借大客户及成本优势，在机构网点、信贷能力、经济资本等方面具有庞大的资源优势，截至 2022 年末，国有银行绿色贷款余额合计 12.6 万亿元，占我国绿色贷款总规模的 57%左右，其中，中国工商银行、中国农业银行、中国银行、中国建设银行四家银行绿色贷款余额均达到万亿元以上的水平。

股份制银行在绿色信贷业务上呈现追赶态势，截至 2022 年末，兴业银行绿色贷款余额为 6 371 亿元，规模超过中国邮政储蓄银行。中国民生银行、中信银行、中国光大银行、平安银行的绿色信贷余额增长位居前列，相较 2021 年末增幅均超过 50%。

中小银行的绿色信贷增速远超国有银行、股份制银行。相较国有银行和股份制银行，区域性城商行和农商行在规模上虽不占优势，但在绿色贷款余额增速上十分亮眼。截至 2022 年末，江苏银行、南京银行绿色贷款余额为 2 015 亿元、1 327 亿元，较 2021 年末分别增长 58%、35%。除此之外，江阴农商银行、厦门银行、张家港农商银行绿色银行贷款余额规模均低于 100 亿元，但较 2021 年末分别增长 178%、126%、110%，高增速的原因除了低基数外，更重要的是城商行、农商行具有较强的服务“下沉”能力，聚焦因地制宜、产品多样抢抓绿色业务成长机会。

2. 绿色信贷政策逐渐完善

国家先后出台了一系列政策和文件以鼓励和倡导金融机构积极开展绿色信贷。绿色信贷的体系框架由以下四部分组成：绿色信贷指引、绿色信贷统计制度、绿色信贷考核评价体系、银行自身的绿色信贷政策。

1）绿色信贷指引

2012年，由银监会印发的《绿色信贷指引》是我国银行业绿色信贷政策体系的重要组成部分，也是境内所有银行业金融机构发展绿色信贷的纲领性文件。其对绿色信贷的内容进行了界定，并从政策和制度指定、内控管理与信息披露等方面对银行金融机构环境保护、防范环境与社会风险等提出了要求。《绿色信贷指引》不仅具有导向作用，更具有现实意义。

2）绿色信贷统计制度

2013年，银监会发布了《绿色信贷统计制度》，要求银行业金融机构对所涉及的环境、安全重大风险企业贷款和节能环保项目及服务贷款进行统计，其明确了12类节能环保项目及服务的绿色信贷统计口径。《绿色信贷统计制度》的出台对银行业金融机构开展绿色信贷业务有了进一步规范。

3）绿色信贷考核评价体系

2012年6月，银监会出台了《银行业金融机构绩效考评监管指引》，要求银行业金融机构在绩效考评中设置社会责任类指标，对银行业金融机构提供金融服务、支持节能减排和环境保护等方面的业务进行考核，并要求金融机构在社会责任报告中披露绿色信贷相关情况。

4）银行自身的绿色信贷政策

银行业金融机构针对环境和社会风险逐步构建并完善自身的绿色信贷政策体系，既包括针对国家重点调控的限制类行业及存在重大环境和社会风险的行业信贷政策，也包括整体统筹的绿色信贷总体政策，加大对节能环保等绿色经济领域的信贷支持力度，建立绿色信贷发展的长效机制。

3. 绿色信贷产品不断丰富、创新

2021年以来，中国银行业金融机构大力推进绿色金融产品和服务创新，在绿色信贷方面，多家银行在传统绿色贷款、能效贷款之外，推出了碳排放权质押贷款、碳排放披露支持贷款等创新产品。

中国人民银行官网披露，2021年11月，中国人民银行先后推出了碳减排支持工具和2000亿元支持煤炭清洁高效利用专项再贷款，中国人民银行通过“先贷后借”的直达机制，对金融机构向碳减排重点领域相关企业发放的符合条件的碳减排贷款，按贷款本金的60%提供资金支持，利率低达1.75%。2023年1月中国人民银行发布通知，2023年继续并行实施碳减排支持工具和支持煤炭清洁高效利用专项再贷款，并将碳减排支持工具扩围，进一步带动绿色信贷规模增长，助力科学有序实现碳达峰碳中和。据《中国环境报》报道，截至2023年6月底，碳减排支持工具和支持煤炭清洁高效利用专项再贷款两个工具余额分别为4 530亿元和2 459亿元，相比上年末增加1 433亿元和1 648亿元。其中，碳减排支持工具发挥碳信贷杠杆效应，支持金融机构发放碳减排贷款超过7 500亿元，带动年度碳减排量超过1.5亿吨二氧化碳当量，引导金融机构支持清洁能源、节能环保、碳减排技术等重点领域。

中国农业银行与中国碳排放权注册登记结算有限责任公司（简称中碳登）研发了“农银碳服”系统，该系统为碳排放权交易企业开立了碳排放权交易银行账户，并提供了综合资金结算服务，从而帮助企业进入中碳登系统进行碳交易。

世界银行与华夏银行联合启动了“绿色金融创新实践暨京津冀大气污染防治融资创新项目”，通过引入结果导向型贷款管理工具，创新性地将资金支付与项目实施的环境效益相关联，在平衡子项目的经济效益和可量化的环境效益后确定贷款条件。

4.1.4 问题与建议

我国绿色信贷保持高速增长，且产品不断丰富创新，但仍存在一些问题。

1. 绿色信贷尚未形成统一标准

国家环保总局等部门于 2007 年联合发布的《关于落实环保政策法规防范信贷风险的意见》标志着国内绿色信贷正式起步，后续国家相关部门又不断对绿色信贷的确认范围进行划分。但当前出台的《中国银监会办公厅关于报送绿色信贷统计表的通知》《绿色信贷实施情况关键评价指标》等文件，主要是从用途、行业等方面进行统计，没有更加具体的细分，可能会导致银行统计项目混乱等现象，致使各银行统计结果无法比较。中国人民银行发布了《银行业金融机构绿色金融评价方案》，其评价对象为 24 家主要银行金融机构，局限于大中型商业银行，而对于小型商业银行的适用性不强。因此，同业之间进行绿色信贷方面的比较也存在困难。

2. 金融机构积极性较低

和一般信贷业务相比，绿色信贷业务往往具有更大的风险性，这导致金融机构积极性较低。其原因主要是与绿色信贷相关的建设项目一般建设周期长、投资额巨大、成本较高、利润率较低，并且绿色信贷往往会投资绿色技术的研发，存在着很大的不确定性。因此，无论是从绿色项目的利润率来看，还是从绿色技术的研发角度来看，绿色信贷都面临着较高的风险，这导致金融机构缺乏开展绿色信贷的积极主动性。

3. 绿色信贷体系结构不完善

虽然我国已建立了初步的绿色信贷体系，但目前该体系仍不健全，各种制度细则仍需不断完善，这主要表现在以下几个方面。第一，绿色信贷政策体系不完善。虽然我国政府已经出台了一系列绿色信贷政策，但政策体系仍然不完善，缺乏明确的绿色信贷政策目标和具体的量化指标和实施路径。第二，绿色信贷管理体系不高效。虽然我国已经建立了绿色信贷管理体系，但仍然存在效率不高等问题，导致绿色信贷的推广和实施存在一定困难。第三，绿色信贷风险管理机制不健全。绿色信贷风险管理机制仍然不健全，缺乏有效的风险评估和监测机制，这导致绿色信贷风险无法得到充分控制。第四，绿色信贷产品受众较单一。我国商业银行的绿色信贷大部分仍是对公贷款，对私的绿色贷款较少。根据兴业银行社会责任报告的内容，其绿色信贷都集中在节能环保贷款及生态类贷款，而绿色消费贷款比较少，或者虽致力于开发针对个人的绿色理财、绿色基金、绿色债券等其他绿色金融产品，但发行总额也远低于对公绿色贷款。

针对以上存在的问题，可从以下三个方面来进行完善。

（1）建立统一的绿色信贷认定标准。政府、金融部门等监管机构应建立统一的绿色信贷认定标准，银行按不同等级分别制定符合该类银行的绿色信贷标准。同时，可根据分类建立不同的绿色信贷披露制度，建立信息共享平台，解决同业间、银企间信息不对称的问题。

（2）加强绿色信贷激励制度政策。监管部门可专门规定绿色信贷的风险权重、不良贷款率等，以此降低对银行绿色金融的资本要求，激励银行发放绿色信贷。地方政府需尽早完善针对绿色企业的减税及增补政策，并为特别优秀的绿色企业提供信用担保等措施，以此提高银行实施绿色信贷的积极性。金融机构也需配合国家政策完善自身信息披露制度，在披露报告中增加实施绿色金融所取得的重大成果，打造金融机构的绿色形象。

（3）完善绿色信贷体系建设。首先，政府应制定明确的绿色信贷政策目标，建立具体的量化指标，以便衡量政策的实施效果。政府还应加强与相关部门的协同配合，确保绿色信贷政策与其他相关政策相结合，以提高政策的实施效果。其次，政府应加强对绿色信贷产品种类和规模等的确定，建立绿色信贷产品体系以满足不同企业和地区的需求。最后，政府应加大对绿色信贷政策的执行力度，完善绿色信贷政策的执行细则和标准，明确绿色创新专利的审查要求，并加强对绿色信贷政策的监测和评估，以最大限度地实现企业在绿色创新方面的资源优化配置。

农林绿色金融实践

绿色信贷支持土地综合整治

改革开放以来，我国快速的工业化和城镇化进程推动了国家土地空间和自然资源的高速开发及高强度利用，带来了产业升级、社会转型、收入提升等积极成果。但是长期以城为重、人地分离等不均衡的发展模式造成了城乡分割、乡村衰落、土地退化、生态污损等问题，这不利于国土空间的可持续发展和国家现代化建设。

20 世纪 90 年代末开始，土地整治逐渐成为自然资源部门在特定范围内，针对性地运用农用地整理、建设用地整理、生态型整治等手段，实现用地潜力挖掘和空间布局调整，对农业、城镇、生态空间展开独立管理的政策之一。2019 年 12 月 10 日，自然资源部发布了《自然资源部关于开展全域土地综合整治试点工作的通知》，并相继下发了《全域土地综合整治试点实施要点（试行）》《全域土地综合整治试点实施方案编制大纲（试行）》等相关文件，这标志着以“全域全要素”为核心的整治新阶段正式开启。

全域土地综合整治是在传统土地整治基础上提出的“新型命题”，包含区域的全域性与整治内容的全面性两层基本内涵。区域的全域性是指从全区域视角对农用地整治、农村建设用地整治、乡村生态保护修复等各类活动进行统筹安排，将原零散、孤立的土地整治项目转变为集中连片的综合整治项目；整治内容的全面性体现在对区域范围内所有资源要素进行综合开发利用，包括农用地、农村建设用地、低效工矿用地、未利用地等，以及全面实施高标准农田建设、耕地质量提升、农田水利建设、生态环境治理以及传统村落历史文化保护。

推进整治实践需要系统回答“钱从哪里来”的问题，金融创新在解决全域土地综合整治“钱从哪里来”的问题中起到了关键性作用，合同能源管理未来收益权质押贷款、生态修复贷、排污权质押贷、林业碳汇贷等一批银行绿色信贷产品相继面世，缓解了土地综合整治融资难问题。

1. 中国农业发展银行湖南省分行打造“绿色银行”特色品牌

大泽湖片区是省级“十四五”重点项目——“大泽湖·海归小镇项目”的核心区，总规划面积约10 000亩，位于望城区滨水新城，是国家级湖南湘江新区、长江经济带、洞庭湖经济圈三大战略布局集聚地。大泽湖片区生态修复及治理项目主要包括大泽湖片区基础设施建设工程和浅层地热能开发利用工程。项目建成后，供冷供热可辐射大泽湖片区的商户与住户，能较大提升片区能源利用效率，促进资源集约利用，减少环境污染，促进整体生态环境质量改善，有利于发展循环经济和绿色经济，实现节能减排。中国农业发展银行长沙市望城支行结合大泽湖片区生态修复的现实需要，在全省率先使用中国人民银行于 2021 年推出的“碳减排支持工具”，实现了中国农业发展银行湖南省分行在碳减排工具申领上零的突破。2022 年 3 月 16 日，该行申请的用于支持大泽湖片区生态修复及治理项目的 6.6 亿元贷款获得审批通过，此举擦亮了“绿色品牌银行”的金字招牌。

2. 中国农业银行浙江省分行助力土地综合治理

2020 年，浙江省桐乡市濮院镇政府启动“桐乡市濮院镇新河村等村全域土地综合整治与生态修复工程”项目，拟对包括新联村在内的6个行政村的3915亩土地进行复垦平整及高标准农田建设，对涉及的 1 113 户农户进行宅基地征迁，并对农村河道、道路等进行改造修复。同时，根据规划，濮院镇拟通过该项目打造包括千亩粮经示范基地、千亩葡萄示范基地、精品茭白生产区等功能区在内的现代农业示范区。而示范区建成的基础，是包括田间工作道路、农田灌溉及水利设施在内的 1 951.65 亩高标准农田的建设。中国农业银行桐乡市支行以该行“土地综合整治”贷款为切入点，为其提供相应的融资方案，2021 年初成功为项目授信 3.5 亿元，目前已全部完成投放。如今，农田是一片片“田成方、路成网、渠相连”，住宅楼也是一幢幢排列整齐。

嘉兴南湖是中国革命红船的启航地，水面面积0.58平方公里，是嘉兴各主要河流储泄的枢纽。随着城市化加速推进，湖体生态遭到破坏，水体透明度不足 30 厘米。2020 年，嘉兴全面启动“南湖水生态环境修复工程”项目，提升南湖水质、生态及景观。中国农业银行嘉兴分行利用该行特色信贷产品“生态修复贷”，为该项目量身定制方案，提供了 4.2 亿元的资金支持。在中国农业银行的资金支持下，“南湖水生态环境修复工程”项目快速推进，完成了微地形改造、沉水植物试种，实现了每日 20 万吨清水入湖。目前，南湖区域水质主要指标达到三类，水体透明度提升至 0.8 米以上。

4.2 绿色债券

4.2.1 绿色债券概览

1. 绿色债券的定义

绿色债券（green bond）起源于 2007 年欧洲投资银行发行的气候意识债券，但是国际上对于绿色债券的定义并没有达成一致。2007 年，世界银行最先提出了绿色债券的概念，其将绿色债券定义为向固定收益类投资者募集资金，专项用于减缓气候变化或帮助受气候变化影响的人群适应变化的项目。而根据国际资本市场协会（International Capital Market Association，ICMA）的定义，绿色债券是指募集资金专门用于符合规定条件的现有或新建绿色项目的债券工具，包括但不限于可再生能源、节能、垃圾处理、节约用地、生态保护、绿色交通、节水和净水等七大类。

目前，我国由相关政府机构对绿色债券进行的定义主要有两个，一个是国家发展改革委办公厅在《绿色债券发行指引》中将绿色债券定义为：募集资金主要用于支持节能减排技术改造、绿色城镇化、能源清洁高效利用、新能源开发利用、循环经济发展、水资源节约和非常规水资源开发利用、污染防治、生态农林业、节能环保产业、低碳产业、生态文明先行示范实验、低碳试点示范等绿色循环低碳发展项目的企业债券。另一个则是中国人民银行在《中国人民银行公告〔2015〕第 39 号》中对绿色金融债券的定义：绿色金融债券是指金融机构法人依法发行的、募集资金用于支持绿色产业并按约定还本付息的有价证券。

国际和国内诸多机构均对绿色债券作出了界定，它们在定义绿色债券时各有侧重，但不管是强调环境治理，还是应对气候变化，将募集资金专门用于符合可持续发展的绿色项目是绿色债券的基本属性。

2. 绿色债券的特点

近年来，全球绿色债券发行规模和数量都呈现出高速增长的特征，绿色债券为资金需求者打开了一条全新的融资渠道。相比于普通债券，绿色债券主要在以下四个方面具有特殊性：债券募集资金的用途、绿色项目的评估与选择、信息披露要求，以及募集资金的跟踪管理。

1）债券募集资金的用途

与传统债券不同，绿色债券所募集的资金应主要投向绿色项目，鼓励发行者设立专门的账户实现专款专用。资金的应用范围较为广泛，覆盖范围包括能源、建筑与工业、水、废弃物与污染治理和农林业领域，但主要围绕交通和能源领域。目前，清洁能源是发行绿色债券最多的领域。

2）绿色项目的评估与选择

国内定义绿色项目通常是指有利于改善气候、空气、水质、土壤、能源消耗等环境友好型或环境修复型项目。专业的环境评估和第三方认证机构在判断项目是否符合“绿色”标准，评估该项目带来的环境效益等方面发挥着重要作用。在绿色债券发行后，中介和组织还进一步提供对资金用途和节能减排效益的监督报告和评估，这些报告和评估有助于市场评价发行主体和债券所投资项目的环境表现。

3）信息披露要求

相对于普通债券，绿色债券的信息披露要求更为严格和复杂。发行人需向投资者和社会证明所募集的资金被用于绿色项目，并且这些项目产生了真实的绿色效益，因此，监管机构对于绿色债券环境信息披露有着更高的要求，并鼓励由独立的第三方专业机构在发行前进行绿色认证或评估，在存续期对环境信息披露及环境效益进行第三方鉴证。

4）募集资金的跟踪管理

绿色债券募集的资金款项应当转入二级投资组合，或者由发行人通过其他方式作为其贷款和投资业务的一部分加以跟踪管理。一旦确定符合资格的绿色项目，立即将资金拨付到发行人的主账户，以便分配给特定项目。

3. 绿色债券的分类

绿色债券与普通债券的分类方式大致相同，不同品种的债券在发行机构、投资主体、交易市场等方面都有区别，了解不同的债券品种及相关市场情况，是进一步研究绿色债券市场的基础。

第一，按发行主体分类。绿色债券的发行主体具有多样化的特征，根据发行主体的不同，目前活跃在我国资本市场上的绿色债券可以分为以下五种。

（1）绿色金融债。绿色金融债是由金融机构法人依法发行、募集资金用于支持绿色产业并按约定还本付息的有价证券，由中国人民银行核准发行和监管。

（2）绿色企业债。绿色企业债是指募集资金主要用于支持节能减排技术改造、绿色城镇化、能源清洁高效利用、新能源开发利用、循环经济发展、水资源节约和非常规水资源开发利用、污染防治、生态农林业、节能环保产业、低碳产业、生态文明先行示范实验、低碳试点示范等绿色循环低碳发展项目的企业债券，由国家发展改革委核准发行和存续期监管。

（3）绿色公司债。绿色公司债是指在交易所发行的，募集资金用于支持绿色产业的公司债券，由交易所或证监会核准发行，由证监会监管。

（4）绿色债务融资工具。绿色债务融资工具是交易商协会负责监管的，主要包括面向具有法人资格的非金融企业在银行间债券市场发行中期票据、短期融资券、项目收益票据、资产支持票据等债务融资工具，募集资金用于环境改善、应对气候变化等绿色项目。

（5）绿色熊猫债。绿色熊猫债指境外实体在内地发行的人民币债券，募集资金专门用于绿色资产或绿色项目。绿色熊猫债的发行应兼顾熊猫债和绿色债的相关指引。

第二，按债券结构分类。根据债券结构，国际绿色债券分为特定收益用途绿色债券、特定收益用途绿色收益担保债券、绿色项目债券和绿色资产支持债券四类。

（1）特定收益用途绿色债券。特定收益用途绿色债券的投资者对发行人有完全追索权，因此，绿色债券与发行人发行的其他债券有相同的信用评级。发行人将债券收益用于支持绿色项目的子资产组合，并自行规定使用范围，设置内部机制进行跟踪和报告。大部分国际金融组织发行的绿色债券都采用了这种结构。

（2）特定收益用途绿色收益担保债券。特定收益用途绿色收益担保债券的投资者对发行人没有债务追索权，发行人以项目运行获得的收费、税收等收益作为债券担保。由发行人对债券收益的使用进行跟踪和报告。大部分市政债券都采用了这种结构。

（3）绿色项目债券。绿色项目债券的投资者仅限于向指定具体项目的资产进行债务追索，即投资者直接暴露于项目风险下。

（4）绿色资产支持债券。绿色资产支持债券的投资者可以向一个或者多个组合在一起的特定项目进行债务追索，具体包括资产担保债券、资产支持型证券和其他结构型产品，一般以项目产生的现金流为还款支持。

第三，其他分类方式。除此之外，绿色债券也可以按照传统债券的分类标准进行分类。如根据债券计息方式，绿色债券可以分为定息债券和浮动利率债券；根据募集方式的不同，绿色债券可以分为公募绿色债券和私募绿色债券；等等。

4.2.2　国际绿色债券市场的发展与现状

1. 全球发行量下降

气候债券倡议组织发行的《2022 年全球可持续债务市场状况》显示，2022 年，绿色债券经历了十年来首次发行量下降，达到 4871 亿美元（同比下降 16%）。2022 年，俄乌战争导致能源价格飙升、通货膨胀和利率上升，全球资本市场活动受到打击，导致所有类别的债券发行量下降，绿色债券发行量占全部债券发行量的 3%。贴标绿色债券年底占 GSS+交易量的 56%，并将该细分市场的累计总额提升至 22 000 亿美元。

2022 年，绿色债券交易量的 2/3（67.46%）来自发达市场，23.28%来自新兴市场，9.26%来自超国家组织，如图 4.2 所示。除超国家组织外，所有地区的交易量均同比下降，为 451 亿美元，与 2021 年相比增长了 43%。超国家组织交易量增长的大部分是由欧盟绿色债券计划推动的，该计划自 2021 年 10 月首次亮相以来，已在 4 笔交易中累计发行了 399 亿美元。

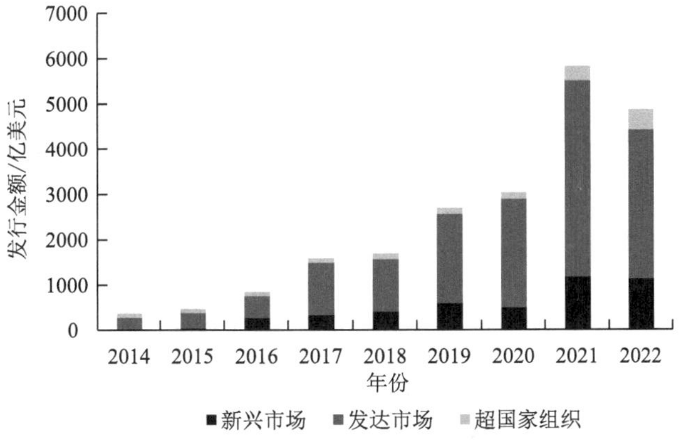

图 4.2　各市场绿色债券发行情况

数据来源：气候债券倡议组织

如图 4.3 所示，亚太地区是绿色债券发行量第二大地区，其增长可归因于金融企业发行人在市场上的权重增加，2022 年金融企业发行人贡献了 518 亿美元（占比 39%）的发行量（2021 年：397 亿美元，占比 28%）。亚太地区发行量最高的三个国家是中国（854

亿美元和332笔交易)、日本(126亿美元和69笔交易)和韩国(79亿美元和30笔交易)。中国的强劲表现(比2021年增长22%)是由前三大区域发行人推动的：中国银行(128亿美元和10笔交易)、国家开发银行(78亿美元和6笔交易)和中国长江三峡集团有限公司(51亿美元和14笔交易)。

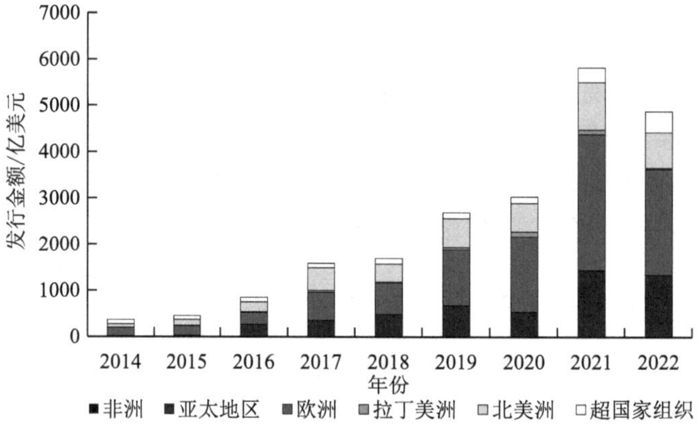

图4.3 各地区绿色债券发行情况

数据来源：气候债券倡议组织

2. 绿色债券资金用途广泛

气候债券倡议组织发布的数据显示，2022年能源、建筑和交通仍然是募集资金用途的三大类别，合计占绿色债务总额的77%，如图4.4所示。然而，与2021年占绿色债务总额的80%和2020年创纪录的85%相比，这是一种下降趋势。随着越来越多的发行人(包括大型主权国家)为更广泛的项目提供资金，较小的类别正在增加份额，即使它们仍然只占市场很小的一部分。

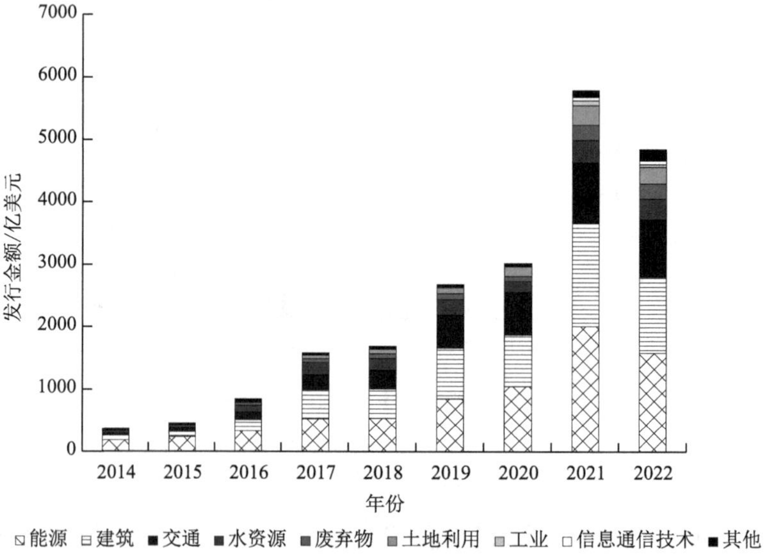

图4.4 绿色债券募集用途

数据来源：气候债券倡议组织

4.2.3　中国绿色债券市场的发展与现状

1. 中国绿色债券市场的发行规模引领全球

气候债券倡议组织发布的《中国可持续债券市场报告 2022》显示，2022 年中国绿色债券发行量创历史新高。中国在境内外市场发行了 1 550 亿美元（约人民币 1 万亿元[①]）贴标绿色债券，同比增长 35%；截至 2022 年末，贴标债券发行规模累计达到了 4 890 亿美元（人民币 3.3 万亿元）。这一增长主要得益于在岸贴标绿色债券发行量的增加，增加量与 2022 年同比增长超四成，约达 8 900 亿元。计算符合气候债券倡议组织的定义（即被纳入气候债券倡议组织的绿色债券数据库）的绿色债券年度发行规模，中国为 2022 年世界上最大的绿色债券发行市场。2022 年，符合气候债券倡议组织定义的境内外中国绿色债券发行量合计为 854 亿美元（约人民币 5 752 亿元），累计达 2 869 亿美元（人民币 1.9 万亿元）。由于在岸债券市场的总体发行量较 2021 年基本持平（人民币 61.9 万亿元），贴标绿色债券在在岸债券市场所占的份额从 2021 年的约 1%提高到 2022 年的约 1.5%，仍有巨大的增长空间。

2. 资金投向仍以能源和交通领域为主

气候债券倡议组织发布的《中国可持续债券市场报告 2022》显示，2022 年，中国在岸市场有 715 亿美元（约人民币 4 815 亿元）的贴标绿色债券被纳入气候债券倡议组织的绿色债券数据库，比上一年增长 26%。在岸绿色债券的发行量约占中国绿色债券总发行量的 84%。可再生能源仍然是募集资金投向的主要领域，吸引了在岸绿色债券一半的融资额。其次是低碳交通领域，占在岸绿色债券募集资金的 27%。

投向可再生能源领域的募集资金同比减少 4%，降至 359 亿美元（约人民币 2 417 亿元）。募集资金专门投向可再生能源领域的最大交易来自中国工商银行、国家电力投资集团有限公司和招商银行。在能源投向领域，国有企业的发行量占 91%，主要来自公用事业和金融行业。投向低碳交通领域的募集资金同比增长了 77%，达到 196 亿美元（约人民币 1 321 亿元）。与可再生能源领域相比，非国有企业在这一领域的参与相对活跃，占交通领域募集资金的 30%。募集资金专项投向交通领域的最大交易来自国家开发银行、中国农业银行和比亚迪汽车金融有限公司。

3. 中国绿色债券创新品种不断丰富

2022 年 5 月，交易商协会发布了《关于开展转型债券相关创新试点的通知》（简称《通知》）。《通知》将电力、建材、钢铁、有色金属、石化、化工、造纸、民航等 8 个行业作为试点领域，募集资金主要支持两类项目和经济活动：一是已纳入《绿色债券支持项目目录（2021 年版）》，但技术指标未达标的项目；二是具有减污降碳和能效提升作用的项目和其他相关经济活动。同年 6 月，上海证券交易所推出了低碳转型公司债券和低碳转型挂钩公司债券，重点支持 5 种低碳转型领域。

---

① 本小节美元与人民币的换算是按 2022 年美元兑人民币平均汇率计算的，为 100 美元=672.61 人民币。

4.2.4 问题与建议

目前我国绿色债券市场的发展整体向好，绿色债券的发展适应了当前经济转型期的绿色发展要求，正逐渐受到社会各界的关注。但作为一种新的投融资工具，绿色债券在我国起步较晚，相对还不够成熟，仍存在一些问题。

1. “绿色主体”参与度较低

与国际绿色债券市场相比，目前我国的“绿色主体”结构单一、参与度低，具体表现在以下四个方面：一是我国绿色债券的发行主体大多局限于获得银行间债券市场准入资格的企业与机构，发行资格受限；二是绿色债券品种相对比较单一；三是绿色债券的投资者局限于获得可参与银行间债券市场准入资格的投资机构，投资者结构受限，对社会资本吸引力下降；四是由于目前绿色投资理念滞后，市场对带有社会责任特征的绿色金融产品的投资热情低于追求资产价值最大化的传统类金融产品，进而导致了绿色投资主体结构单一、积极性不高、投资总量不足等问题，对政府特设基金的依赖制约了我国绿色债券的规模化与可持续性发展。

2. 绿色评估认证不成熟

目前我国参与绿色债券评估认证的机构共有近 20 家，涵盖会计师事务所、评级机构、能源环境类咨询机构及其他学术组织等，机构类型多样。绿色认证是绿色债券发行过程中的关键步骤，在绿色债券支持项目目录与国际标准趋同的基础上，需要专业的机构对具体的绿色项目进行认证。虽然国内已有本土的绿色债券的第三方认证机构，但相关机构在评估认证方法、流程和报告质量等方面参差不齐，市场公信力也有待培育。行业与监管方面也未形成相关标准，以统一市场规范。

3. 绿色评估标准不统一

我国债券市场实行分部门多头监管，界定标准不一，这导致各监管机构对绿色债券的定义不一致，以及部分绿色项目的标准与国际标准不协调。中国人民银行发布的关于发行绿色金融债券有关事宜的公告与上海证券交易所均采用中国金融学会绿色金融专业委员会关于绿色债券的定义，但是国家发展改革委办公厅发布的《绿色债券发行指引》关于绿色债券的定义与其有所不同，这导致了我国绿色债券判定标准的不同。不同监管主体在绿色债券定义方面的差异会增加发行主体、投资者和监管机构的交易成本，从而阻碍我国绿色债券的规模化发展。另外，我国绿色项目标准与国际标准也存在不一致的现象。一方面，这种不一致会降低国际投资机构的投资意愿；另一方面，为确保我国绿色债券符合国际绿色项目标准，发债主体需要提供相关证明，这增加了交易成本，降低了对国际资本的吸引力。

在绿色债券迅猛发展的浪潮中，往往伴随着欲速则不达的弊端，从而失去了绿色债券在治理环境及气候变化方面的初衷。针对中国绿色债券市场发展过程中滋生的问题，我们可从以下四方面进行完善。

（1）扩大绿色债券的发行主体范围。借鉴国际经验，从管理层面出台相应政策，扩大绿色债券的发行主体范围，积极推动地方政府、政策性银行发行绿色债券。同时，鼓励发展绿色资产证券化产品和绿色项目收益债券等，发行主体的范围将不断扩大。此外，结合人民币国际化进程和“一带一路”建设等有利时机，境内机构可以到境外发行绿色债券，推动绿色债券的跨国或国际发行。

（2）开展绿色债券相关产品创新。根据现阶段我国绿色债券市场的发展程度，适度引进国际绿色债券品种，并进行针对性的绿色债券产品创新，吸引社会资本参与。如大力发展创新绿色债券指数、交易型开放式指数基金（Exchange Traded Fund，ETF）等产品，为投资机构以绿色指数为基础开发公、私募基金等绿色金融产品奠定基础，以推动绿色债券相关产品快速发展与市场宽度不断扩大。

（3）规范绿色债券第三方认证管理体系。绿色认证是国际上发行绿色债券的普遍做法，其目的在于详细阐述募集资金的投向和使用，从而提高债券的信息透明度，吸引更多投资者。针对我国目前绿色认证不够成熟这一问题，我们可以借鉴国际做法，规范绿色认证。相关主管部门可以牵头制定适合我国国情的“绿色债券认定规则”，明确绿色认证机构的准入门槛、行为准则，规范绿色认证机构的行为。

（4）实现中国绿色债券指引与国际实践的统一。国内市场现有的绿色债券标准主要包括中国人民银行发布的关于发行绿色金融债券有关事宜的公告，以及国家发展改革委办公厅发布的《绿色债券发行指引》。2016 年 3 月，上海证券交易所发布的《关于开展绿色公司债券试点的通知》从债券挂牌交易实务的角度，对前述两项标准进行了补充，从而实现了中国绿色债券指引、实践与国际实践、指引和标准机制之间的协调统一，有利于国际投资者投资我国绿色债券。

思政专栏

绿色债券再迎政策利好

国内绿色债券试点开始于国家发展改革委办公厅在 2015 年 12 月 31 日印发的《绿色债券发行指引》，此后中国人民银行、证监会、上海证券交易所和深圳证券交易所分别出台了一系列的政策，以此来规范和促进绿色债券的发展。绿色债券主要包括绿色债务融资工具、绿色公司债券、绿色企业债券和绿色金融债券。现阶段绿色债券已经发展为信用债券市场的一个大型产品。万得资讯对绿色债券的统计数据显示，截至 2022 年 3 月 1 日，国内绿色债券的发行金额（不包括地方政府债和国际机构债）为 14 910.79 亿元，存量绿色债券金额为 13 977.92 亿元。

2022 年 3 月 1 日，上海证券交易所发布了《上海证券交易所“十四五”期间碳达峰碳中和行动方案》，该方案明确提出要“扩大绿色债券发行规模，完善绿色债券制度建设，提高绿色债券类产品的投资吸引力”。这对于目前快速发展的绿色债券来说，又迎来了一个利好政策。

前沿专栏

债券违约是否存在区域传染？

1. 债券违约风险传染效应概览

2022 年，国内外环境变化更加复杂严峻。《2022 年中国债券市场违约回顾与展望》显示，2022 年，我国债券市场新增 8 家违约发行人，共涉及到期违约债券 45 期；截至 2022 年末，我国债券市场累计有 251 家发行人发生违约，共涉及到期违约债券 743 期，到期违约金额合计约 6 670.12 亿元。除债券违约向市场传递发债企业个体风险信号外，我们也不能忽视违约信息外部性带来的传染效应。针对信用风险传染效应的研究主要集中在以下两个方面：一是基于企业关联关系的风险传染；二是基于违约预测的传染效应。但基于中国债券市场经验数据的违约风险传染效应研究仍存在以下问题亟须突破：一是现有研究以企业基本面为基础构建模型，通过测度隐含信用风险水平探讨传染效应，这类结果在债券市场中的应用有限，无法直接观测到传染冲击效应；二是现有研究仅从产业链、股权关系及行业因素等方面进行研究，忽视了区域等外在因素的影响；三是现有研究碍于数据的可得性，仅以上市公司发行的公募债券为研究样本，在样本不全面的情况下，风险传染效应实证分析结果对市场的指导意义有限。

2. 债券违约传染效应模型构建方法

构建思路如下：根据中国债券市场的违约形势，首先，基于所选研究区域的样本数据，分析债券违约事件对区域内存续债券二级市场价格波动的影响，直观反映违约是否存在传染效应；其次，分别构建债券违约事件对发行利率的影响因素模型，从债券融资成本角度揭示违约引发的信用风险在区域内的传染效应；再次，进一步加入违约时间距离要素，研究区域内不同时间、距离下的传染效应变化趋势；最后，构建以违约事件与企业性质交互项为解释变量、发行利率为被解释变量的影响因素模型，分析民营企业债券发行价格在违约传染效应下的结构化差异。

1）选取变量

首先，选取“票面利率”（coupon）作为被解释变量。票面利率是债券定价的直观指标，票面利率高，企业发行债券成本高。若违约事件给债券发行带来负面影响，则会推升票面利率。

其次，选取“债券发行前是否存在债券违约”（default）、“企业性质”（soe）作为解释变量。债券发行前是否存在债券违约为虚拟变量，债券发行起息日前推一段时间，即观测期间，判断债券发行人所属辖区是否发生债券违约，若观测期间存在债券违约事件，default 取值为 1，否则为 0。企业性质为虚拟变量，根据债券发行人性质划分，企业分为民营企业和非民营企业，若债券发行人为民营企业，soe 取值为 1，否则为 0。

最后，选取“盈利能力”（roe）、“资本结构”（lve）、“保障倍数”（cov）、“公司规模”（asset）、“营业收入”（income）、“现金流指标”（cashflow）、“破产风险”（z_score）、“发行规模”（scale）、“债券期限”（term）、“债券评级”（grade）、“发行方式”（offering）、“担保情况”（gua）、“市场流动性”（shibor）为控制变量（controls）。

2）设定模型

第一步，构建债券票面利率与债券违约事件回归模型：

$$\begin{pmatrix} \text{coupon}_1 \\ \cdots \\ \text{coupon}_j \end{pmatrix} = \begin{pmatrix} 1 & \text{default}_1 & \text{controls}_1 \\ \cdots & \cdots & \cdots \\ 1 & \text{default}_j & \text{controls}_j \end{pmatrix} \times \begin{pmatrix} \alpha_1 & \cdots & \alpha_j \\ \beta_1 & \cdots & \beta_j \\ \gamma_1 & \cdots & \gamma_j \end{pmatrix} + \begin{pmatrix} \mu_1 \\ \cdots \\ \mu_j \end{pmatrix} \tag{4-1}$$

式（4-1）中的被解释变量为票面利率，解释变量为债券发行前是否存在债券违约的虚拟变量（default_j）。其中，j=1、2 分别代表交易所市场的公募债券、私募债券；j=3、4、5 分别代表银行间市场的短期融资券、中期票据、定向融资工具。可从系数 β_j 的显著性水平及数值分析债券违约对债券发行定价的影响效应。

第二步，考虑时间、距离因素，即选择债券发行前不同的观测期间，判断观测期间是否发生债券违约（default_{ij}，其中，i 代表不同的观测期间），将 default_{ij} 代入公式（4-1），探究不同的时间、距离下，债券违约对发行利率的影响效果。由于中国债券市场违约数据有限，并且新债发行数据不同于二级市场交易数据具备连续性，故选择观测期间不应过短，否则可能导致观测期内无法观测到违约事件，进而出现数据遗漏；为避免存在其他违约事件的交叉影响，观测期间不宜过长。因此，本书选择 30 日作为观测期间，即债券发行起息日（设起息日为 T 日）前推 30 日。为进一步分析债券违约传染效应是否会随着时间推移而变化，可将观测期间逐步拉长至 120 天，具体分为[T—60, T—30]、[T—90, T—60]和[T—120, T—90]这三个观测期。

第三步，将债券违约事件与企业性质交互项作为解释变量，构建回归模型：

$$\begin{pmatrix} \text{coupon}_1 \\ \cdots \\ \text{coupon}_j \end{pmatrix} = \begin{pmatrix} 1 & \text{default}_1 \times \text{soe}_1 & \text{controls}_1 \\ \cdots & \cdots & \cdots \\ 1 & \text{default}_j \times \text{soe}_j & \text{controls}_j \end{pmatrix} \times \begin{pmatrix} \delta_1 & \cdots & \delta_j \\ \rho_1 & \cdots & \rho_j \\ \sigma_1 & \cdots & \sigma_j \end{pmatrix} + \begin{pmatrix} \varepsilon_1 \\ \cdots \\ \varepsilon_j \end{pmatrix} \tag{4-2}$$

将式（4-2）中的解释变量选取为债券违约事件与企业性质交互项（default×soe），该交互项为虚拟变量，当区域内发生债券违约且发债主体为民营企业时，default×soe 为 1，反之为 0。通过估计变量系数 ρ_j，可以度量违约风险对民营企业的冲击效果。

3. 债券违约存在区域传染

选取 2016～2019 年，北京、上海、辽宁、浙江、江苏、山东、安徽及广东 8 个辖区内非金融机构在交易商协会及交易所发行的信用债券为实证样本。通过构建上述债券违约传染效应模型，我们进行了基于中国债券的实证检验，验证了辖区内债券违约引发的信用风险对债券发行定价具有传染效应，并得出如下结论：债券发行前，发行人所属辖区内出现债券违约会显著提升公司债券融资成本；考虑违约事件的时间、距离时，发现债券违约引发的信用风险传染效应会随着时间、距离的增加而逐渐变弱，甚至丧失传染性；通过分析债券违约风险对不同性质企业的传染效应时发现，民营企业发行债券的成本受到债券违约信用风险传染影响尤为显著。

农林绿色金融实践

荷兰多渠道推动林业绿色金融发展

2019 年，荷兰政府发行了 59.8 亿欧元（约 68 亿美元）的绿色债券，用于低碳发展和可持续水资源管理。在推动林业绿色金融方面，荷兰政府、开发机构、政策性银行、商业银行和民间组织设立的基金在世界各地通过混合融资、担保、技术支持等方式，支持减少毁林和碳排放。

1. 公共资金

政府主导的气候和发展基金（Dutch Fund for Climate and Development，DFCD）由荷兰政府设立，是荷兰政府贡献于《巴黎协定》和可持续发展目标的重要工具，目的是协调私人资本投资发展中国家应对气候变化的相关项目。DFCD 在经济合作与发展组织下属的发展援助委员会（Development Assistance Committee，DAC）认定的最不发达国家和中低收入国家支持生态系统保护的创意项目、水资源类项目和土地利用类项目，其中包括与林业密切相关的智慧农业和森林保护方向。DFCD 确定的可持续项目被设计转变为可供银行或投资者支持的商业案例，DFCD 提供部分资金支持，其余部分由项目进一步开发和融资，预计可以撬动 5 亿～10 亿欧元的私人资本。DFCD 也为项目地区和参与机构提供技术支持。2020 年 10 月，DFCD 宣布向印度尼西亚的民间组织森林碳提供 25 万欧元赠款，用于评估湿地保护与恢复项目。荷兰外交部已经为 DFCD 注资 1.6 亿欧元。2019 年 5 月，荷兰开发银行、荷兰发展组织、世界自然基金会（World Wide Fund for Nature，WWF）荷兰办公室和气候基金管理公司联合竞标成功，共同管理 DFCD。

2. 资本市场资金

2017 年，联合国环境规划署（United Nations Environment Programme，UNEP）与荷兰合作银行（Rabobank）宣布了一项雄心勃勃的森林保护和可持续农业伙伴关系。这种伙伴关系的第一个具体工具是 AGRI3 基金，为参与可持续林业的银行提供担保，如第一损失担保、次级债或延长还款期限等，以提高林业项目的财务可行性。目前 AGRI3 已经建立起 1.44 亿美元的现金抵押基金，由政府的优惠资金、全球环境基金以及多边及发展银行和商业银行共同出资，预计可以增加到 3 亿美元的银行担保和次贷规模，最终撬动 10 亿美元的商业投资。

在融资机制之外，AGRI3 还建立了 1 500 万美元的技术支持项目，为项目的参与方提供服务，促进创新的可持续农业模式的规模化发展。预计至少 30 万名农民可以得到农业和林业的可持续经营培训，其中 40%为女性。2019 年，由独立专家组成的评估团队对 AGRI3 基金进行了评估，结果显示该基金的运作可以为小农户提供低于市场利率的融资机会、覆盖更广泛的发展领域，同时在基金、资产管理机构和商业银行中产生更多的示范效应。

3. 民间资金

在荷兰有一些重要的民间基金，如绿色基金（Green Fund）、IDH 农业适应基金（IDH Farmfit Fund）、Rabo 农村基金（Rabo Rural Fund）等，通过对接项目需求和私人资本，为企业和贫困农户筹措发展资金，减少热带森林周边农户经济活动造成的毁林。这些基金主要倾向于支持产出价值较高的项目，如木材、可可、咖啡等，可以获得市场平均回报；也有一些民间基金更关注可持续性等社会责任指标，可以接受较低的收益率。2020 年，绿色基金与一家巴西商业银行联合支持亚马孙雨林的一家畜牧企业进行可持续草场开发和饲养，同时提供了为期 8 年的 1 000 万美元贷款。

4.3　绿 色 基 金

4.3.1　绿色基金概览

1. 绿色基金的定义

绿色基金是针对节能减排，致力于低碳经济发展、环境优化而建立的专项投资基金，旨在通过资本的投入来促进节能减排事业的发展等。其品种众多，包括但不限于绿色产业基金、担保基金、碳基金、气候基金等。其中，绿色产业基金是目前国务院发文所要求推动的一种绿色基金。其特点在于将该基金资产总值的 60%以上投资于绿色环保领域。与普通基金一样，绿色产业基金是针对上市企业进行投资并提供经营管理服务的集合投资制度，具有相应的营利性。但与普通基金区别的是，绿色产业基金在获得收益的同时，注重节能减排等绿色产业的发展，是一种将生态发展与经济收益相结合的基金模式。

2. 绿色基金的起源及发展

在 20 世纪六七十年代环保运动的影响下，世界第一只将环境指标纳入考核标准的绿色投资基金——Calvert Balanced Portfolio A 于 1982 年在美国面世。该基金虽然从字面上来看并没有体现出“绿色”，但致力于对拥有环保项目的企业进行投资，实质是一只绿色基金。此后，英国于 1988 年推出了第一只绿色投资基金——梅林生态基金（Merlin Ecology Fund）。我国绿色基金的发展比较滞后，2011 年才出现了第一只绿色投资基金——兴全绿色投资股票型证券投资基金。

在美国、日本等发达国家，绿色基金在近年得到了较大的发展。由于金融市场形成的差异，绿色基金在不同市场上表现不同。在发达国家，绿色基金的发行主体主要是机构，尤其是美国在 1996 年成立了社会投资论坛，自此绿色基金开始高速发展。而在日本，受自然环境及人文环境等的影响，环保意识在社会中广泛传播，企业主动改善生产环境的情况较多，极大地促进了绿色基金在日本的发展。在欠发达地区，由于资本市场发育程度较低，绿色基金暂未得到广泛的关注，发展缓慢。我国绿色基金多为政府主导或参与的绿色产业基金。

3. 绿色基金的组织形式

绿色基金在组织形式上一般来说有三种模式：①纯政府投资的基金，政府通过财政拨款的方式成立一只基金，旨在支持当地的环保类项目，这种模式有很强烈的公益性质；②纯市场化模式，比如信托、基金或者是资管机构成立一个产品，用于募集社会资金并投资于一个或多个环保项目，并且有明确的产品架构和盈利模式，一般来说这种模式有较强的功利性；③PPP 模式，这种模式是现有的绿色基金最主要的模式，如图 4.5 所示。PPP 模式主要是政府和社会资本共同发起成立一只基金。在资金的来源方面，政府所占比重较小，主要起到战略引导的作用；而社会资本占比较大。此外，还有专门的第三方环保机构负责所投资绿色项目的改造、运营。也就是说，除了提供资金之外，这些专业机构还会为所投资项目提供技术支持。

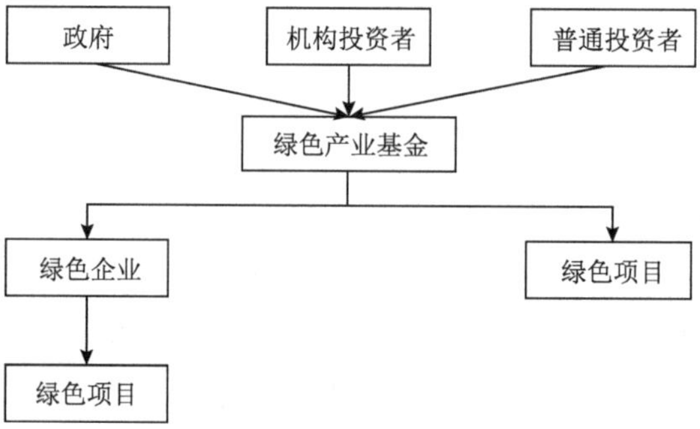

图 4.5　PPP 模式

4.3.2　国际绿色基金市场的发展与现状

鉴于以往文献和研究以及绿色基金的多样性，尚未形成统一的统计口径，本小节将聚焦国外绿色投资基金的发展与现状。绿色投资基金是指在证券上仅以或部分以企业的环境绩效为考核标准，筛选投资对象并进行投资的基金。它是在 SRI 的基础上发展起来的，旨在实现生态与经济的协调发展。由于市场的差异性，绿色投资基金在不同的国家有不同的名称，例如，该基金在美国被称为环境基金（environmental fund），在日本被称为生态基金（eco-fund），而西欧则通常以绿色或生态基金（green/ecology fund）命名。不同国家的绿色投资基金发展情况各不相同，例如，美国的绿色投资基金已经进入相对成熟阶段，而日本的绿色投资基金则建立起完善的相关法律法规，等等。

1. 美国绿色投资基金的发展与现状

美国最初没有专门设立绿色投资基金，只在 SRI 基金内纳入生态投资。自美国诞生第一只绿色投资基金以来，诸如绿色世纪权益基金（Green Century Equity Fund，GCEF）、Parnassus 核心股票基金（Parnassus Core Equity Fund）等绿色投资基金在市场上相继被推出，带来了良好的经济生态效益；这也促使更多 SRI 将生态环境纳入筛选范围，并以股东对话的形式增加对企业环境议案的讨论次数，从而构成了美国初期的绿色投资基金。

1996 年，美国成立了社会投资论坛，它为生态投资提供了广阔的交流平台，同时也标志着美国包括绿色投资基金在内的 SRI 进入高速发展阶段。美国可持续与责任投资论坛（US Sustainable and Responsible Investment Foundation，US SIF）发布的数据显示，1997 年，美国绿色投资基金资金总额为 195.73 亿美元，仅占 SRI 总额的 1.5%；而后两年增长了 5 倍，于 1999 年达到 1 182.63 亿美元；之后虽有波动，但总体呈现上升趋势，到 2005 年绿色投资基金资金总额高达 1 500 亿美元，在 SRI 的份额上升到 6.55%。

随着 SRI 在美国的普及，截至 2010 年，美国对包括环境在内的 ESG 投资总额高达 2.51 万亿美元，ESG 基金数量由 1995 年的 55 个上升到 493 个，增长了 9 倍。截至 2021 年，美国市场共有 740 只 ESG 相关公募基金。可见，绿色投资基金在美国的发展已进入相对成熟阶段。

2. 日本绿色投资基金的发展与现状

第二次世界大战后，日本奉行“经济第一主义”，以牺牲环境为代价的粗放型经济增长模式给生态环境和国民健康造成了严重的危害。20 世纪七八十年代，许多污染型企业在环境诉讼中败诉，这给企业形象和声誉造成了很大的影响。企业逐渐认识到，环境绩效的改善不仅能节约成本，还能提高公司的诚信和可靠度，进而增加企业的利润，从而极大地促进了绿色投资在日本的发展。

自 1999 年发行了第一只绿色投资基金——Nikko 生态基金（Nikko Eco Fund）之后，日本推出了 8 只绿色投资基金，如全球环境基金（Global Environment Facility）等，这些基金在筛选投资对象时只关注与环境相关的公司。这不仅引起了证券投资者的重视，而且引起了媒体的关注。1999～2001 年，《日经新闻》发表了 234 篇关于绿色投资基金的文章。从绿色投资基金的数量来看，1999～2001 年共发行了 12 只绿色投资基金，资产总额达 867.82 亿日元。之后几年，绿色投资基金的发行几乎处于停滞状态，总量不足 4 只；但 2007 年单年发行了 20 只绿色投资基金，发展势头强劲。2008 年以来，由于受到国际金融危机的影响，日本绿色投资基金的发行量呈逐年下降的趋势，但 2009 年日本市场绿色投资基金总量共 42 只，资产总额高达 2 403 亿日元，总体仍维持在较高水平。

随着日本环境披露制度和相关法律法规的不断完善，日本绿色投资基金的市场运作更加规范化和制度化；同时，环境保护和绿色投资理念在日本企业和民众中得到强化，这使得绿色投资在日本取得了长足进步。

4.3.3　国内绿色基金市场的发展与现状

1. 绿色基金发展速度快

从我国绿色公募基金看，自 2011 年 2 月发行首只绿色投资基金——兴全绿色投资股票型证券投资基金，到目前国内有绿色主题相关公募基金 272 只，管理规模超过 3 826 亿元；而与绿色主题相关的私募基金为 1 022 只，管理规模超过 4 826 亿元，其中股权创投基金规模占比超过 90%。

同花顺 iFinD 数据显示，截至 2023 年 9 月 20 日，当前市场上共有碳中和主题基金 68 只（份额分开计算，下同），ESG 主题基金 55 只，此外还有 57 只产品的名称中带“低碳”字眼，33 只产品的名称中带“绿色”字眼。截至 2023 年第二季度末，碳中和主题基金、ESG 主题基金、低碳主题基金、绿色主题基金的合计规模为 823.85 亿元，较 2022 年同期的 721.4 亿元增长 14.2%。目前，我国已在山东、内蒙古、山西、河北、四川等省份和自治区设立了多个区域性地方政府支持的绿色发展基金。

2. 绿色基金制度框架明晰

相较于其他国家绿色基金从下到上、市场主导的发展模式，我国绿色基金更多是政府从上到下大力主导，在政策方面，先后出台了多项文件和指导意见来建立绿色基金快速发展的制度框架。2016 年 3 月印发的《中共中央关于制定国民经济和社会发展第十三个五年规划的建议》提出了“发展绿色金融，设立绿色发展基金”，这释放出了发展绿色基金的积极信号。2017 年 6 月，国务院常务会议决定建设绿色金融改革创新试验区，提出支持创投、私募基金等境内外资本参与绿色投资。2018 年 6 月，中共中央、国务院发布的《关于全面加强生态环境保护 坚决打好污染防治攻坚战的意见》，明确提出要“设立国家绿色发展基金”。2014～2016 年，相关部委先后出台了《私募投资基金监督管理暂行办法》《政府投资基金暂行管理办法》。2016 年 7 月，G20 财长和央行行长会议发布了公报，对政府通过绿色金融带动民间资本进入绿色投资领域达成了共识，明确了政府与社会资本合作的绿色发展基金是一条重要路径；2016 年 8 月，中国人民银行等七部门联合发布了《关于构建绿色金融体系的指导意见》，要求“支持设立各类绿色发展基金，实行市场化运作”，首次提出了“中央财政整合现有节能环保等专项资金设立国家绿色发展基金”，“鼓励有条件的地方政府和社会资本共同发起区域性绿色发展基金”。2019 年 7 月 20 日，国务院金融稳定发展委员会办公室推出了 11 条金融业对外开放措施，其中明确指出到 2020 年取消基金管理公司外资股比限制，这对我国绿色基金发展产生了积极影响和新挑战。2018 年的《关于规范金融机构资产管理业务的指导意见》和 2019 年的《关于进一步明确规范金融机构资产管理产品投资创业投资基金和政府出资产业投资基金有关事项的通知》，规范了对金融机构投资基金的监督管理。2020 年 10 月，生态环境部等五部委出台了《关于促进应对气候变化投融资的指导意见》，明确了“鼓励和引导民间投资与外资进入气候投融资领域，深化气候投融资国际合作”等重要内容。

3. 政府与市场参与相融合

我国政府注重发挥政策资金的引领撬动作用，形成以产业基金为主的发展方式，吸引更多的资金和投资主体参与。国家层面带头示范，海南省绿色金融研究院发布的《中国绿色产业基金发展现状分析》显示，到 2019 年已经成立的 22 只涉及中央财政出资的国家级基金总规模为 23 695.5 亿元，如 2015 年 3 月成立的“绿色丝绸之路股权投资基金”，致力于“丝绸之路经济带”的生态环境改善和光伏清洁能源发展；2020 年成立了“国家绿色发展基金”，首期募资规模为 885 亿元，主要投向长江经济带沿线 11 省（市），适当投向其他重大战略区域，主要采用股权投资和基金注资的方式。同时，注重发挥市场在资源配置中的基础性作用。通过发布《“一带一路”绿色投资原则》、举办 8 期中国社会责任论坛、成立中国企业社会责任联盟、发布多期《中国责任投资年度报告》和《中国私募投资基金行业践行社会责任报告》、展示绿色金融案例等多种方式，推动、引领更多社会资金向绿色领域聚集。上海证券交易所发布的数据显示，截至 2020 年末，上海证券交易所联合相关机构发布了上证 180 碳效率指数、上证环保产业指数、上证社会责任指数等 57 只绿色证券指数，上市了 3 只绿色主题的 ETF 产品，为投资者投资绿色产业提供了重要参考。

4.3.4　问题与建议

近年来，随着环保事业的加快发展和绿色发展战略的深入贯彻实施，基金逐渐被越来越多的市场机构和政府部门选择作为扶持环保产业发展、促进经济结构转型升级的重要金融工具。但是我国的绿色基金起步较晚，仍存在许多问题。

1. 绿色基金投资意愿较低

作为典型的政策驱动型行业，环保等绿色行业近年来受国家政策影响，行业整体景气度得到了大幅提升，政策拉动及法规标准的倒逼使得环保行业迎来了新的发展机遇。但环保行业相较于其他传统行业及互联网等战略性新兴产业，存在收益回收期较长、投资风险较大、投资收益水平不高等特点，这导致以追求投资收益为核心目的的基金产品投资意愿不高，一定程度上阻碍了绿色基金市场的快速发展。

2. 市场发展缺乏统一标准

目前我国没有出台针对绿色基金的认定标准，对于绿色基金的投资范围、筹集资金使用、投资运作、信息披露等行为缺乏明确的要求，这在一定程度上阻碍了市场的规范发展。以主动管理类基金为例，《中国绿色基金标准研究》显示，目前绿色公募基金市场中，虽然投资标的定位为节能环保、新能源和绿色可持续发展等行业领域内的上市公司，但投资组合中对绿色行业的配置比例不固定，而且由于标准的缺乏，投资实践中多数仅考虑公司盈利水平，并未综合考虑标的绿色表现，这导致基金实际“含绿量”不高，提高了市场“漂绿”风险。

同时，相关标准的缺乏导致绿色基金的定义及相关信息披露义务不明确，无法有效获取到充分的公开信息来对其数量和规模进行分门别类的统计，从而难以为绿色基金市场扶持激励措施等相关制度的制定提供依据，无法利用政府力量来推动绿色基金市场的快速发展。另外，在缺乏绿色基金的定义及相关标准的情况下，投向节能减碳、绿色环保以及可持续发展等领域的基金缺乏有效的环境效益信息披露，这导致绿色基金发展所产生的经济效益和环境效益缺乏可量化的方式。

3. 基金从业人员缺乏相关能力

国际上对于绿色投资从投资策略、内部控制、公司治理等各方面已有一定程度的实践与探索，可以有效帮助基金投资运作人员识别绿色标的、管理环境风险。目前我国绿色基金领域的专业人才较少，他们缺乏针对环境风险分析方面的专业能力，难以在绿色基金的日常运作中提供有力的专业支撑。

针对中国绿色基金发展过程中的问题，可以从以下三个方面进行完善。

（1）加快绿色基金标准制定颁布。相较于债券、信贷等产品，股权基金投资具有主动性，投资运作过程中除募集及投资外，还包括投后管理，即为投资对象提供包括资金、市场等在内的各方面资源，并以股东或董事身份督促投资对象来提高公司的绿色水平。因此，为保证绿色基金在投资存续期内能够保持“绿色”，同时有效发挥基金的“主动管理”优势，帮助绿色企业、绿色产业快速发展，绿色基金标准对于基金的约束行为应贯穿于基金的全生命周期中的各个操作环节。

（2）强化企业责任以引导绿色投资。首先，建立企业环境信息披露制度，增加企业的环境信息透明度。我国自愿进行环境信息披露的企业很少，政府也未出台相关法律法规强制要求企业进行环境信息披露。政府应颁布行业自愿环境信息披露条例，建立环境报告制度，为绿色基金的发展提供制度保障。其次，政府应通过经济杠杆的调控，降低绿色投资风险。由于市场和投资者投资技能的影响，绿色投资基金的业绩在短期内表现不佳，需要政府通过税收、入股等经济手段的调节，降低绿色投资的税率，增加股金，以便在短期内引导投资者走出低谷。政府在其中起到市场“守夜人”的作用。

（3）发挥非政府组织的作用。非政府组织对欧美绿色投资基金的发展起到了关键性作用。例如，英国在 1996 年建立的世界上第一个社会投资论坛（UK Social Investment Forum，UKSIF）对包括绿色投资在内的 SRI 具有里程碑意义，它为 ESG 投资搭建了良好的平台。成立于 2001 年的亚洲可持续发展投资协会（Association for Sustainable and Responsible Investment in Asia，ASrIA）也通过培养 SRI 产品，提供研讨会、专题学术会议等，推动了亚太地区企业责任与可持续金融事务。我国也应积极成立类似的组织，推动绿色基金的发展。

思政专栏

助力碳达峰碳中和，绿色基金创新高

发展循环经济，瞄准新能源，实现碳达峰碳中和，成为中国经济可持续发展的重要议题。伴随绿色发展资金需求的不断扩大，引导社会资金进入绿色领域成为当务之急，基金公司自 2021 年下半年开始，加大了对绿色投资的布局。根据不完全统计，截至 2022 年 1 月 5 日，布局绿色投资相关方向的基金公司已有 50 余家，其中易方达基金管理有限公司、鹏华基金管理有限公司、富国基金、华夏基金管理有限公司、汇添富基金管理股份有限公司、工银瑞信基金管理有限公司、建信基金管理有限责任公司、景顺长城基金管理有限公司等公司布局力度较大。万得数据库统计显示，2021 年绿色投资相关主题基金发行量超过 50 只，远超以往任何一个年份。

伴随着绿色发展，绿色基金进入发展快车道。中国证券投资基金业协会的数据显示，截至 2021 年第三季度末，绿色、可持续、ESG 等方向的公私募基金数量接近 1 000 只，规模合计 7 900 多亿元，较上年年底规模增长 36%。其中，公募基金 190 多只，管理规模 4 100 多亿元；私募基金 800 只，管理规模 3 700 亿元，90%为股权创投基金。第

三方平台也不甘落后，2021 年 12 月 16 日，蚂蚁(杭州)基金销售有限公司全面上线“绿色基金”标签。投资者在支付宝 APP 的“偏股基金”板块可通过筛选器快速筛选，也可直接在搜索栏中输入关键词“绿色基金”一键查找，参与绿色投资更便捷。

4.4 绿色保险

4.4.1 绿色保险概览

1. 绿色保险的定义

绿色保险起源于欧美发达国家，其制度相对成熟，且主要以环境污染责任保险为代表。绿色保险作为市场化的风险转移机制、社会互助机制、资金融通机制和社会治理机制，在加强环境保护、促进节能减排和维护社会公共安全等方面具有独特的优势。

目前，国际社会没有权威的绿色保险概念。普遍公认的狭义的绿色保险是指环境污染责任保险，是指当企业污染环境的行为导致第三方人身或者财产损失后，由保险公司在约定的限额内对其进行赔偿，并且也对治理污染的费用进行补偿，其保障范围一般包括以下几点：受害者的人身伤亡和直接财产损失；企业在挽救生命和抢救财产过程中所产生的合理费用；企业为避免污染事故扩大影响在清理污染物时发生的合理费用；在污染事故发生后，企业在采取诉讼、调查取证等过程中发生的合理必要费用；除上述几点外，还包括合同中特别规定的符合双方协议的其他赔偿责任。广义的绿色保险是一种可持续发展的保险，即融入了环保意识及生态文明理念的保险经营活动，通过保险业的绿色转型来对生态环境进行保护并支持环保产业的发展，为绿色经济保驾护航。

2022 年 11 月 10 日，中国银保监会办公厅发布了《绿色保险业务统计制度》，将“绿色保险”定义为“保险业在环境资源保护与社会治理、绿色产业运行和绿色生活消费等方面提供风险保障和资金支持等经济行为的统称”，这是中国官方首次对绿色保险进行定义。

2. 绿色保险的特征

1）正外部性

从保险利益来看，绿色保险的受益主体除了间接受益的保险合同相对人，更指向社会公众生态利益。围绕社会公众生态利益开展顶层设计和运作创新，将关乎公众利益的环境外部风险借助保险手段内部化、分散化、主体化、具体化，同时通过保费补贴、政策引导、机制模式产品服务创新构建政策治理与商业运作的张力生态，是绿色保险区别于其他保险的鲜明特征。

2）约束性

绿色保险是针对生态安全风险开展的保险活动，其在不同领域具有不同程度的约束性。例如，《环境污染强制责任保险管理办法（草案）》明确了需强制投保的企业类别及具体名录；在环境增益奖补性保险等“正向激励”领域，由于生态风险往往具有可补偿性、敞口大、成本高、周期长等特征，一些地方开展的绿色指数保险等生态保险均采取了政策性保险形式，借助保险在“服务网络”“绿箱机制”利用等方面的优势，绿色保险在提升政府资金效能、服务生态治理方面发挥了很好的作用。

3）效能性

绿色保险是基于环境友好、可持续发展和资源合理高效利用的新型保险领域，相比于传统的政策运作和补贴方式，它是一种更为高效能的运作方式。同时从发展绿色保险的初心来看，绿色保险发展也应重点聚焦“效能”二字。

4）系统性

绿色保险是一项系统工程，需要从理念认识、政策机制、生态模式、人才技术、产品服务、资金运作等方面全面系统建构，尤其要注重政府治理与商业运作之间的协同与张力平衡。

3. 发展绿色保险的意义

国际经验表明，绿色保险是环境高危企业发生污染事故后维护受害人权益的一种有效理赔机制。一个有效的绿色保险制度能够实现经济和环境的双赢，有助于建立高危企业节能减排的长效机制，推动资源节约型和环境友好型社会发展。

一是绿色保险能有效完善生态环境保护机制，降低环境事故的发生率。建立绿色保险机制，有效利用保险机构在服务网络、资金技术、费率厘定和风险管理方面的专业优势，实现环境高危企业的风险预警与隐患排查。绿色保险作为市场化的第三方风险监管机制，通过事前防范、事中管控和事后补救，全面加强企业防范和治理环境污染事故的能力。

二是绿色保险能有效转移突发意外事故等原因引发的企业环境风险，提高企业环境风险承载能力。环境污染事故具有受害者地区广、受害人数多、赔偿金额大、处理周期长等特点，污染企业往往因赔偿数额巨大而影响企业正常的生产经营和发展。通过绿色保险，易发生污染事故的环境高危企业可有效转移突发意外事故等原因引发的企业环境风险，提高企业承载环境风险的能力，以确保企业生产和再生产的顺利进行。受灾企业可迅速获得赔付资金，并将这些资金用于环境污染治理，从而实现对生态环境的有效保护。

三是绿色保险能有效调动社会资源投向绿色经济，促进绿色经济持续健康发展。国际经验表明，绿色保险是一项经济与环境双赢的制度安排，能够有效调动政府、市场和社会资源力量投向绿色产业。首先，绿色保险可发挥保险资金的长期性、稳定性优势，将保险资金直接投向绿色环保、绿色能源、绿色农业、绿色建筑等产业。其次，绿色保险可以通过保险业务支持节能环保的经济发展方式和生活方式，通过保险费率的杠杆作用引导企业、社会和政府资源投向绿色经济发展和低碳生活。最后，绿色保险可发挥信用担保和增级的作用，提高绿色参保企业的信用等级，引导更多的信贷资金和社会资源流向绿色经济、低碳经济领域。

4.4.2 国际绿色保险市场的发展与现状

1. 主要经济体绿色保险发展行动部署

1）英国

在绿色保险方面，英国采取自愿与强制相结合的模式对环境责任进行投保，其中强制要求企业对海洋石油污染风险和核反应堆事故责任进行投保。英国的保险模式能对不同风险程度的企业采取不同的投保策略，既能有效地进行风险分散，也能根据风险的情况筛选投保对象，从而可以满足各地区企业的差异化需求，使得环境污染责任保险能够因地制宜地得到实施。英国绿色保险市场上主要有可持续发展项目保险、环境责任保险以及自然相关类保险。其中比较有特色的是自然相关类保险，如英国历史悠久的洪水类自然灾害保险。

2）德国

德国主要采取环境责任保险与财务保证或担保来落实环境污染责任。环境责任保险在德国有悠久的历史。早在 1965 年，德国保险市场上就有了环境保险产品，为环境灾害造成的人身伤害和财产损失提供保障。德国政府于 1990 年颁布并于 2017 年更新的《环境责任法》规定，存在重大环境责任风险设施的所有人必须采取一定的预防措施，包括与保险公司签订损害赔偿责任保险合同，或由州政府、联邦政府、金融机构提供财务保证或担保。如有违反，主管机关可以全部或部分禁止该设施的运行，设施所有人还可能被处以有期徒刑或罚金。在绿色保险的推行中，德国运用较为完善的环境立法体系，把环境污染责任保险实行的对象、保障范围以及违规的具体惩罚金额、惩罚措施都明确列在相关的法律条文中，有了完善的法律制度作为保障，环境污染责任保险稳步发展。

3）美国

美国采取强制绿色保险的模式。美国的环境污染责任保险起步较早，并且保险种类比较丰富，产品类型细化，囊括了各行各业的污染情况。20 世纪 60 年代起，美国就针对有毒物质和废弃物处理可能引起的损害责任推行强制责任保险。McGriff 公司整理的数据显示，美国约有 40 家保险公司提供环境污染责任保险产品，年保费总额超过 20 亿美元。2020 年，加利福尼亚州保险部门发布了气候智能型保险产品数据库，为消费者和企业提供了 400 多种绿色保险产品的信息。不同的环境风险，保险费率不同，企业可以根据自己的实际经营情况选择跟自己的实际风险相匹配的保险产品，从而满足企业的需求。

2. 国外创新型绿色保险产品

面对全球环境污染、气候变化、自然灾害带来的直接或间接风险，国际金融市场对于绿色保险的需求日趋增加，同时也催生了许多创新型绿色保险产品。与传统意义上的环境责任险以及巨灾保险相比，创新型绿色保险产品有着更广阔的范围及引申意义，产品也更加细化，可精准落实到项目之中。

1）绿色建筑保险

绿色建筑保险可以对企业建筑开发项目的事前、事中、事后进行阶段性风险保障，开发前有助于项目投融资过程中的增信，开发中发挥风险管理作用，开发后针对保险范畴的损失进行及时补损。综合而言，绿色建筑保险有利于通过市场化手段助力绿色建筑达到预期价值，推动建筑的“绿色化”从设计环节平稳过渡至运行环节。

中央财经大学绿色金融国际研究院发布的《全球视角下的创新型绿色保险产品综述》指出，当前主流的国际绿色建筑保险产品主要可以分为绿色建筑财产保险和绿色建筑职业责任保险两类。绿色建筑财产保险产品以绿色建筑资产本身及附属设施、材料、装备为标的；绿色建筑职业责任保险产品则是以各类绿色建筑专业人员的职业责任风险为标的。2006 年，美国的 Fireman's Fund 保险公司开始提供名为 GreenGard 的绿色建筑保险，该保险为美国商用建筑提供绿色建筑风险保障，代表着市场上绿色建筑保险产品初次面世。

2）天气保险

天气保险，亦称为天气指数保险，是指因天气异常导致企业或个人遭受经济损失后，由保险公司向投保者提供赔偿的保险。该保险是绿色保险的一种，以指数化气候条件（如气温、降水、风速等）为基础，当指数达到一定水平并造成保险条款限定的影响时，投保者获得相应标准的经济补偿。其中，以平抑和分散极端天气带来的气候风险为目标的天气保险可以通过对绿色农业等绿色产业风险的转移，为企业的财产和物资提供经济保障，从而减轻政府的财政负担，保障财政的稳健性。国外保险市场较为成熟，天气保险的种类更具多样性，以英国的降雨降雪险以及日本的台风险、酷暑险等为代表性险种。而在发展中国家，印度的天气保险是比较成功的案例。2003 年以来，印度的天气保险市场迅速发展，已成为全球最大的天气保险市场，其农业天气保险全部以天气指数为依据，以农作物受自然灾害、极端天气影响而造成的损失为标的，印度的农民可以为约 40 种农作物寻求极端天气下的保险保障。

3）碳保险

碳保险的定义需要与低碳保险区分开，碳保险被界定为与碳信用、碳配额交易直接相关的金融产品，以《联合国气候变化框架公约》和《京都议定书》为前提，以碳排放权为基础，主要承保碳融资风险和碳交付风险。目前，国际碳保险服务主要针对的是交付风险，对碳排放权交易过程中可能发生的价格波动、信用危机、交易危机进行风险规避和担保。由于全球碳金融的发展时间较短，目前国际碳保险产品在产品与类别、内容与形式、效益与效果方面都仍处于初级阶段。目前，国际主要碳保险产品分为以下几类。一是碳信用价格保险、清洁发展机制支付风险保险、碳交付保险、"减排交易的或有限额期货"等。例如，2006 年，针对碳信用价格，瑞士再保险集团的分支机构——欧洲国际保险公司提供了一种专门管理其价格波动的保险。之后，该公司又与澳大利亚保险公司 Garant 合作，根据待购买的减排协议来开发碳交付保险产品。二是碳排放的信贷担保及其他可再生能源相关保险产品。2006 年，美国国际集团与达信保险经纪有限公司合作推出了针对碳排放信贷担保与其他新的可再生能源相关的保险产品等。三是碳损失保险。2009 年 9 月，澳大利亚承保机构斯蒂伍斯・艾格纽（STEEVES AGNEW）于全球首次推出了碳损失保险，为因森林大火、雷击、冰雹、飞机坠毁或暴风雨而导致森林无法实现核证减排量（certified emission reduction，CER）所产生的风险提供保障，在条款事件被触发时根据投保者的要求为其提供等量且经核证的减排量。

4.4.3 国内绿色保险市场的发展与现状

1. 绿色保险大有可为

相较于欧美主要发达国家和经济体，中国国内的绿色保险起步相对较晚。其中，

“337” 框架为中国绿色保险的典型代表。中国人民财产保险股份有限公司（简称人保财险）按照中国人民银行、中国银保监会的要求，提出了界定绿色保险的 “337” 框架。第一个 “3” 是服务三大方向：绿色保险作为服务绿色发展的风险解决方案，致力于支持环境改善、应对气候变化和促进资源节约高效利用。第二个 “3” 是囊括三个板块：包括绿色保险产品、绿色保险服务和保险资金的绿色运用。“7” 是绿色保险产品分为七类：包括环境损害风险保障类、绿色资源风险保障类、绿色产业风险保障类、绿色金融信用风险保障类、巨灾或天气风险保障类、鼓励实施环境友好行为类、促进资源节约高效利用类。

据中国保险行业协会统计，2018～2020 年保险业累计提供了规模达 45.03 万亿元的绿色保险，支付赔款达 533.77 亿元，其中，2020 年绿色保险保额是 18.33 万亿元人民币，比 2018 年增加了 6.3 万亿元人民币，年均增长 23.43%。另外中国保险资产管理业协会的数据显示，截至 2021 年 8 月，保险资金实体投资项目中涉及绿色产业的债权投资计划登记（注册）规模达 10 601.76 亿元，其中直接投资的重点领域为交通和能源，其规模分别达 3 306.22 亿元和 3 211.05 亿元。在助力实现碳达峰碳中和中，保险业大有可为。

2. 绿色保险相关政策法规不断完善

绿色保险是绿色金融的重要组成部分，发展绿色保险，对于推动绿色发展具有重要意义，有利于完善环境风险管理体系、促进绿色生产体系建设、深化保险业供给侧结构性改革。国家及相关部门不断出台相关政策法规，促进绿色保险行业的健康快速发展。

2016 年 8 月，中国人民银行等七部委联合发布的《关于构建绿色金融体系的指导意见》，明确提出要发展绿色保险，“在环境高风险领域建立环境污染强制责任保险制度”，“鼓励和支持保险机构创新绿色保险产品和服务”，“鼓励和支持保险机构参与环境风险治理体系建设”，为发展绿色保险指明了方向和路径。2018 年 5 月，生态环境部审议并通过了《环境污染强制责任保险管理办法（草案）》，该草案提出了从事环境高风险生产经营活动的企事业单位或其他生产经营者应当投保环境污染强制责任保险。2020 年 9 月 1 日，新的《中华人民共和国固体废物污染环境防治法》正式开始实施。该法律规定，“收集、贮存、运输、利用、处置危险废物的单位，应当按照国家有关规定，投保环境污染责任保险”，这意味着环境责任险将全面覆盖涉及危险废物的企业。2021 年 2 月，国务院发布的《关于加快建立健全绿色低碳循环发展经济体系的指导意见》要求，“发展绿色保险，发挥保险费率调节机制作用”。2022 年 5 月，中国银保监会出台的《中国保险业标准化 “十四五” 规划》明确提出，“加快完善绿色保险相关标准建设”，“支持保险业探索开发环境气候领域等创新性绿色保险产品，加快研究服务新能源发展、绿色低碳技术研发应用、生物多样性保护等业务领域的绿色保险产品和服务标准，有效衔接各类环境权益市场相关标准。探索绿色保险统计、保险资金绿色运用、绿色保险业务评价等标准建设，更好推动完善我国绿色金融标准体系”。

3. 绿色保险产品不断创新

国内不同类型的机构逐步发展并完善了包括绿色企业社会责任险、绿色产品责任险、绿色环境责任险等在内的绿色责任系列保险业务。例如，人保财险在无锡创新推出了环境责任险“无锡模式”，利用专业力量来开展风控服务，帮助企业排查环境风险隐患，引导企业防范和化解环境风险。基于此模式，衢州、湖州、嘉兴等地升级迭代，采用融合科技、信贷联动等方式，将保险覆盖面扩充至安全与健康风险领域，形成了一系列符合不同地区特殊情况的创新模式。

农业保险也在与时俱进、与时更新。财政部、农业部、保监会等在 2017 年于数百个产粮大县开启了大灾保险试点。2019 年 8 月，福建莆田落地首例市级农业气象巨灾指数保险项目。中国农业保险主要包括蜜橘树气象指数保险、橡胶风灾指数保险、玉米种植天气指数保险、柑橘气象指数保险，以及生猪保险与病死猪无害化处理联动机制等。

新能源保险业应运而生，在创新中发展。新能源保险业主要包括光伏辐照指数保险、光伏组件效能保证保险、光伏电站综合运营保险以及风力发电指数保险等。以中国人民保险集团股份有限公司（简称中国人保）为例，2019 年上半年，中国人保为核电设备、节能环保船舶建造、风电设备整机制造及其上下游、光伏领域提供的风险保障分别为 70 亿元、41 亿元、773 亿元、117 亿元。

通过吸收国际先进经验，中国国内保险公司在绿色建筑、绿色交通保险等领域取得了进展。2019 年 4 月，人保财险在北京签发全国首单绿色建筑性能责任保险，以崔各庄奶东村企业升级改造项目为试点，保证绿色建筑实现预期的运行评价星级标准。世界银行预测，到 2030 年前，全球若要实现节能减排的目标，70%的减排潜力在建筑节能方面，建筑业的绿色发展是必然趋势。

4.5 碳金融

4.5.1 碳金融的背景与意义

1. 碳交易、碳市场与碳金融概述

碳排放权（亦称碳权）通常指：权利人在符合法律规定的条件下向环境排放污染物的权利，如果允许这项权利在特定条件下进行交易，便成为可交易的排放权，即“碳排放权交易”（简称碳交易）。碳交易的理论基础源于科斯定理，科斯定理的目的之一是讨论如何解决外部性问题。根据科斯定理，只要产权界定清晰，并且交易成本为零或很小，市场均衡的最终结果就会是有效率的，从而实现资源配置的最优化。明确产权对减少交易成本具有决定性作用，产权界定清楚，人们就可以有效地选择最有利的交易方式，使交易成本最小化，从而通过交易来解决各种问题。这个原理在碳交易的引入和实践中得到了充分的体现。

碳市场是碳交易活动及其所需支持环境的集合和载体，是由包括交易主体、交易产品、交易流程、交易活动及监管活动等在内的核心要素所组成的规则化体系。国际主流碳市场是在《京都议定书》的框架下形成的，《京都议定书》具体规定了国际排放贸易（International Emissions Trading，IET）、联合实施（Joint Implementation，JI）和清洁发

展机制（Clean Development Mechanism，CDM）三种碳交易机制，同时形成了相应的碳交易市场。

碳金融是碳市场的高级阶段，也是碳交易活动的发展方向，碳交易市场的存在则是碳金融的基础和前提。碳金融市场有狭义和广义之分，狭义的碳金融市场专指以碳排放权为标的资产的碳交易市场；广义的碳金融市场则指与温室气体排放权相关的各种金融交易活动和金融制度安排。广义的碳金融市场不仅包括碳交易，还包括一切与碳投融资相关的经济活动，具体包括以下六点：①碳信贷市场，如商业银行的碳金融创新、绿色信贷、CDM 项目抵押贷款等；②碳现货市场，如基于碳配额和碳项目交易的市场；③碳衍生品市场，如碳远期、碳期货、碳互换、碳期权等衍生品市场；④碳资产证券化，如碳债券、碳基金等；⑤机构投资者和风险投资者介入的金融活动，如碳信托、碳保险等；⑥与发展低碳能源项目投融资活动相关的咨询、担保等碳中介服务市场。

根据证监会发布的《碳金融产品》标准（JR/T 0244—2022），碳金融产品包括碳市场融资工具、碳市场交易工具以及碳市场支持工具三大类。

2. *碳金融市场的发展*

为应对全球气候变暖的威胁，1992 年 6 月，150 多个国家制定了《联合国气候变化框架公约》，并设定了 2050 年全球温室气体排放减少 50%的目标。该公约是世界上第一个旨在全面控制二氧化碳等温室气体排放、减缓气候变化对人类经济和社会造成不利影响的国际公约，其最终目标是将大气中温室气体的浓度稳定在不会对气候系统构成威胁的水平上。该公约规定发达国家为缔约方，应当采取限制温室气体排放的措施，同时要向发展中国家提供新的额外资金以用于支付发展中国家为切实履行该公约所增加的费用，并采取一切可行手段来促进和易化有关技术转让的进行。

1997 年，《联合国气候变化框架公约》第三次缔约方大会通过了《京都议定书》。作为《联合国气候变化框架公约》的补充条款，《京都议定书》成为具体的实施纲领，对《联合国气候变化框架公约》附录I所列的发达国家减排温室气体的种类、减排时间表和额度等做出了具体规定。为降低各国实现减排目标的成本，《京都议定书》建立了三个温室气体减排的灵活机制——IET、JI 和 CDM。

IET 是发达国家之间的配额交易，即一个发达国家将超额完成减排义务的指标，以贸易的方式转让给另外一个未能完成减排义务的发达国家，并同时从转让方的允许排放限额上扣减相应的转让额度。

JI 是发达国家之间的项目级合作，即通过项目开发实现的减排单位（emission reduction unit，ERU），可以转让给另一个发达国家缔约方，但是必须在转让方的“分配数量单位”（assigned amount units，AAUs）配额上扣减相应的额度。

CDM 是发达国家与发展中国家之间的碳减排交易。发达国家通过提供资金和技术的方式，与发展中国家开展项目级合作，通过项目实现核证减排量，用于发达国家缔约方完成在《京都议定书》中的承诺。

在京都机制下，碳排放权被赋予了特定产权，变成可以进行转让、交换等交易活动的无形商品，具备了商品属性和金融属性。随着碳交易市场的扩大，各类风险相继出现，如政策风险、市场风险和操作风险等，于是用以规避风险的具有投资价值和流动性的金融衍生工具，如碳排放远期、掉期、期货、期权、碳排放信用、碳排放证券等逐渐被开发出来，这些工具有效地保证了减排措施投资的稳定性和可收益性。这类用于防范风险或是投资增值的碳交易表现出金融属性的特征。碳排放权逐渐衍生为一种金融资产，以金融资产的运作模式活跃在金融市场，形成了真正意义上的碳金融市场。

3. 碳金融市场的意义

（1）促进减排成本内部化和最小化。从总体来看，碳金融市场的存在使得碳减排成本由外部转向由企业内部自身承担，这种转移也使得微观企业和发达国家总体的减排成本实现最小化。伴随着碳交易市场的交易量和交易额的增长，碳排放权已衍生为具有流动性的金融资产。依托于碳金融市场的不断发展，碳资产的自由流通得到了有效促进，碳交易市场因此更加活跃。同时，碳排放权的价格也更加准确，这促进了减排成本内部化和最小化。

（2）风险管理和转移功能。碳市场的价格波动非常显著，这与能源市场高度相关。政治事件和极端气候都会增加碳价格的不确定性，使得碳价格波动加剧。不同国家、不同产业的适应能力及其受到的影响有所不同，但大部分都要通过金融市场这个载体来转移和分散碳价格波动风险。碳交易和碳保险通过风险管理和转移功能分担了碳交易各环节的风险。碳交易期权、期货和其他衍生产品所拥有的规避价格波动风险的套期保值功能，使其成为碳金融市场上最基本的风险管理工具。

（3）加速低碳技术的转移和扩散。碳排放主要来源于化石能源消费，发展中国家的能源效率普遍较差。要从根本上改变一国经济发展对碳基能源的过度依赖，一个重要途径是加快清洁能源、减排技术的研发和产业化，使高碳经济向低碳经济转型。低碳经济转型所需成本较高，发展中国家普遍缺乏技术和资金来源。《京都议定书》中的 CDM 是发达国家将减排的技术和资金向发展中国家转移的主要途径。发达国家通过购买和直接投资、项目融资、风险投资（venture capital，VC）和私募基金等多元化融资方式为发展中国家提供资金支持，支持发展中国家的技术进步和可持续发展。

4.5.2 国际碳金融的发展与现状

1. 国际狭义的碳金融市场的发展

狭义的碳金融市场主要指碳排放权交易市场，即企业或个体通过购买或出售碳排放权来达到减排目标的初级市场，市场的重心在于碳排放权的基础性交易。国际碳行动伙伴组织的《2023 年全球碳市场进展报告》显示，截至 2023 年 1 月，全球正在运行的碳市场共 28 个，位于 37 个司法管辖区，包括 1 个超国家机构、10 个国家、20 个省和州以及 6 个城市，同时有 8 个碳市场处于正在建设或考虑建设中。目前，碳市场已覆盖全球 17%的温室气体排放，全球近 1/3 的人口生活在有碳市场的地区，参与碳排放交易的国家和地区的 GDP 占全球总 GDP 的 55%。

为促进完成《京都议定书》目标或自身的温室气体减排目标，部分国家和地区建立了自己的碳排放交易系统（Carbon Emissions Trading System，ETS）。2012 年前建立并仍在运行的 ETS 主要包括 EU ETS、日本碳排放交易体系、新西兰碳排放交易体系（New Zealand Emissions Trading Scheme，NZ ETS）、美国区域温室气体倡议和北美西部气候倡议。接下来详细介绍 EU ETS、日本碳排放交易体系与新西兰碳排放交易体系。

1）EU ETS

欧盟自 2005 年 1 月 1 日开始实行 EU ETS。EU ETS 是全球第一个跨国排放权交易机制，同时也是目前世界上规模最大的碳交易市场。欧盟采用总量控制交易机制，设定欧盟碳市场温室气体排放上限，并通过拍卖和免费分配的方式来发放碳配额。EU ETS 覆盖了 27 个欧盟成员国以及挪威、冰岛和列支敦士登，而且与瑞士的碳市场相关联。EU ETS 涵盖了欧洲经济区内电力部门、航空业和制造业约 40%的排放量。经过不同阶段的发展，EU ETS 不断完善，其交易的欧盟排放权配额（European Union Allowance，EUA）的价格不断上涨。2021 年底，EUA 的价格已突破 60 欧元/吨二氧化碳，并保持不断上涨的趋势。另外，EU ETS 额外设定了创新基金和现代化基金，旨在利用碳排放权拍卖所得收益，以支持能源密集型工业部门和电力部门应对相关挑战，促进它们向低碳经济转型。

2）日本碳排放交易体系

日本先后成立了东京碳排放权交易系统和埼玉碳排放权交易系统，这两个碳排放权交易系统互相衔接。2019 年，埼玉碳排放权交易系统实现了比基准年排放量低 31%的排放量，东京碳排放权交易系统在 2015～2019 年的第二个合理期内，覆盖设施的总体排放量比基准年排放量减少了 27%，超额完成该期间设定的 15%～17%的目标。除此之外，日本政府还制定了一个与碳排放权交易系统相配套的碳额度交易机制，已实现碳减排的公司可以将经过第三方认证的数据提交给经济产业省、环境省或农林水产省，从而获得碳配额用于拍卖或协商交易。

3）新西兰碳排放交易体系

新西兰是继欧盟后第二个实施国家层面碳排放权贸易体系的国家。2007 年 9 月，新西兰环境部发布了《新西兰排放权贸易体系框架》。2008 年 9 月，新西兰议会正式通过了《应对气候变化法》，该法案确立了 NZ ETS，明确了 NZ ETS 的宗旨是通过帮助新西兰降低二氧化碳排放水平和履行其国家义务来应对全球气候变化。该法案对所有经济部门都规定了二氧化碳排放限额，超额排放需购买额外指标。2019 年起，新西兰碳市场开启了新一轮深度改革，包括 2021 年起逐步减少工业部门的免费配额，取消和置换《京都议定书》第一承诺期的碳单位等。2020 年 6 月，新西兰政府推出了新法令以加强碳减排计划；2021 年起，新西兰政府推行拍卖机制，并逐步提升碳市场配额的拍卖比例。2021 年 8 月，新西兰政府发布了新规，制定了逐渐降低免费分配比例的时间表，将减少对工业部门免费分配的比例，提升成本控制储备触发价格，当配额价格高于触发价格时，增加拍卖配额的供给，提高拍卖底价。

2. 国际广义的碳金融市场的发展

基于碳资产衍生出的碳金融产品是广义的碳金融市场发展的重要组成部分。目前国际主流的碳金融产品有碳贷款、碳债券、碳基金，以及由此衍生的金融衍生品如碳排放权互换、碳远期、碳期货、碳期权等，如表 4.1 所示。

表 4.1　国际碳排放权交易市场创新产品种类

产品	定义	案例
碳贷款	广义上，碳贷款为碳减排项目和技术改造提供资金支持。狭义上，碳贷款专指银行对拥有 CDM 项目的低碳企业的贷款。碳贷款产品创新包括碳抵押和碳质押，企业将已经获得或未来可获得的碳资产作为质押物或抵押物进行担保，以获得金融机构的融资。作为质押物或抵押物的碳资产可基于配额获得或基于项目产生	丹麦银行于 2021 年推出了首笔“碳中和抵押贷款”，并由英国碳信托基金负责测量丹麦银行在使用该抵押贷款全生命周期期间产生的排放量。丹麦银行可通过投资包括清洁能源、绿色建筑等碳减排项目或采用清洁供暖或供电等方式进行碳抵消。目前，丹麦银行已授予具有家庭能源性能证书（Energy Performance Certificate，EPC）的首次购房者及搬家者申请该贷款的资格
碳债券	即发行人为筹集低碳项目资金向投资者发行并承诺在一定时期支付利息和到期还本的债务凭证。其核心特点是项目的碳信用收入与债券利率水平挂钩	世界银行于 2023 年 2 月为一项具有本金担保的减排挂钩债券定价，该债券为期 5 年，总计 5 000 万美元。债券募集资金将用于为越南制造 30 万台净水器，并分发给越南约 8 000 所学校与机构，预计通过该项目可为 200 万儿童提供清洁用水并在 5 年内实现 300 万吨二氧化碳的减少效益。回收收益将与净水项目实现的最终自愿碳减排量紧密挂钩
碳基金	即由政府、金融机构、企业或个人投资设立的专门基金，致力于在全球范围购买碳信用或投资于温室气体减排项目，经过一段时期后给予投资者碳信用或现金回报，以帮助改善全球气候变暖	2007 年 7 月 20 日，我国宣布成立中国绿色碳基金，其发起者包括国家林业局、中国石油天然气集团公司、中国绿化基金会、嘉汉林业(中国)投资有限公司、美国大自然保护协会和保护国际，该基金设在中国绿化基金下，属于全国性公募基金，是用于支持中国应对气候变化的活动、促进可持续发展的一个专业造林减排基金。它的设立，为企业、团体和个人志愿参加植树造林以及森林经营保护等活动搭建了一个平台
碳排放权互换	即交易方以碳排放权为标的，在预定的时间内交换现金流或现金流和碳资产的合约。投资者通过买卖不同市场或类型的碳资产，利用价格差获取利润	2004 年，EU ETS 的修订指令允许其成员国通过 CDM 和 JI 购买来自发展中国家或未承担强制性减排任务国家的碳信用，以完成其减排责任。根据此规定，通过 CDM 或 JI 获得的 CER 可被纳入 EU ETS 市场，并可依照特定比例与 EUA 进行交换
碳远期	即交易双方约定未来某一时刻交易确定价格的以碳配额或碳信用为标的的远期合约	星际控股集团有限公司于 2023 年 1 月公开发售全球首个代币化碳远期产品，并成功筹集 750 万美元用于简化和扩大碳市场对全球气候经济的贡献。该代币化碳远期产品通常可以以较低的价格提前资助仍处于开发阶段的气候项目，可对冲项目碳排放，并管理碳价格敞口。目前，该产品已率先在肯尼亚启动蓝碳项目试点，为肯尼亚 1 500 公顷红树林提供 500 吨二氧化碳的远期碳信用额度
碳期货	即通过购买期货合约来对一段时间之后将要出售或买入的 EUA 价格进行保值，达到规避和转移价格风险的目的	2022 年 5 月，美国洲际交易所（Intercontinental Exchange，ICE）推出了全新的基于自然的解决方案的碳信用期货。该期货为 2016～2020 年经由自愿碳标准（Voluntary Carbon Standard，VCS）和气候、社群和生物多样性认证的农业、林业及其他土地利用项目提供碳信用额度。每份期货合约等于 1 000 碳信用额度，每个信用额度则可等于通过保护和维持自然生态系统实现的 1 吨温室气体排放量的削减效果
碳期权	在碳期货基础上产生的碳衍生交易工具，在期货买方向卖方支付一定数额的权利金后，可获得合约有效期内的选择权	常见的产品包括欧洲气候交易所推出的欧盟碳排放配额期权（EUA Options），芝加哥气候交易所经核证的硫品种、氮品种减排量期权等

4.5.3 国内碳金融的发展与现状

1. 我国碳金融市场的发展历程

2010年10月，国务院发布了《关于加快培育和发展战略性新兴产业的决定》，首次提出要“建立和完善主要污染物和碳排放交易制度”。开展碳排放权交易试点、推进全国碳排放权交易体系建设，已经成为生态文明制度建设的重要一环。2010年至今，我国碳金融市场经历了10多年的发展。中国建设银行发布的《我国碳金融市场和碳金融产品发展现状及建议》显示，2013年北京、天津、上海、重庆、湖北、广东和深圳等7个省市开展了碳排放权交易试点工作。2014年，福建启动了碳排放权交易试点。8个试点市场纳入了包括电力、钢铁、水泥等20多个行业，近3 000个重点排放单位。2017年，我国开始筹备并建立发电行业的全国碳交易市场，于2021年7月启动了全国碳排放权交易市场，首批纳入2 000余家发电企业，覆盖碳排放量40亿吨，约占全国碳排放量的40%，这预示着我国碳金融市场发展将进入快车道。

世界银行统计，当前中国全国碳市场已成为全球覆盖温室气体排放量最大的碳市场。全球主要碳排放交易体系覆盖全球温室气体排放量的17.95%，其中，约40%来自中国全国碳市场的贡献。全国碳排放权交易市场上线运行以来，市场运行平稳有序，交易价格稳中有升，主体有序参与交易，企业减排意识不断提高。中国碳金融创新相关资料显示，截至2023年10月25日，碳排放配额累计成交量3.65亿吨，累计成交额94.37亿元。同时，中国核证自愿减排量（China Certified Emission Reduction，CCER）备案签发已经正式重启。2023年10月19日，生态环境部、国家市场监督管理总局发布了《温室气体自愿减排交易管理办法（试行）》，全国统一的自愿减排交易市场建设有望加快推进。

2. 我国碳金融市场的发展特征

1）碳金融的顶层设计突出其碳减排的从属性工具定位

中国人民银行研究局课题组于 2021 年提出，碳金融的定位是服务于碳减排的从属性市场工具。此定位与欧美将金融功能内置于碳市场不同，但从侧面反映出监管机构对碳金融风险的担忧。目前，中国全国碳市场的整体特征更偏向商品市场，市场参与者更侧重通过碳市场持有配额以履约。市场中暂未纳入金融产品，非履约机构和个人也尚未获准参与。而EU ETS的特征整体偏向金融市场，市场参与者积极交易，金融产品多元，参与主体众多，因此EU ETS有良好的碳金融发展基础。

2）碳金融制度保障初步建立，实施细则不断完善

在立法层面，我国在国家层面暂未推出支撑碳交易和碳金融的法律条例。《碳排放权交易管理暂行条例》已于2024年1月发布，全国碳市场制度体系进一步健全。在实施细则层面，财政部已出台了《碳排放权交易有关会计处理暂行规定》，作为碳市场的重大配套政策，规范了碳交易相关的会计处理。《碳金融产品》标准明确了碳金融产品的定义范围。与名录相较而言，欧盟碳市场的法律保障与实施细则较为丰富，可作为我国碳金

融制度建设的有益参考。

3）全国碳市场价格平稳，价格发现机制初步建立

全国碳市场价格整体平稳且发展有序，价格发现机制初步建立。生态环境部的数据显示，截至 2021 年 12 月 31 日，第一个履约周期共运行 113 个交易日，碳排放配额成交均价为 42.85 元/吨，每日收盘价在 40～60 元/吨波动，价格总体稳中有升。2022 年，全国碳市场的成交均价为 45.61 元/吨。碳价波动主要受市场供求关系的影响。2022～2023 年，配额价格总体保持稳中有升。2023 年，配额价格整体呈上扬态势，维持在 80 元/吨左右，碳价适度上涨体现了碳价的市场属性。目前，配额价格水平基本反映了我国的减排成本，符合中国当前实际。碳价格不低于社会平均减排成本，有利于促进企业节能减排、推动低碳技术创新发展。当前在供给端，监管部门控制配额免费发放总量，通过碳资产的稀缺性影响价格，暂未推出有偿分配机制和市场稳定机制。在需求端，履约需求是影响价格的主要因素，暂未纳入非履约主体，缺少投资需求。总体来看，全国碳市场运行框架基本建立，价格发现机制初步建立，市场仍在发展初期，有待进一步发展和优化。

4）全国碳市场周期性强、价格波动率较低，交易市场化程度有待提升

全国碳市场交易具有周期性的特征，价格表现平稳。在交易量上，全国碳市场的碳配额交易主要集中在履约清缴截止期前，交易量存在显著的波峰和波谷；而 EU ETS 的交易量在全年的分布上较为平均。在价格波动上，全国碳市场价格平均波动率为 1.81%，低于同期欧盟的 3.2%，表现平稳。交易存在周期性强、价格波动不活跃的特点，这些特点体现出全国碳市场的交易市场化程度有待进一步发展，市场化程度高的市场将为碳金融的发展铺平道路。

5）全国碳市场参与主体目前较为聚集，多元化程度有待提高

在行业范围和主体范围上，全国碳市场目前覆盖了发电行业的控排企业。相较而言，在行业方面，EU ETS 经过四个阶段的发展已经囊括了电力、航空、制造业等多个行业，对高碳产业的覆盖度较高。在主体方面，参与 EU ETS 交易的机构中，占比排名前三的机构类型为投资公司或信贷机构、其他非金融类机构和基金。同期全国碳市场的交易主体仅包含履约企业。非履约主体在满足自身投资目的的同时，可有效发挥活跃市场的重要作用。我国全国碳市场的多元性有待进一步提升。

6）地方试点有尝试不同程度的碳金融创新实践，全国碳市场碳金融仍在理论探索阶段

中国碳衍生品创新实践分布在各地方的试点交易所。北京、上海、深圳、广东和湖北碳市场已经分别推出了不同类型的碳金融衍生品，涵盖了碳远期、碳期权、碳掉期（置换）等衍生品模式，这有助于发挥碳市场的价格发现作用。全国碳市场尚未开展碳衍生品交易活动，广州期货交易所已明确了发展全国碳期货交易的定位，但相关服务尚未开展。相较而言，EU ETS 目前已纳入除了碳借贷之外的所有种类的碳金融衍生品，衍生品的对冲风险功能暂未能在全国碳市场中充分发挥。

3. 我国碳金融产品的发展现状

碳金融产品是主流金融产品在碳市场的映射，丰富的碳金融产品有助于推动碳金融

市场体制的建立健全，拓宽市场的深度和广度。从产品谱系来看，碳金融产品可分为融资工具、支持工具和交易工具。

1）融资工具创新

在融资工具创新中，金融机构为客户创新开发基于碳资产的融资产品，包括抵质押贷款、债券、回购产品等，重点解决客户的碳金融融资需求，借助碳资产，引导资金流向绿色产业和重点控排行业转型领域。目前，银行在碳金融产品的融资工具中实践颇丰，领先银行已纷纷落地碳资产的抵质押贷款融资业务，通过将企业的碳配额作为质押物，为客户提供贷款。同时，贷款以外的创新模式也尤为重要，碳债券、碳回购等产品创新将丰富客户的碳金融融资工具选择。

2）支持工具创新

在支持工具创新中，金融机构为客户的碳资产开发和管理提供支持，目前市场机构在碳保险、碳指数等相关方面已有实践。碳保险方面的创新主要围绕碳资产及其相关价值的损失，包括碳资产减排量损失、碳资产价格损失等。碳指数方面的创新帮助客户更好地识别碳资产，并进行碳相关的投融资。

3）交易工具创新

在交易工具创新中，由于目前全国碳市场尚未纳入碳金融衍生品，金融机构参与场内交易工具创新（碳金融衍生品）相对审慎。在市场上标准化的碳金融衍生品产品出台前，在场外交易（over-the-counter，OTC）市场开展的碳金融衍生品交易属于交易工具创新。

4.5.4　问题与建议

我国碳金融市场经过了十多年的发展并取得了一定的成就，启动了全国性的交易市场，覆盖行业和控排企业数量不断增加，成交量逐年上升。但当前，我国碳金融市场仍处于起步阶段，碳市场的作用发挥尚不充分，存在的问题主要有以下几方面。

1. 碳金融市场交易活跃度不足

一是控排企业参与碳交易的主动性不足。全国碳排放权交易市场建立时间较短，目前只聚焦了电力行业，市场活跃度亟须提高。而且我国碳市场交易仍以政府为主导，许多高碳排放量企业的交易意愿并不强烈，尤其是未参与过试点碳市场交易且初入全国碳市场的控排企业，碳交易业务的经验不足，不敢贸然入场。二是金融机构参与碳金融开发的积极性不足。碳金融的发展离不开财政、环保等配套政策的支持，但是目前我国还缺少系统性的激励引导政策，金融机构参与碳金融业务的积极性不足。

2. 碳金融产品缺乏创新

一是碳金融产品开发政策支持力度不足，产品种类不丰富。自碳交易试点市场建立以来，我国金融机构以碳配额为标的，相继开展了一系列的碳金融产品服务和探索。但是我国碳金融产品种类较为单一，数量较少，且大多处在试点阶段，尚未形成规模化的交易，也未形成标准化的交易体系，缺乏可持续性。二是我国碳市场以现货交易为主，金融化程度不高。我国碳排放权交易市场建立时间较短，其交易产品仅包括现货产品——碳排放配额，其他交易产品需要根据国家有关规定适时增加，推出碳金融衍生产品缺乏明确依据。碳金融衍生产品是碳市场发展到一定阶段的必然产物，包括碳期货、碳期权、碳排放权的证券化、碳排放权交付保证和套利交易工具等，这些产品的推出将极大地促进碳金融市场的创新和发展。但是我国碳交易主要集中在现货市场，碳期货交易尚未推出，并未形成完善的碳金融衍生产品交易体系。

3. 碳金融专业型人才匮乏

我国碳金融行业发展时间较短，碳金融行业从业者数量缺口大，专业技能有待提高。碳金融发展所需的人才属于专业性、综合性的人才，他们不仅要掌握金融知识，还要对环境、能源以及法律法规等知识都了如指掌，以便更有效地投身于碳交易、碳排放管理、碳金融实务操作中，提供包括碳资产开发、碳资产管理和绿色服务等在内的一体化技术服务。然而大多数企业是在全国碳市场交易启动后才首次参与碳市场交易，因此从事碳交易的相关人员相对缺乏工作经验与专业的碳交易能力。

结合上述问题，对我国碳金融市场的发展提出以下几方面的建议。

（1）激励引导更多企业、金融机构参与碳金融。一是以发电行业为切入口，循序渐进地扩大纳入行业和交易产品的覆盖范围。现阶段，全国碳排放权交易市场首先纳入了电力行业，交易市场总体平稳运行，电力行业成功的经验可以被其他行业借鉴，要以其为切入口，逐步扩大碳市场的覆盖范围，增加参与主体，为建筑、煤炭、钢铁等其他高碳行业的进入做好制度准备。按照稳步推进的原则，成熟一个行业，纳入一个行业，分阶段逐步将高碳行业纳入全国碳排放权交易市场。二是适当放宽机构准入规则，鼓励商业银行等金融机构参与碳市场。建议逐步允许金融机构直接进入碳市场进行交易，并允许其代表客户进行碳资产交易。

（2）加快推进碳金融产品的创新。随着全国碳排放权交易市场的启动，我国应有序推出创新类碳金融产品，进一步拓宽碳金融产品和服务的范围。一是国家相关部门和各级地方政府应出台金融扶持政策，加大对碳金融工具的金融支持力度，制定相应激励措施，鼓励碳金融产品创新试点。二是丰富碳金融衍生品，我国应依托全国碳排放权交易市场的平稳运行，逐步铺开碳期货交易市场的建设，让碳排放权期货市场与现货市场相互促进、共同发展。然后在碳期货的基础上，继续深化碳金融衍生品创新，并推动其实现规模化发展，例如拓宽资产证券化业务，开展碳交易保险，适时开展碳期权等，进一步提高碳市场体系的市场化程度。

（3）加强碳金融专业型人才队伍建设。一是国家相关部门要鼓励相关院校加快建设碳金融、碳管理和碳交易市场等相关专业和方向，增强碳金融人才储备和输送能力。二是相关企业要加强人才培训与储备，一方面可以在员工招募上考虑引入更多兼具金融、环境、能源等知识的复合专业人才进行培养；另一方面积极组织碳金融系统化学习与培训，加强碳金融从业者对碳金融法律法规、碳金融市场与机制以及碳金融产品等相关专业业务知识的认识，加强碳金融专业型人才的培养，提高其碳金融服务能力和产品创新能力。

思政专栏

碳金融与科斯定理

温室气体的排放问题即经济理论中的负外部性问题，指产生这些温室气体的企业给环境带来了危害，却没有支付相应的补偿。负外部性使追求利润最大化的企业选择的产量大于社会最优产量，从而使污染气体的排放量大于社会所能接收的最大数量。解决温室气体减排问题的关键是如何有效地校正负外部性。校正负外部性的传统做法是依靠政府的力量，主要有两种方法：一是政府直接管制，比如规定企业的排污量，超过者将被罚款；二是征收“庇古税”，即企业可以选择任意排污量，但是每排出一单位的污染物，就要依法交纳一定数量的税金。这类通过政府力量来校正负外部性的措施在实践中存在着失败的可能性，失败的原因是公共目标所涉及的是不同人或不同集团之间的利益分配，这些特殊利益之间往往是相互冲突的，因此并不存在根据公共利益进行选择的过程，而只存在特殊利益之间的“缔约”过程。就算政府能作为公共利益的代表来干预经济活动，也可能因干预成本过高、干预效果不确定以及可能产生的寻租活动而致使干预失败。

英国经济学家罗纳德·科斯（Ronald Coase）运用可交易的产权的概念，从新的视角提出了解决外部性的方法。著名的科斯定理表明，只要把排污行为看成是一种可交易的权利，并且把权利归属明确下来，那么就可以通过在自由市场上交易这个权利而使得整个社会以最低的成本减少污染。

科斯定理证明了产权交易可以很好地解决外部性问题，但是要实现产权的有效交易，必须具备三个前提条件。

第一，要有明晰的产权，这是保证交易实现的先决条件。能够在市场中交易的物品必须是私人物品，公共物品和共有资源无法利用市场机制进行有效配置，而成为私人物品的关键就是给予法定的产权。

第二，交易成本足够小。科斯第一定理证明了，只要交易成本为零，那么最初产权的法定分配是无关紧要的，因为双赢的交易一定能让产权最后的配置达到最优。可是，在现实世界里，交易成本不可能为零。要使有利可图的交易能够进行，必须使交易所带来的利益大于交易成本，所以，减少相关产权交易的成本是保证市场机制能够最大限度地发挥作用的前提。

第三，最初权利的大小和分配要适当。对相关主体是否应该享有某项权利以及权利多少的界定决定了权利交易能否有效实施。在存在交易成本的前提下，权利的最初分配尤其重要，因为当权利分配不适当，而交易成本又高到阻止了有效率的交易发生时，经济就不可能达到本来有可能达到的帕累托最优。

把这些条件运用到碳市场的分析中，可以得出保证碳市场高效率运行的先决条件。

第一，全球每年可以接受的二氧化碳排放量必须准确地确定下来。这个问题之所以重要，是因为其决定了市场中可交易的碳排放权的总量。排放量的多少应当按照经济利益原则来进行测算。

第二，碳排放权进行合理的初次分配。《京都议定书》的决议是具备法律效力的，所分配的碳排放权是参与国进行碳排放权交易的基础，合理分配权利就成为资源配置能达到最优的一个重要保证。根据波斯纳定理，权利应被赋予那些最珍视它们的人，在碳排放权的问题上，最珍视这种权利的主体应当是那些排污成本相对高的国家或企业，所以理论上应把权利分配给这些国家或企业。

第三，最小化碳排放权交易的交易成本。科斯定理已经证明了，如果存在交易成本，那么对初次产权的安排就有要求，这增加了资源优化配置的难度。所以，尽可能地减少交易成本将会提高碳市场的经济效率。

思政专栏

碳金融与外部性理论

“外部性”是微观经济学市场失灵的代表性理论，源于英国新古典经济学派代表人物阿尔弗雷德·马歇尔（Alfred Marshall）于1890年发表的《经济学原理》（*Principles of Economics*）中的“外部经济”概念。马歇尔认为，我们可以把因任何一种货物的生产规模之扩大而发生的经济分为两类：第一种是有赖于该产业的一般发展所形成的经济；第二种是有赖于某产业的具体企业自身资源、组织和经营效率的经济。我们可把前一类称作“外部经济”，将后一类称作“内部经济”。学术界对“外部性”的界定基于两个方面：一是保罗·萨缪尔森（Paul Samuelson）和威廉·诺德豪斯（William Nordhaus）从外部性的产生主体角度对其进行了界定，即生产或消费对其他团体强征了不可补偿的成本或给予了无须补偿的收益的情形；二是阿兰·兰德尔（Alan Randall）从外部性的接受主体角度对其进行了界定，即当一个行为的某些效益或成本不在决策者的考虑范围内的时候所产生的一些低效率现象。这两个界定分别从生产或消费的角度以及接受主体的角度，阐明了外部性表现为获得收益而无须付费，或付出投入却得不到补偿的情况。

环境和气候问题归根于“外部性”，这是因为个人没有考虑对他人的损害的潜在悲剧——资源滥用和过度损耗，产生了公共物品悲剧。温室气体和其他污染物排放所具有的外部性产生了公共物品悲剧，如全球气候变暖、环境恶化等。正因为公共物品非排他性和非竞争性的特征，使市场这只“看不见的手”出现失灵现象，因此有必要通过有效方法遏制公共物品悲剧的发生。在控制温室气体排放方面，联合国付出近半个世纪的努力，在1992年达成的《联合国气候变化框架公约》和1997年达成的《京都议定书》两大划时代意义的重要国际公约的倡导下产生了碳排放交易市场。

前沿专栏

比特币与碳排放

比特币（bitcoin）的概念最初由中本聪在2008年11月1日提出，并于2009年1月3日正式诞生。比特币是一种P2P形式的虚拟的加密数字货币，依赖于区块链技术。区块链技术可以在不借助中心化权威（如银行）的情况下进行有公开记录的点对点交易。

获得比特币的方式叫作挖矿，就是利用专业的计算机，进行比特币挖矿，比特币挖矿需要不断消耗和扩大计算机的处理能力，而这与能耗增加有关。

2021 年 4 月 6 日，中国科学院预测科学研究中心汪寿阳和洪永淼团队、清华大学地球系统科学系关大博合作，在《自然-通讯》（*Nature Communications*）上发表了题为“中国比特币区块链运行的碳排放流动与可持续性政策评估”（“Policy assessments for the carbon emission flows and sustainability of Bitcoin blockchain operation in China”）的研究论文。该研究发现，如果不对比特币挖矿进行更为严格的监管和政策调整，这将影响或威胁到全球为可持续发展付出的努力。

在该研究中，研究人员从比特币区块链的“碳足迹”出发，收集了基于煤炭、水力能源地区的比特币“矿工”的碳足迹，并计算了从购买设备、计算过程，到功率消耗、电费价格等整个生命周期内的各种碳排放，以获得中国比特币行业的总体碳排放量。在“碳足迹”理论的基础上，研究人员建立了比特币区块链碳排放评估和政策评估的理论模型，该模型由比特币区块链挖掘与交易子系统、比特币区块链能耗子系统和比特币区块链碳排放子系统三个子系统组成。

利用现实比特币运营数据对模型变量进行参数设定。通过对中国比特币产业在 2014～2030 年的能耗和碳排放进行测度，该研究发现，在基准情况下（无政策干预），中国比特币产业年能耗将在 2024 年达到峰值（296.59 太瓦时），产生 1.305 亿吨碳排放。这一排放量将超过捷克、卡塔尔等国家年碳排放总量，同时也在全国 182 个地级市和 42 个主要工业部门年碳排放排名中位居前十。这一发现表明，中国比特币产业运营产生的能耗和碳排放将有可能成为中国减排和可持续发展道路上的一个阻碍。

基于中国比特币区块链碳排放（Bitcoin Blockchain Carbon Emission，BBCE）模型测度的结果，研究人员考虑了市场准入门槛、矿池布局管制和碳税等三个可行的碳排放政策，并对其进行了模拟与分析。结果表明：在中国比特币产业减排问题上，与提高市场准入门槛和征收碳税等政策相比，引导比特币矿池合理布局与产业能源消费结构转型具有更好的减排效果。这是由比特币区块链产业背后的共识机制所决定的。比如，提高市场准入门槛，撤掉矿工的个人电脑，而这些矿工为了获取高额利润，竞争增加，产生更高的碳排放，这就像货币政策中的“引致效应”，即采取扩张性的货币政策，降低利率，引发投资增加。此外，短期来看，与高额利润相比，碳税对矿工的影响并不大。综合来看，借助中国有着“集中力量办大事”的优势，对比特币矿池进行合理布局，以及加快产业能源消费结构转型，减排效果更佳。

农业绿色金融实践

农业农村绿色发展与绿色金融

在农业可持续发展顶层设计的指引下，2022 年，我国农业高质量发展与绿色生态转型均取得了阶段性成就。农业高质量发展以及绿色农业转型需要充分运用先进技术、装备与农业管理经验，在转型中需要资金支持以及相关转型风险的管理。绿色金融能够通过债券、基金、保险等多种方式介入，为农业农村绿色发展提供资金支持与风险保障，为投资方提供收益的同时，促使资本流入具有社会效益的绿色农业项目，支持绿色农业目标的实现。

1. 绿色信贷与信用卡：事前治理

绿色信贷主要由商业银行向农业生产单位发放，主要用于保证农业生产所需的资金，并获取贷款利息。绿色信贷要求在贷款发放前对有关项目与单位进行可持续准入调查，且对后续的环境与社会影响信息披露有所要求，旨在保证资金用于绿色项目。用于农业农村绿色发展的信贷项目通常以农业相关的可持续发展标准制定准入要求。以浙江泰隆银行“生态捕捞贷”为例，其贷款要求包括渔民作业方式合法、渔具网眼大小符合标准等。绿色信贷对于农业的支持一般由合作社或政府部门提供担保以及贷款利息补贴，从而引导资金流向绿色发展，解决农业转型的资金需求，将政府的政策红利落到实处。例如由浙江省湖州市安吉农商行向白茶经营主体推出的“两山白茶贷”，以两山农林合作社风险基金池为担保，由县白茶办提供经营主体信息，将白茶“茶园证”作为融资反担保物，向符合绿色培育过程、获得健康有机认证的白茶经营主体发放贷款，同时利用财政资金补贴，下调贷款基准利率。我国绿色信贷产品体系趋于创新化、多元化，其中可持续发展挂钩贷款与绿色信用卡等产品也适宜引入，以支持农业发展。由于农业发展受气候变化因素影响较大，国家在追求高质量发展的同时，也强调粮食安全的问题，故引入可持续发展挂钩贷款，使绿色转型与气候风险显示要素、保障粮食安全相适应。绿色信用卡在城镇地区主要引导个人绿色消费，而在农村地区农民通过参与绿色生产，将能够享受贷款优惠。例如，湖南省怀化市会同县农业银行会同支行收储林权证，发放林权贷，在全面推行林长制的会同县将“林权证变成了绿色信用卡”。由于我国农业生产参与主体以中小个体户为主，绿色信用卡参与应用能够充分释放农户参与绿色转型的活力，从而大大推进绿色转型目标的实现。

2. 绿色保险：风险保障

推动农业生产向绿色可持续转型除了融贷工具能够提供资金支持外，绿色金融在风险保障环节能够通过保险业帮助农业应对气候变化与绿色转型风险。国内已经初步形成了相对成熟的两类绿色保险与服务模式：第一类为企业环境污染责任保险赔付和风险管理服务；第二类为养殖保险理赔与病死畜禽无害化处理联动服务。企业环境污染责任保险赔付制度广泛应用于制造业、建筑业、化学工业等领域，旨在通过保险机制将环境风险成本内部化，由企业事先购买责任保险，在污染事故发生后，由保险机构向污染受害者进行赔偿，从而在整体层面削弱气候变化、生态污染对经济社会造成的不良影响。而第二类则归属于应对资源损害风险、产业转型风险、自然灾害风险的绿色保险服务，通过保险与风险控制服务，鼓励农业资源保护与农业绿色转型。中国农业保险主要包括蜜橘树气象指数保险、橡胶风灾指数保险、玉米种植天气指数保险、柑橘气象指数保险，以及生猪保险与病死猪无害化处理联动机制。保险业介入支持绿色农业发展，在提供专业保险服务、鼓励可持续发展、降低潜在风险损失的同时，保险机构帮助农业生产主体分析并控制潜在风险，从源头端协助农民识别风险，从而提升我国农业的整体抗风险能力。例如，对于衢州市生猪养殖业，人保财险衢州市分公司推出了生猪保险与无害化处理联动机制，由政府提供保费补贴，鼓励农民投保，帮助指导建立冷库与无害化处理中心，截断并控制风险损害进一步扩大，进而从根本上解决病死猪污染与食品安全问题。欠发展地区或生态脆弱地区抵御灾害能力较弱，而农业发展初期的经营模式相对粗放或欠发达，收成在很大程度上受自然因素影响，因此充分的绿色农业保险能够保障农业发展与转型。

3. 绿色基金：聚焦投资的产业基金

绿色基金聚焦于金融业的第二个关键词“投资”。绿色基金能够实现资本聚合和投资放大的功能，通过基金运营方的专业知识，高效引导资本流向绿色且可获利的项目，助推绿色发展，从而更有效率地发挥资本的作用。绿色基金支持农业农村绿色发展以产业投资基金为主要途径。2020 年，世界银行在河南省推出了绿色农业发展促进基金，并提供了高达 3 亿美元的优惠贷款，以支持河南的农业生产废弃物资源化利用、节水灌溉、农药控制等绿色农业产业相关项目。农业项目过去常因风险因素高、投资回报率低等而难以获得投资。绿色农业基金的设立能够为符合条件的公司提供股权融资。以基金运作的方式进行绿色项目的投资，能够较好地进行项目评估、管理与监督，在投资风险可控的背景下实现经济与生态效益的双赢。

探究与思考

1. 简述绿色债券的特点及其分类。
2. 简述各国绿色基金市场的发展情况以及对我国绿色基金发展的国际经验。
3. 简述绿色保险的定义。
4. 简述各国绿色保险市场的发展情况以及对我国绿色保险发展的国际经验。
5. 简述碳交易、碳市场以及碳金融的关系。
6. 简述各国碳金融市场的发展情况以及对我国碳金融发展的国际经验。
7. 什么是碳交易的理论基础？简述科斯定理和外部性与碳金融的关系。
8. 简述绿色金融在农业农村绿色发展过程中的作用。

第 5 章　绿色金融市场的机构

在任何市场中，无论是金融市场、商品市场，还是服务市场，机构的作用都是至关重要的。机构在市场中发挥着多方面的作用，它们不仅是市场运行的基础，也是市场健康发展的保障。它们通过不同的角色和功能，对市场的运行和发展产生着深远影响。

本章将主要介绍绿色金融市场的机构，主要包括中国人民银行、商业银行、政策性银行、保险公司以及绿色股权机构投资者。本章重点阐述当前我国绿色金融市场的机构取得的现阶段成就以及未来发展方向，以期为我国绿色金融市场的发展提供一定的参考。

5.1　中国人民银行

5.1.1　现阶段成就

党的十九大以来，中国人民银行不断完善绿色金融体系，大力推动绿色金融发展，并支持经济社会绿色低碳高质量发展。

2016 年以来，中国人民银行会同相关部门，加强和完善绿色金融发展顶层设计，牵头出台了《关于构建绿色金融体系的指导意见》，初步确立了绿色金融发展“五大支柱”，即绿色金融标准体系、金融机构监管和信息披露、政策激励约束体系、绿色金融产品和市场体系以及绿色金融国际合作，以及充分发挥资源配置作用、气候变化相关风险管理和在碳中和约束下促进碳价格发现“三大功能”。在此过程中，始终坚持统筹发展与安全，积极开展环境风险防范和压力测试工作，支持经济社会绿色低碳发展和平稳有序转型。

2018 年，中国人民银行成立了全国金融标准化技术委员会绿色金融标准工作组，按照“国内统一、国际接轨、清晰可执行”原则，推进绿色金融标准体系建设。中国人民银行发布了《绿色债券支持项目目录（2021 年版）》《金融机构环境信息披露指南》《环境权益融资工具》《碳金融产品》4 项标准，另有 15 项标准进入立项或征求意见环节，涉及 ESG 评价、金融机构和金融业务碳核算等重点领域。同时，深入开展转型金融标准研究，为金融支持绿色低碳发展提供标准依据。

中国人民银行积极引导金融机构和发债主体重视自身的环境信息披露，不断提高环境信息披露的覆盖面和披露质量。牵头建立绿色金融信息管理系统，并注重运用金融科技手段来开展金融机构和金融业务碳核算工作，以有效降低环境信息披露和管理的成本。

近年来，中国人民银行逐步丰富了金融机构环境信息披露的要求，指导绿色金融改革创新试验区部分金融机构分层次、分步骤地开展环境信息披露，试验区内 200 多家金融机构完成了环境信息披露报告试编制。

中国人民银行将符合条件的绿色贷款和绿色债券纳入货币政策操作合格抵质押品，盘活金融机构的绿色金融资产。在全国范围内对银行业金融机构按季度开展绿色金融评价，提升金融机构拓展绿色业务的动力。创设碳减排支持工具和支持煤炭清洁高效利用专项再贷款，以支持清洁能源、节能环保、碳减排技术等重点减碳领域，以及煤炭安全高效绿色智能开采、煤炭清洁高效加工、煤电清洁高效利用等领域。中国人民银行公布的数据显示，截至 2022 年 6 月末，中国人民银行通过创设碳减排支持工具和支持煤炭清洁高效利用专项再贷款这两项工具，分别向金融机构发放低成本资金 1 827 亿元和 357 亿元，支持金融机构发放相关贷款 3 045 亿元和 439 亿元，带动减排二氧化碳当量逾 6 000 万吨。

中国人民银行鼓励金融机构扩大绿色贷款业务规模，并创新各类绿色债券产品，稳步推出了绿色保险、绿色基金等多样化产品。同时，将持续与有关部门完善绿色金融产品发行管理制度，规范交易流程，提升市场透明度，以更好满足绿色低碳发展的融资需求。中国人民银行公布的数据显示，截至 2022 年 6 月末，我国本外币绿色贷款余额达 19.55 万亿元，同比增长 40.4%；绿色债券存量规模达 1.2 万亿元，位居全球第二位。中国绿色金融市场对全球的吸引力和影响力不断提高。

深入研究气候和环境因素与金融风险的内在联系与潜在传导路径，引导金融机构识别、评估和管理好自身环境和气候相关风险。中国人民银行组织 23 家全国性银行机构分行业开展气候风险敏感性压力测试，在试点省份开展高碳行业压力测试，为有序防范气候相关金融风险探索有益路径。

支持部分有条件、有意愿的地区建设绿色金融改革创新试验区，为全国绿色金融体系建设和低碳转型、高质量发展提供经验借鉴。2017 年以来，七省（区）十地相继开展了绿色金融改革创新试验，经过多年努力，这些地区在创新绿色金融产品与服务、完善政策支持体系和激励约束机制等方面，取得了一系列可复制、可推广的经验，有效支持了地方绿色产业发展和经济社会绿色低碳转型。其中，湖州绿色金融改革创新试验区在数字化赋能、碳账户建设、绿色金融激励约束机制等方面的经验做法，已向多地推广。中国人民银行公布的数据显示，截至 2022 年 6 月末，试验区绿色贷款余额 1.1 万亿元，在全部贷款中的占比高于全国平均水平 2.2 个百分点。另外，对金融机构向重点领域发放的碳减排贷款，中国人民银行按照贷款本金的 60%提供再贷款资金支持，利率为 1.75%，精准直达绿色低碳项目。

同时，接受中国人民银行支持的金融机构承诺对外披露碳减排贷款的余额、利率以及碳减排效应等信息，并且接受第三方独立机构的核查和社会监督。中国人民银行公布的数据显示，截至 2023 年 4 月底，碳减排支持工具的余额近 4 000 亿元，该工具已支持金融机构发放了约 6 700 亿元贷款，带动了超过 1.5 亿吨的碳减排量，取得了比较好的成效。

中国是 G20 中最早提出绿色金融议题的国家，也是积极的倡导者和坚定的支持者。中国人民银行深入参与 G20 领导人峰会可持续金融工作组、央行与监管机构绿色金融网络（Central Banks and Supervisors Network for Greening the Financial System，NGFS）、可持续金融国际平台、《“一带一路”绿色投资原则》等国际合作平台，凝聚绿色金融国际共识，主动引领绿色金融国际议题。2022 年 6 月，中国人民银行与欧盟有关部门联合发布了《可持续金融共同分类目录》，为中欧绿色债券市场互联互通、便利绿色跨境投融资奠定了基础。

5.1.2 未来发展方向

一是夯实绿色金融发展基础。完善绿色金融标准体系，逐步强化金融机构碳核算和环境信息披露要求。优化绿色金融评价方法，拓展评价结果运用场景。引导金融机构用好结构性货币政策工具，更好地支持绿色低碳发展。

二是提升市场主体应对气候风险的能力，继续完善气候风险敏感性压力测试方法，拓展测试覆盖行业范围，探索开展气候风险宏观情景压力测试。

三是积极发展转型金融，研究推出转型金融标准，丰富转型金融产品供给，确保公正转型和经济高质量发展。

四是深入推进绿色金融改革创新试验区建设。总结推广试验区的有益经验，适时启动试验区升级扩容。充分发挥绿色金融在服务京津冀协同发展、粤港澳大湾区建设、长江三角洲区域一体化发展等重大国家区域发展战略中的积极作用。

五是继续深化国际合作，深度参与绿色金融国际标准制定，在国际气候治理中提出更多的中国方案，贡献中国智慧。气候问题具有全球性，需要加强国际合作，协同应对。中国人民银行坚决维护多边主义，积极参与和引领金融的国际合作，特别是绿色金融的国际合作。

5.2 商业银行

5.2.1 现阶段成就

随着全球气候变化和环境问题加剧，绿色金融的重要性日益凸显。它不仅包括 ESG 因素的考量，还旨在通过提供有助于环境可持续性的金融产品和服务来实现经济、社会和环境的共同目标。

在中国，商业银行在绿色金融领域的表现呈现出不同的面貌。一方面，它们积极推出绿色金融产品和服务，如绿色信贷、碳排放权贷款、可再生能源项目融资等，以支持环保、清洁能源等领域的发展。另一方面，国有商业银行如中国工商银行、中国建设银行和中国农业银行，已成立专门部门来负责绿色金融业务，并通过数字化手段提升服务效率和风险控制能力。

部分商业银行的绿色信贷规模增长迅猛。据不完全统计，截至 2023 年 6 月末，兴业银行绿色贷款（中国人民银行口径）余额达到 7 472 亿元，其中清洁能源产业绿色贷款余额 1 559 亿元；恒丰银行绿色信贷总额同比增长 58.96%，绿色贸易融资同比增长 120%。

在碳达峰碳中和大背景下，商业银行均把绿色金融作为战略性业务推进。例如，中国农业银行将绿色金融列为三大战略之一，与“三农”县域、数字经营并列。中国银行依托全球化布局，提出打造“绿色金融服务首选银行”的目标。从上市商业银行公布的年报来看，大多数商业银行都在董事会的指导下设立了绿色金融委员会或类似的工作小组，建立了跨部门的协调工作机制。部分商业银行持续深耕绿色金融，逐渐在业内树立了专业且专注的良好形象，如兴业银行在总行层面成立了绿色金融专业部门，并在多地设有区域绿色金融专营机构。

ESG 信息披露是另一个重要载体。据 21 世纪经济研究院碳中和课题组梳理，国内 43 家上市商业银行均发布了 2022 年度的 ESG 报告或社会责任报告。部分商业银行还主动探索，加快与国际标准接轨，例如，中国工商银行等 12 家商业银行已成为金融稳定委员会气候相关财务披露工作组的支持机构，单独发布了绿色金融报告或环境信息披露报告。

绿色金融涉及的领域非常广泛，产业和模式创新更是层出不穷，归纳起来有组合创新、交易创新和担保创新等。组合创新既包括支持碳排放等较多领域的绿色化发展，如向绿色能源、绿色交通和绿色建筑等发放贷款；组合创新也包括支持清洁能源与已有产业的相结合，典型的就是为“农光互补”提供融资，生态效益和经济效益一举两得；组合创新还包括与其他重大战略相组合的产品，如中国建设银行和中国农业银行承销了全国首笔“绿色债券+乡村振兴+可持续发展挂钩”三贴标普通中期票据。交易创新主要围绕碳金融展开，自 2021 年 7 月全国碳排放权交易市场正式上线运营后，碳交易机制不断完善，商业银行为碳排放配额和国家核证自愿减排量等提供配套的账户管理、场内结算和资金监管等服务，并衍生出碳期货、碳回购和碳挂钩贷款等业务。担保创新聚焦绿色金融特有的风险缓释措施，如碳排放权质押、绿色电力证书收益权质押等项目下的贷款。

绿色金融的发展客观上需要商业银行在风险管理理念上的升级，商业银行参照国际先进银行的经验，将环境与气候等风险因子融入客户评级和信贷管理各环节中。例如，中国建设银行成功研发了对公客户自动化 ESG 评级工具，从环境、社会和公司治理等三个方面综合评价客户的可持续发展能力，该工具有利于前瞻性地做好客户选择及风险管控。中国工商银行每年会制定近 50 个行业的投融资政策，将企业技术、环保、能耗等指标嵌入重点行业客户及项目选择，大力支持绿色低碳循环经济的发展。此外，中国人民银行还组织部分商业银行开展了气候风险敏感性压力测试，考察碳排放成本上升对火电、钢铁、水泥等高碳行业企业还款能力的影响，以及进一步对商业银行持有相关信贷资产质量和资本充足率水平的影响。

5.2.2　未来发展方向

总体来说，尽管商业银行在绿色金融领域取得了一定成绩，但它们仍面临着一些挑战。例如，绿色金融业务的规模相对较小，且缺乏长期的战略规划；产品线不够多样化，特别是在绿色证券和绿色投资领域存在较大空白；风险管理不完善，尤其是在信贷风险和环境风险的管理方面；缺乏专业的绿色金融人才。未来的发展趋势将是商业银行加强战略规划，持续创新金融产品和服务，不断提升绿色金融的社会影响力和可持续发展水平。

第一，完善绿色金融风险识别体系。首先，通过构建风险分析模型，结合云计算和大数据技术，商业银行能够追踪碳排放，并监控绿色项目的进展和企业的节能转型情况。其次，与监管机构和行政部门合作，利用大数据征信和区块链技术，搭建 ESG 数据库。通过这个数据库，商业银行可以详细了解客户的资产状况和绿色评级等关键指标。进一步地，通过大数据分析，商业银行能够构建精确的风险控制模型，从而对绿色项目进行有效识别和评估。在绿色信贷业务的整个流程中，从审批到后续跟踪，商业银行应设立明确且有效的管理标准。这有助于避免信息不对称和政策变动带来的风险，确保绿色金融业务的稳健发展。

第二，提高绿色金融支持广度。商业银行需升级传统金融服务，以增强绿色金融的支持。一方面，通过物联网、大数据和人工智能，创新金融产品，满足客户需求。另一方面，通过移动互联网、虚拟现实等技术的应用，缓解一些地区自主设备、银行网点等基础设施不足的问题，扩充客户群体，扩大服务范围。

第三，健全激励约束机制，完善管理组织制度建设。在组织体系建设方面，结合自身发展实际，借鉴优秀的同业经验，采取渐进式的发展模式，充分调动资源，实现专业化团队建设。在考核激励方面，进一步加强绿色金融业务的考核激励，制定与自身业务能力相匹配的激励体系。在资源方面，进一步优化资源配置，发挥绩效考核的导向性作用。在绩效考评中，提高绿色金融业务的考核权重，同时给予绿色信贷差异化的信贷规模、差异化的风险资产和经济资本配置政策等。在风险管理方面，健全风险管控保障体系，制定相关业务的专项风险管理制度，加强内部管控机制的约束，动态优化全流程的风险管理体系。在人才队伍建设方面，采取内培外引的方式补齐短板，积极引进具有复合背景的人才，尤其是管理人员的引进能够更有效地实现人才队伍的专业化建设。同时，要加大对银行相关业务条线从业人员绿色金融专业知识的培训，以提升其业务创新和风险管理的能力。

5.3 政策性银行

5.3.1 政策性银行的概念

政策性银行是由政府设立，旨在贯彻和配合国家的经济政策，特别是在特定领域内提供融资服务的金融机构。这些银行不以营利为主要目标，而是专注于支持国家的重要项目和政策目标。中国的政策性银行包括中国农业发展银行、国家开发银行和中国进出口银行，它们均直属国务院领导。

这些银行的主要职能包括支持国家重大战略、推动经济社会发展、改善民生、促进国际经济合作和创新发展等。它们的资金来源主要包括国家财政拨款和发行金融债券，而不是面向公众吸收存款。政策性银行的业务和运营受到国家政策的引导和约束，它们在特定的业务领域内，直接或间接地从事政策性融资活动，充当政府进行宏观经济管理的重要工具。

5.3.2　我国政策性银行简介

1. 中国农业发展银行

作为我国唯一的农业政策性银行，中国农业发展银行深入贯彻落实习近平生态文明思想，坚持绿色发展理念，深入探索符合碳达峰碳中和的绿色金融体系与服务模式，以聚焦“三农”领域绿色发展为重点，逐步搭建起契合中国农业发展银行业务和管理实际的绿色金融体系，高质量推进“绿色银行”建设。

近年来，中国农业发展银行围绕国家绿色发展战略，不断强化顶层设计，持续完善体制机制，构建起“一二三五”的“绿色银行”体系，在董事会和高管层的统筹领导下，各部门积极协同合作，分支机构奋进落实，全员参与践行，有力推动全行绿色金融可持续发展。中国农业发展银行的数据显示，2023 年 1～9 月，全行累计投放绿色贷款 6 621.51 亿元，同比增加 1 214.85 亿元；截至 9 月末，全行绿色贷款余额达到 2.3 万亿元，高质量服务“三农”绿色低碳转型，彰显了农业政策性银行的责任担当。

2. 国家开发银行

国家开发银行作为中国第一个加入联合国“全球契约”的金融机构，将绿色作为自身发展的重要内容，积极开展负责任融资，支持生态文明建设，助力打好污染防治攻坚战，服务建设美丽中国，承担起人与自然和谐发展、人类美丽家园建设的社会责任。在实践中，国家开发银行把绿色理念嵌入审批决策、信贷管理等业务流程，积极开展专项规划研究，助力国家绿色金融标准建设，支持绿色发展、循环发展、低碳发展，在服务绿色发展中担当金融先锋。

2021 年，国家开发银行把推进县域垃圾、污水处理作为开发性金融服务绿色发展的切入点和重要抓手，实施“百县千亿”工程，为不少于 100 个县（区）提供 1 000 亿元授信，支持建成覆盖县城、辐射农村的高标准垃圾、污水处理设施，助力解决垃圾、污水处理问题。在山东泰安，国家开发银行提供 24.5 亿元贷款来推动泰安市全域垃圾分类项目落地，惠及当地 558 万群众。

“碳达峰碳中和”是我国实现可持续发展、高质量发展的内在要求。“十四五”期间，国家开发银行将设立总规模为 5 000 亿元（等值人民币，含外汇）的能源领域“碳达峰碳中和”专项贷款，其中，2021 年安排发放 1 000 亿元，主要用于支持重点流域干流水电、沿海核电、平价风电和光伏发电等清洁能源发展，助力构建清洁低碳、安全高效的能源体系。

3. 中国进出口银行

中国进出口银行发布了《中国进出口银行绿色金融白皮书（2022）》。该白皮书系统介绍了中国进出口银行绿色金融战略规划、治理结构、制度建设、产品与服务创新和业务实践，全面展现了中国进出口银行在绿色金融领域的不懈探索和有益贡献。

该白皮书显示，2021 年，中国进出口银行所支持的绿色信贷项目全年合计减少标准煤使用 1 356.65 万吨，减少二氧化碳排放 3 856.24 万吨。截至 2020 年末，中国进出口银行绿色信贷余额为 2 949.4 亿元，较年初增长 17.52%（按中国人民银行新口径计算）。所支持项目合计减少标准煤使用量 5 517.05 万吨，减排二氧化碳当量 1.03 亿吨，减排二氧化硫 512.16 万吨，减排氮氧化物 491.61 万吨，节水 1.51 亿吨，产生了显著的环境保护和社会效应。

5.3.3 未来发展方向

第一，营造良好的绿色金融生态环境。进一步完善金融支持绿色低碳发展的顶层设计，降低经济发展对高碳行业的依赖，加快高碳产业向低碳产业转型，实现经济可持续发展。加强金融对绿色经济的支持力度，鼓励金融业各类机构加强跨业合作，促进跨业绿色金融产品联动创新。鼓励居民参与绿色消费，形成全民绿色的热潮，加快形成绿色生活方式，并将金融支持扩展到绿色消费领域。建立健全环境信息披露机制。政府研究并出台有关绿色金融信息披露的法律法规和规范性文件，明确政策性银行信息披露的标准、原则、范围、内容，从法律高度明确披露不充分所承担的风险，从而解决政策性银行信息披露不全面的问题。

第二，明确政策性银行定位，找准方向建设绿色金融市场。政策性银行和商业银行既要分工明确，也要加强合作。二者协调发展既是发挥市场作用的需要，也是政府宏观调控的需要。中国农业发展银行可以利用自身分支机构较多的优势，推动绿色金融与普惠金融协同发展，因为绿色金融与普惠金融存在较多的发展结合点，特别是在民生服务方面，二者存在诸多结合点和交集。在实践中，普惠金融的全面覆盖性和绿色金融的创新发展性可以互相借鉴；同时，可以寻找绿色金融与乡村振兴的结合点，实现共同发展。国家开发银行要利用开发性金融优势，依托国家信用，为期限较长、收益相对较低的绿色项目提供中长期、低成本资金支持，支持我国加快培育绿色发展的新优势。中国进出口银行由于自身业务范围的国际化，可以更多地和国际同业如世界银行、亚洲基础设施投资银行、亚洲开发银行等进行业务上的交流，在绿色金融发展过程中融入国际金融体系。中国进出口银行可以与这些国际金融机构在绿色项目融资、碳交易、气候保险等方面广泛开展合作，共同参与世界环境保护，共同设计绿色产品和服务，积极参与全球金融治理，积极宣传和推广中国绿色金融政策、标准和实践，及时总结参与国际绿色金融治理所取得的宝贵经验。

第三，创新绿色金融产品，加强人才培养。我国目前还存在绿色金融产品和服务创新不足、种类不丰富的问题，多数资金都投向“纯绿”项目。政策性银行要创新绿色金融工具，使未来经济活动可以转化为低碳甚至是零碳项目。在绿色信贷方面，可以通过创新贷款利率浮动的金融产品，使其与碳排放相挂钩，促使借款企业不断减少碳排放，进而促进企业可持续发展。在绿色证券方面，开发绿色资产证券化和绿色资产支持票据等产品，既可以保持和提高绿色金融资产在国内的流动性，又可以推动绿色金融资产“走出去”。在碳金融方面，完善基础设施建设，健全相关法律法规和监管政策，创新碳金融工具，丰富碳市场参与主体，通过对碳市场的合理定价，实现资源有效配置和经济绿色发展。在人才队伍建设方面，政策性银行应依托行内教育资源，积极开展绿色金融项目培训，多层次、全方位地提高行内现有人员的知识水平。同时，鼓励政策性银行与高等院校、科研机构加强合作，共同设立绿色金融发展研究室和相关创新基金，培养兼具理论和实践经验的绿色金融专业人才。

5.4 保险公司

5.4.1 现阶段成就

2023 年，中国保险行业协会发布了《保险机构环境、社会和治理信息披露指南》。该指南是国内首个聚焦保险行业环境、社会与治理信息披露框架和内容的行业自律性文件。该指南整合行业特性、发展状况和利益相关方要求，从环境、社会、治理 3 个维度出发，通过 23 个一级指标、49 个二级指标，采用“定量+定性”方法，为保险机构开展 ESG 信息披露工作提供了可对比、可参照、可分析的明确标准。

尽管与国外的成熟市场相比，国内 ESG 信息披露体系尚处于发展阶段，但已有上市险企和部分国有险企在 ESG 信息披露方面表现突出。中国保险行业协会的数据显示，2022 年，保险业推出了超过 3 600 个绿色保险产品，绿色债券规模超过 5 000 亿元。69 家机构建立了绿色金融管理机制，9 家机构加入了可持续保险或负责任投资原则。截至 2023 年 6 月底，绿色保险半年保费收入达到 1 159 亿元，保险资金投向绿色发展相关产业的余额达到 1.67 万亿元，同比增长 36%。中国人寿保险股份有限公司（简称中国人寿）积极响应《保险机构环境、社会和治理信息披露指南》的发布，通过绿色信贷、绿色债券、绿色基金等多样化的金融工具，重点支持低碳、循环、生态领域的融资需求。截至 2023 年第三季度末，中国人寿的保险资金绿色投资存量规模已超过 4 600 亿元。此外，中国人寿公司创新推出了海洋碳汇指数保险等五大生态系统碳汇产品，有效覆盖了生态系统碳汇保障，进一步强化了其在绿色金融领域的领导地位。中国人寿财产保险股份有限公司（简称中国人寿财险）在 2023 年前三季度为绿色产业企业提供了超过 3.85 万亿元的风险保障，服务了超过 2 500 家企业，这体现了其在环境责任风险保障方面的专业能力和社会责任。这些举措不仅为绿色产业的稳健发展提供了坚实的风险管理支持，也彰显了中国人寿财险在推动绿色金融实践中的积极作为。中国人保紧跟行业发展趋势，推出了 30 款“双碳”产品，法人口径“双碳”保险产品提供保险保障金额达到 4 715 亿元，保费增速达到 10.4%，这显示了其在绿色保险产品创新和市场拓展方面的显著成效。中国出口信用保险公司则在新能源等领域累计承保金额近 390 亿美元，通过优化绿色业务承保政策，为绿色金融的发展注入了新的活力。

监管机构的支持政策也促进了保险机构 ESG 信息披露的完善。2022 年 6 月，中国银保监会发布了《银行业保险业绿色金融指引》，要求保险机构从战略高度推进绿色金融，防范 ESG 风险，提升自身的 ESG 表现，同时充分披露绿色金融发展情况。中国保险行业协会印发的《绿色保险分类指引（2023 年版）》也明确了企业可持续发展保险的保险标的和责任范围是为企业综合应对可持续发展过程中环境、社会、公司治理领域的风险提供保险保障。

5.4.2 未来发展方向

第一，建立健全绿色保险相关法律法规体系。结合国际绿色保险相关制度建设成果，大力发展国内绿色保险事业，除了明确绿色保险相关法律细节外，也可颁布指向性更明确的法律，从某一个企业发展至某个行业，或者从某个地区逐步向全国扩散。不仅如此，还可将绿色保险相关条款与其他法律相关联，用更明确的态度、更有力的武器，维护并健全绿色保险机制。

第二，加强对绿色保险产品服务创新的财政支持。首先，转变财政支持理念，由单一的现金补贴过渡到保费补贴，也可扩大至绿色产业。其次，以企业减税为契机，将绿色保险与企业税收有效结合，制定并出台相关优惠税收政策，增加绿色保险产品的曝光度，调动企业参与绿色保险的热情度。中央政府在绿色保险的推广过程中予以资金扶持。可借鉴美国政府的经验，建立绿色保险基金会，对于符合条件的企业，特别是重度污染企业，给予保费补贴、相关保费优惠减免等，比如：对于研发型企业，可以提供保费补贴；对于新型能源企业，可以提供相关政策支持，以保障企业在运营的同时稳定发展。

第三，以绿色保险逐步建立绿色金融，动员全社会共同参与。绿色保险是维护环境污染受害人的正当权益，建立生态环境补偿金制度和奖励措施的重要依据。同时，绿色保险具有减轻地方政府部门和社会企业经济负担等重要功能，在建设美好中国中有着特殊意义。在绿色保险不断发展的背景下，绿色金融体系不断完善，可以更加精准地支持科技自立自强、先进制造，可以为更多的企业提供发展的可能，让乡村振兴得以更好地实现。作为未来金融行业发展的重要方向之一，绿色保险正在发挥着越来越重要的作用。开展绿色保险服务的推广，是建立绿色金融体系的第一步，也是向全社会宣传绿色环保理念、实现生态文明价值的重要途径之一。

5.5 绿色股权机构投资者

绿色金融是实现碳中和的关键手段，而私募股权（private equity，PE）和 VC 是绿色金融中不可或缺的一环。为促进大量碳中和所要求的绿色低碳科技项目及成果转化，需建立以股权投资（尤其是 PE、VC 基金）为主体、股票市场和投贷联动为支撑的金融服务体系。

早中期的绿色技术企业商业模式通常未完全成熟，技术路线的不确定性高，项目风险较大，主要外部融资通常来源于 PE 和 VC。国内专业化的绿色基金管理机构参与度较低，这是现阶段中国绿色技术投资的一大瓶颈。中国证券投资基金业协会的统计显示，目前在协会注册的、以“绿色”冠名的各类基金共有 700 多只，但其中绝大部分投资绿色上市公司和使用成熟技术的绿色项目，很少有基金涉足绿色技术创新领域。

为推动更多的股权投资支持绿色科技，应该从以下七个方面入手。第一，增加长期资金来源。鼓励保险公司、养老基金和政府产业引导基金通过多渠道增加对绿色低碳科技企业的中长期投资比例。第二，开放国际资本。进一步向国际资本开放绿色股权投资市场，吸引更多的国际投资者参与绿色投资基金或直接投资绿色科技企业。第三，金融创新与联动。鼓励金融创新，例如通过“投贷联动”机制，使银行等主流金融机构能够更积极地支持绿色股权投资。第四，政府担保。政府应明确绿色技术产业的属性，为绿色科技企业提供担保，以降低投资风险。第五，设立地方绿色转型发展创新平台，根据地方绿色需求，引进并支持绿色科技企业的发展。第六，鼓励上市公司和大型企业设立绿色转型创新平台，并将绿色低碳发展纳入企业战略投资的重点方向。第七，政府应积极支持第三方服务机构开展绿色科技的环境效益评估和投资预评估，提供融资和加速服务，以降低投资风险和评估成本。

思政专栏

习近平总书记谈金融机构

2023 年 10 月底召开的中央金融工作会议是我国金融发展史上具有里程碑意义的一次重要会议。2023 年 11 月 1 日，新华网报道了题为“坚定不移走中国特色金融发展之路——中央金融工作会议为金融发展指明前进方向、激发信心动力”的新闻。习近平总书记出席会议并发表重要讲话，总结党的十八大以来的金融工作，分析金融高质量发展面临的形势，部署当前和今后一个时期的金融工作，为新时代新征程推动金融高质量发展提供了根本遵循和行动指南。会议强调，“金融是国民经济的血脉，是国家核心竞争力的重要组成部分，要加快建设金融强国，全面加强金融监管，完善金融体制，优化金融服务，防范化解风险，坚定不移走中国特色金融发展之路，推动我国金融高质量发展，为以中国式现代化全面推进强国建设、民族复兴伟业提供有力支撑”。

党的十八大以来，我们积极探索新时代金融发展规律，不断加深对中国特色社会主义金融本质的认识，不断推进金融实践创新、理论创新、制度创新，逐步走出一条中国特色金融发展之路。坚持党中央对金融工作的集中统一领导，坚持以人民为中心的价值取向，坚持把金融服务实体经济作为根本宗旨，坚持把防控风险作为金融工作的永恒主题，坚持在市场化法治化轨道上推进金融创新发展，坚持深化金融供给侧结构性改革，坚持统筹金融开放和安全，坚持稳中求进工作总基调。

建设金融强国需要长期努力，久久为功。必须加快构建中国特色现代金融体系，建立健全科学稳健的金融调控体系、结构合理的金融市场体系、分工协作的金融机构体系、完备有效的金融监管体系、多样化专业性的金融产品和服务体系、自主可控安全高效的金融基础设施体系。要着力防范化解金融风险特别是系统性风险。金融监管要“长牙带刺”、有棱有角，关键在于金融监管部门和行业主管部门要明确责任，加强协作配合。在市场准入、审慎监管、行为监管等各个环节，都要严格执法，实现金融监管横向到边、纵向到底。各地要立足一域谋全局，落实好属地风险处置和维稳责任。风险处置过程中要坚决惩治腐败，严防道德风险。金融监管是系统工程，金融管理部门和宏观调控部门、行业主管部门、司法机关、纪检监察机关等都有相应职责，要加强监管协同，健全权责一致的风险处置责任机制。严厉打击金融犯罪。通过扩大对外开放，提高我国金融资源配置效率和能力，增强国际竞争力和规则影响力，稳慎把握好节奏和力度。要以制度型开放为重点推进金融高水平对外开放，落实准入前国民待遇加负面清单管理制度，对标国际高标准经贸协议中金融领域相关规则，精简限制性措施，增强开放政策的透明度、稳定性和可预期性，规范境外投融资行为，完善对共建“一带一路”的金融支持。要加强境内外金融市场互联互通，提升跨境投融资便利化水平，积极参与国际金融监管改革。要守住开放条件下的金融安全底线。

探究与思考

1. 我国绿色金融市场的机构有哪些?
2. 简述当前我国绿色金融市场取得的阶段性进展。
3. 试分析中国人民银行在当前绿色金融工作中发挥着怎样的作用。
4. 请简要分析未来 PE/VC 及机构投资者应当如何推进绿色金融市场的建设。

06

第 6 章　绿色金融市场的交易机制

2016 年 8 月 31 日，中国人民银行等七部委印发了《关于构建绿色金融体系的指导意见》，该意见首次正式将绿色金融定义为支持环境改善、应对气候变化和资源节约高效利用的经济活动。这些活动包括但不限于节能环保、清洁能源、绿色交通和绿色建筑等领域的项目投融资、项目运营以及风险管理所提供的金融服务。

然而，绿色经济活动的“外部性”并未在经济中内生化，这意味着它们无法为绿色企业带来正向激励，或让污染企业受到相应的惩罚。相反，企业为了获得绿色认证，需要承担额外的认证成本；金融机构需要投入更多的资源用于识别绿色项目，这增加了搜寻成本。当前的政策法规尚未塑造出充分激发企业和金融机构主动参与绿色金融的制度环境。由于缺乏统一的绿色项目识别标准，政府部门在统计绿色指标、建立奖惩机制以及评估绿色发展等方面面临着巨大挑战。

为实现绿色资产价值的最大化，需要建立市场化的交易机制。本章将主要介绍金融市场交易机制和绿色金融市场交易机制。金融市场交易机制包括一级市场的交易机制和二级市场的交易机制，为我国探索绿色金融市场交易机制提供了一定的参考。

6.1　金融市场交易机制的定义与内涵

金融市场上的资金流动具有一定规律性，由于资金余缺调剂的需要，资金总是从多余的地区和部门流向短缺的地区和部门。金融市场的资金流动起因于社会资金的供求关系。最基本的金融工具和货币资金的形成，源于银行通过取得（购入）企业借据并向企业发放贷款这一过程。银行及其他金融机构作为中间人，既代表了贷者的集中，又代表了借者的集中；这些机构对存款者是债务人，对借款者是债权人。因而，它们进行的融资是间接融资。银行创造出大量的派生存款，为其他信用工具的创造和流通建立了前提。当各种金融工具涌现，多种投融资形式形成，金融工具的流通轨迹就变得错综复杂，金融市场变成了一个相对独立的市场。金融工具会脱离最初的交易场所反复地运动，这种运动大多借助直接融资工具如股票、债券的多次流通而实现。这种直接融资是资金供求双方的直接交易，无须借助于中间人，或者只需中介者集中撮合即可。另外，借助于中介机构发行的金融工具，会形成金融流通市场，表现在支票、汇票、本票的流通以及贷款证券化的流通。因而，在金融市场上，金融工具的卖出者可以转化为买入者，金融工具的买入者可以转化为卖出者。再加上新的交易伙伴的不断涌入，推动着金融工具流通转让；与此同时，资金相应地作逆向的流动，这使金融市场纷繁复杂起来。而金融工具或金融产品进入金融市场一般会经历两个阶段：第一阶段是发行阶段，即金融产品首先进入发行市场，即所谓的一级市场；第二阶段是流通阶段，即金融产品进入流通市场，也就是通常所说的二级市场。

6.1.1 一级市场的交易机制

发行价的确定机制大致可以分为固定价格机制、拍卖机制、累计投标询价机制、混合机制四大类。此外，近年来还逐渐出现了依托互联网技术的新型首次公开募股（Initial Public Offering，IPO）方式，例如利用互联网平台直接向公众投资者销售股票的直接公开募股（Direct Public Offering，DPO），为企业提供了一种绕过传统承销商的发行选择。

1. 固定价格机制

固定价格机制是指以行政方式确定，或由承销商根据对发行公司的价值评估，在估价结果范围内与发行公司协商确定一个固定的发行价格，并根据该价格向投资者公开发售。根据定价之后股票的分配方式，固定价格机制可以进一步分为允许配售和公开认购两种方式，前者允许承销商自由分配股票，后者则没有赋予承销商这种权利。

与其他发行机制相比，固定价格机制具有如下特点：①在承销商确定发行价格、投资者申购股票到新股真正上市交易之间，往往有两周到两个月的时间差；②投资者申购需要预先全额缴款，申购款在申购期间予以冻结，申购未成功后解冻并返还，该笔资金的利息由发行者获得；③在一般情况下，固定价格机制对申购上限进行限制，这客观上构成了对大规模申购的限制，减少了大型机构投资者能够购买的数量，从而更多地向中小投资者倾斜。

由于在固定价格机制下，发行价格的确定是将投资者排除在外的，这导致发行价格形成过程的市场化程度不足，因此其定价效率也低于其他方法。但是，固定价格机制具有低成本的优势，并且比较符合“公平原则”，因而比较适合市场容量较小、个人投资者比重较大的国家项目或发行量比较小的项目。

2. 拍卖机制

拍卖机制的基本原则就是通过投资者之间的公开竞价来产生发行价格，从而最大限度地发掘公司股票的投资价值，促使发行价格贴近市场价值，并按照投资者出价的高低分配股票。在拍卖机制下，投资者在规定时间内申报价格和数量，申购结束后，主承销商对所有有效申购按价格从高到低进行累计，累计申购量达到新股发行量的价位就是有效价位，在其之上的所有申报都中标。根据投标人最终所付价格，拍卖机制可以分为歧视价格拍卖（各中标者的购买价格就是自己的出价）、统一价格拍卖（所有中标人都统一按有效价位成交）以及肮脏拍卖（发行者将选择一个累计申购量大于新股发行量的价位作为有效价位，即最终成交价低于市场出清价，产生人为的溢价）。

拍卖机制的主要特征有以下几点：①拍卖机制提供了在 IPO 价格确立前收集投资者

的需求价格、需求数量的机制，具有较高的市场化程度；②股票的分配是根据事先规定的规则在现有的投标基础上进行的，承销商对股票自由分配的权利最小。尽管拍卖机制的市场化程度最高，承销商和发行者在发行中的影响力最小，这保证了发行的透明度，但在统一价格拍卖下容易引发“搭便车”行为。在拍卖中，出一个相对较高的价格通常意味着在达到市场出清价格时更有可能获得股票分配的机会。在市场中，少量投资者可能会选择低价投标的“搭便车”策略，这种行为在数量较少时对定价过程的影响有限，但如果过多投资者采取这种策略，则可能导致超额认购和价格严重溢价，从而扭曲股票的定价机制，影响市场的公平性和透明度。

3. 累计投标询价机制

累计投标询价机制是目前国际证券市场上最为常用的股票发行机制之一，通常这一机制包括确定价格区间、累计投标询价和价格支持三个步骤。在发行初始阶段，承销商首先根据拟发行公司的估价确定出一个初步的价格区间。随后，承销商通过路演等方式向潜在投资者推介发行公司的基本情况，并根据法律规定披露发行公司的相关信息。与此同时，承销商与一些可能有购买意向的机构投资者接触，并要求机构投资者在价格区间内按照不同的发行价格申报认购数量，这一申报认购价格和数量的时期就是累计投标询价期。在累计投标询价期结束后，承销商将所有机构投资者在同一价格的申购量累计计算，得出一系列在不同价格之上的总申购量。最后，按照总申购金额超过发行筹资额的一定倍数（超额认购倍数），确定发行价格，并根据预订单的情况对机构投资者进行股票分配。通常情况下，在股票挂牌交易后的一个月内，承销商还要对该股票予以价格支持。

与上面两个机制相比，累计投标询价机制的主要特点如下：①定价过程中的路演和征求订单机制，在承销商初步确定新股发行价格区间后，发行公司召开路演推介会，征集机构投资者对不同发行价格下的需求数量订单并建立簿记，并在此基础上对发行价格进行修正，最后确定发行价格；②分配股权的自主权，承销商拥有根据订单自主进行股票分配的权利；③发行数量的控制权，承销商对股票发行数量拥有最大可达预定发行数量 15%的自主控制权；④主要发售对象不同，在累计投标询价机制下，参与发行定价过程并获得股票分配的主要是大型机构投资者，中小投资者往往会被排除在新股发行定价过程外，很少能获得新股分配；⑤定价时机的确定，在累计投标询价机制下，股票的发行价格一般都是在股票正式发售前的最后一刻才最终确定。

4. 混合机制

混合机制是一种近年来在一级市场逐渐应用的综合性定价方式，它结合了固定价格机制和累计投标询价机制的优点，既能保证市场的有效定价，又能降低因市场情绪波动带来的风险。这种机制通过分阶段的方式来确定发行价格，主要包括固定价格阶段和询价阶段。

在固定价格阶段，发行人和承销商根据市场情况、公司的基本面、行业发展趋势等因素，首先设定一个大致的发行价格区间。这一价格区间通常通过分析同行业可比公司、历史 IPO 案例等数据得出。在某些特殊情况下，发行人可能直接设定一个固定价格，即每股价格固定不变。该阶段为后续的询价阶段提供了基础。在询价阶段，承销商基于固定价格区间，通过向潜在投资者（如机构投资者）征询价格意见来进一步完善定价。投资者根据其对公司前景的评估和市场情绪，提出愿意购买的价格和数量。承销商结合投资者的需求信息，最终确定发行价格。通过这一过程，市场供需的力量被引入，确保了发行价格能够更真实地反映市场对公司的估值。

混合机制相较于单一的固定价格机制或累计投标询价机制，具有显著的优势。首先，它通过询价阶段减少了主观定价的偏差，提高了价格发现的效率。其次，广泛的投资者参与使得发行价格更加贴近市场的实际需求和承受能力，降低了定价不合理的风险。如果发行价格过高，可能导致股票上市后出现价格下跌，投资者蒙受损失；而如果发行价格过低，则可能使发行人错失筹资机会。通过平衡市场需求与发行人的利益，混合机制已成为一级市场中一种重要的发行定价方式。

6.1.2 二级市场的交易机制

1. 指令驱动交易制度

指令驱动交易制度指证券交易价格由买方订单和卖方订单共同驱动，市场交易中心以买卖双向价格为基准进行撮合。指令驱动机制本质上是一种竞价机制，证券买卖双方能在同一市场上公开竞价，充分表达自己的投资意愿，只有双方都认为已经得到满意且合理的价格时，交易才会被撮合成交。在指令驱动交易制度下，交易者提交指令并在拍卖过程中等待执行指令，交易系统根据一定的指令匹配规则并决定成交价格。

指令驱动交易制度可以是连续的，也可以是定期的。连续的指令驱动交易制度被称为连续拍卖，交易者提交的指令马上得到执行，与其他交易者已提交的限价指令成交。定期的指令驱动交易制度被称为定期拍卖，交易者提交的所有指令被搜集起来，在预先指定的时点等待，按照统一价格成交。

指令驱动交易制度的优点有以下几点：①透明度高，买卖盘信息、成交量与成交价格信息等发布及时；②信息传递速度快、范围广，几乎可以实现交易信息同步传递；③运行费用低，其在处理大量小额交易指令方面优越性较明显。

2. 报价驱动交易制度

报价驱动交易制度或称做市商制度。做市商是指在证券市场上，由具备一定实力和信誉的证券经营法人作为特许交易商，不断地向公众投资者报出某些特定证券的买卖价格（即双向报价），并在该价位上接受公众投资者的买卖要求，以其自有资金和证券与公众投资者进行证券交易。由做市商参与并组织的市场交易制度称为做市商制度。做市商通过不断买卖来满足交易者的投资需求，并维持市场的流动性；同时，做市商也可以通过买卖报价的适当差额补偿提供做市服务所发生的成本，即做市成本，并实现一定的利润。这种交易机制也称为做市商交易制度。

报价驱动交易制度的优点有以下几点：①成交及时，公众投资者可按做市商报价立即进行交易，不需要等待交易对手的买卖指令；②交易价格稳定，做市商报价受市场交易规则的约束，并通过持续的买卖报价和持仓管理，吸收大额订单对市场的冲击，减少价格波动，维护市场稳定；③抑制股价操纵，做市商通过持续报价和持仓行为提供流动性，增加市场深度，抬高操纵者的资金和操作成本，从而有效降低股价操控的可能性。

6.2　绿色金融市场交易机制的定义与内涵

党的二十大强调，要“推动绿色发展，促进人与自然和谐共生”，其中首要的工作任务是“加快发展方式绿色转型”，相比党的十九大提出的“推进绿色发展”而言，党的二十大更加突出关注实体经济的“转型”需求。2016 年 8 月 31 日，中国人民银行等部门联合印发的《关于构建绿色金融体系的指导意见》指出，绿色金融是指为“支持环境改善、应对气候变化和资源节约高效利用的经济活动，即对环保、节能、清洁能源、绿色交通、绿色建筑等领域的项目投融资、项目运营、风险管理等提供的金融服务”。而绿色金融市场是指绿色金融服务和绿色金融资产交易的场所。

要实现绿色金融的规模化发展，就要建立完整的绿色金融产品生态链条，搭建绿色资产价值实现的市场化通道，从而逐步催生出绿色金融自生长的可持续发展商业模式。随着近年来我国绿色金融产品和服务的规模、种类以及市场规范化程度均保持稳健提升，初步形成了多层次绿色金融体系，其交易机制主要包括以下三个方面。

第一，发行端。政府、企业和金融机构作为主要发行主体，通过发行绿色债券、绿色股票、绿色信贷等绿色金融产品，募集资金用于环保和可持续发展领域的投资项目。其中，绿色债券和绿色股票因具有交易便捷、流通性强、风险相对较低等优势，成为我国绿色发展的重要融资渠道。由于绿色股票的定义还未在全球范围内形成统一标准，且目前中国股权投资机构相对缺乏全局性、长期性的绿色投资战略安排，绿色股权投资相关政策支持和有效市场环境还需进一步完善，绿色股票市场发展在一定程度上受限，仍然处于初级发展阶段。相比之下，中国的绿色债券市场在政策的支持下快速发展，绿色债券成为中国绿色金融市场中政策体系、监管条例、信息披露较为完备的融资工具。从市场规模来看，绿色股票市场的融资金额也小于绿色债券市场。

第二，投资端。投资者选择投资绿色金融产品，参与环保和可持续发展领域的投资项目。为了更好地构建绿色技术创新体系，国家出台了一系列支持政策，其中针对企业绿色创新融资便利打造的绿色金融政策，正是推动企业绿色创新水平提升的重要政策驱动力。在该政策的引导下，政府部门与金融机构之间的双重拟合作用更为明显，一方面显著释缓信息不对称程度，降低银行信贷风险，增加绿色信贷供给；另一方面有利于筛选出真正符合绿色生产和经营要求的项目，并对此提供靶向性的信贷支持。

第三，评价端。由监管机构或第三方评价机构对绿色金融产品进行评价，从而保证投资项目的真实性、有效性和可持续性。在绿色发展的国家战略下，由于企业在实践中能够借助绿色信贷的优惠条件来显著提升其核心竞争力，在经营中愿意主动向外界传达绿色转型理念和行动，企业外部主体往往会给予其未来发展更为积极的评估，企业将在更为良好和宽松的外部舆论环境中开展经济、生产活动。

绿色信贷政策的实施要求加强对商业银行信贷资金流向的监督力度，要求其在授信时将环境保护等因素考虑在内，增加对绿色企业和项目的信贷投放力度，有效缓解企业绿色创新中的资金约束困境，倒逼企业加快绿色技术创新。

思政专栏

广东培育绿色交易市场机制

2021 年 12 月 17 日，广东省政府官网发布了《广东省人民政府关于加快建立健全绿色低碳循环发展经济体系的实施意见》（简称《实施意见》）。《实施意见》提出，“培育绿色交易市场机制，推进用水权、用能权、排污权和碳排放权市场化交易”。《实施意见》还要求，“研究建设粤港澳大湾区碳排放权交易市场，推动碳排放交易外汇试点，支持符合条件的境外投资者参与广东碳排放权交易。联合港澳开展碳标签互认机制研究与应用示范。加快建立初始分配、有偿使用、市场交易、纠纷解决、配套服务等制度，做好绿色权属交易与相关目标指标的对接协调”。

广东省发展和改革委员会解读《实施意见》称：“从供给和需求两端同时发力，用全生命周期理念全方位全过程推行绿色规划、绿色设计、绿色投资、绿色建设、绿色生产、绿色流通、绿色生活、绿色消费，使发展建立在高效利用资源、严格保护生态环境、有效控制温室气体排放的基础上。”

“市场导向，多方参与”是《实施意见》的基本原则之一，即“充分发挥市场在资源配置中的决定性作用，更好发挥政府作用，健全市场化机制，激发市场主体活力，加快推动形成绿色生产生活方式，构建政府、市场、企业、公众等多方参与的绿色发展格局”。曾雪兰等在 2021 年 6 月发布的《广东碳市场进展、挑战及趋势》一文中提出，广东碳市场目前具备扩大行业覆盖范围的基础条件。目前，候选新增覆盖行业包括数据中心、陶瓷、纺织行业、交通运输、建筑等。这些行业或领域的碳排放体量较大或增长较快，还需从排放体量、行业发展趋势、管理成本、企业承受能力、配额分配技术难度等多方面进行综合考量。

2021 年 9 月 6 日，香港交易所绿色及可持续发展金融主管许淑娴出席立法会财经事务委员会会议时表示，香港难以建立碳排放限额市场，正与地区性的广东及深圳排放权交易所沟通，希望借助对方的经验，研究建立粤港澳大湾区区域性碳市场协同金融渠道，引导国际投资者参与大湾区碳市场建设。

探究与思考

1. 简述一级市场的拍卖机制。
2. 简述绿色金融市场交易机制的三个方面。
3. 试分析企业在绿色金融市场交易机制中发挥着怎样的作用。

第三篇

绿色金融发展与可持续

第7章　绿色金融与“一带一路”

共建“一带一路”顺应世界经济、技术、产业、社会发展普遍规律和时代大势，稳妥开展绿色、数字、创新、健康等新领域合作，培育合作新增长点，为共建国家人民美好生活注入更多动力、带来更多希望。共建“一带一路”倡议提出10多年来，在各方共同努力下，共建“一带一路”绿色发展取得了积极进展，理念引领不断增强，交流机制不断完善，务实合作不断深化。中国智慧、中国技术、中国方案正不断转化为行动和成果，为共建国家带来实实在在的好处，为落实联合国2030年可持续发展议程注入蓬勃动力。

“一带一路”共建国家以发展中国家为主，这些国家当前仍处于高耗能的经济增长模式，面临严峻的环境和气候风险，绿色金融发展空间较大。本章首先梳理了“一带一路”绿色发展需求，随后分析了“一带一路”绿色金融（投资）指数，简要介绍了“一带一路”绿色金融体系的发展路径，有助于深入理解绿色金融推动“一带一路”绿色发展的关键作用，为政策制定和实践提供理论参考。

7.1　“一带一路”绿色发展需求

“一带一路”共建国家对绿色金融的需求迫切。要实现《巴黎协定》有关减排目标，每年全球需要新增数万亿美元的绿色投资，而单凭政府部门显然难以满足这一巨大的资金需求。因此，必须充分发挥金融市场的作用，通过产品和机制创新，动员私人部门进行绿色投资，形成支持绿色发展的投融资体系。当前，共建国家面临严峻的环境和气候挑战，因此对绿色金融的需求更加紧迫。

第一，这些国家面临着生态环境退化、气候变化加剧以及资源枯竭等多重挑战。这些挑战不仅威胁着国家的可持续发展，也对全球环境治理造成了巨大压力。因此，推进绿色转型，发展可再生能源，加强环境保护，提高资源利用效率已经成为亟待解决的重要课题。通过国际合作，共同研发和推广绿色技术，分享成功经验，可以有效应对这些环境和气候风险，从而实现经济与生态环境的协调发展，为全球可持续发展作出贡献。

第二，共建国家基础设施缺口普遍较大，在建基础设施项目较多，碳排放量也相应较高。世界银行在2018年的研究指出，约70%的碳排放源于基础设施建设与维护。共建国家发电和交通运输项目分别占总投资的46%和25%，这意味着未来数十年大部分基础设施建设将集中在这些国家。因此，发展绿色金融不仅可以为基础设施建设提供资金支持，还可以引导市场资源向更加节能环保的技术发展，从而减少碳排放。

第三，在这些国家的能源消费结构中，化石能源占比较高，由此引发了高碳排放和严重的大气污染问题。同时，这些国家拥有丰富的自然资源，在清洁能源方面具有较大的发展潜力。因此，绿色金融的发展对于支持这些国家的能源转型至关重要。它既可以为依赖化石能源的企业提供转型所需的资金，也可以支持清洁能源和相关技术的发展，从而推动能源结构的转型。

第四，绿色金融的发展也有助于这些国家应对新冠疫情造成的影响。新冠疫情导致多国财政压力的上升，使得原有的绿色转型计划被推迟。同时，财政刺激政策往往忽视了碳减排和绿色转型等长远目标。发展绿色金融可以为这些国家提供经济复苏所需的资金，同时促进绿色转型，从而实现经济的可持续发展。

7.2 “一带一路”绿色金融（投资）指数

7.2.1 样本选择

“一带一路”覆盖地域广阔，综合考虑指数覆盖的全面性和数据可得性，最终选取“一带一路”共建国家中的79个国家作为指数测算的研究对象。按照世界银行以人均GDP为标准划分，其中19个为高收入国家，29个为中高收入国家，31个为中低收入或低收入国家。以上样本基本涵盖了“一带一路”共建的主要国家，具有较好的代表性。

7.2.2 指标体系

“一带一路”绿色金融（投资）指数从两个维度分析各国当前的绿色发展水平，并通过与各国未来经济发展的资源、环境压力作对比分析，得出最终结论。

1. 绿色经济表现

绿色经济表现衡量一国经济增长的环境表现。得分越高，说明该国当前绿色表现越好。绿色经济表现具体包括以下两个方面。一是环境效率，包含二氧化碳排放、甲烷排放、氮氧化物排放、空气污染、空气质量、森林砍伐和废水处理7个子指标。其中，前3个指标属于《京都议定书》中规定的温室气体，二氧化碳排放的权重最高，达到32.6%；其他因素的权重则在 7%以下。二是环境治理，主要跟踪企业、家庭和政府的一系列行为，这些行为在一定程度上限制经济增长对环境的影响，比如回收利用垃圾、制定绿色建筑标准等。

2. 绿色发展能力

绿色发展能力衡量一国维持或改善绿色发展所表现出的能力。得分越高，说明该国未来改善、推进绿色发展的能力越强。绿色发展能力具体包括以下两个方面。一是融资能力。通过主权信用评级评估一国总体的融资能力和信用状况，通过金融部门向私人部门投放信贷总量衡量一国金融支持实体经济的能力。由于国别数据的缺失，目前我们仅用信贷融资总量作为衡量绿色发展能力的指标。值得一提的是，近年来“一带一路”共建国家的绿色债券市场已经成为拉动本国绿色投资的一个重要驱动力。根据气候债券倡议组织及穆迪公司的数据，2018 年全球共发行绿色债券 1 676 亿美元。尽管从国别来看，中国和美国依旧是最大的绿色债券发行国，但“一带一路”共建国家的绿色债券发行迅速增长。特别是近年来，印度尼西亚、泰国、塞舌尔和黎巴嫩等“一带一路”共建国家首次发行了绿色债券。随着未来相关数据的进一步丰富和完善，上述指标将被逐渐纳入指数考量范围。二是政策及技术支持能力。该能力主要反映一国绿色发展政策是否完善，以及相关科技研发实力是否雄厚。具体指标有减排计划执行情况、公共部门环保支出、可再生能源生产等。

3. 各国未来发展的环境、资源压力

绿色经济表现和绿色发展能力衡量一国当前经济可持续发展的水平，没有充分考虑未来经济发展给环境、资源带来的压力。为对“一带一路”共建国家的可持续发展进行更加全面的分析，本节以牛津经济研究院对“一带一路”各经济体未来城市化和工业化的预测为基础，测算各国未来经济发展的环境、资源压力评分，用以表征各国未来经济发展可能给环境、资源带来的压力；同时通过与前两个指数的对比，对不同的“一带一路”共建国家的绿色发展提出政策建议。选取城镇化和工业化作为衡量未来经济发展环境压力的切入点，是因为这两个因素是一国经济发展过程中环境压力的最主要来源。在城市化过程中，公共基础设施建设和建筑业的发展带动了能源消耗；人口集聚效应提高了消费水平和汽车等工业品的购买量，将促使温室气体和废物排放量不断提高。工业化给环境和资源带来的压力更直接，一些高耗能制造业的发展将提高整个国家的资源消耗和环境污染程度。

7.2.3 情况分析

总体来看，“一带一路”共建国家的绿色经济表现平均得分为 53.6 分。从区域来看，中东欧地区和部分亚洲国家的绿色表现突出，主要原因有两点：一是经济较为发达，人均收入较高，而且环境保护相关政策较为完善；二是经济结构中重化工业少，环境污染压力小。从国家来看，排名在前的国家得分高的原因既有共性，又有差异。共性是它们的温室气体排放强度都较低，差异是造成排放强度较低的原因不同。例如，拉脱维亚的经济活动强度相对较低；新加坡主要得益于以服务业为主的经济结构，经济发达，并且环境政策严格；卡塔尔则主要源于以资源出口为主的经济结构，重化工企业少，这拉低了单位 GDP 的排放强度。

从结果来看，绿色经济表现得分与一国人均收入呈正相关关系。一国人均收入越高，绿色经济表现得分往往越高。从供给端来看，收入提高给产业升级和绿色环保技术的应用提供了更多空间；从需求端来看，这一关系显示出社会各界的环保意识随着收入的提高而增强。

从地区来看，中东欧地区的环境效率得分整体较高。在得分最高的 4 个国家中，有 3 个来自中东欧地区；在排名前 10 的国家中，中东欧地区国家占据了 5 席。中东和北非地区经济体得分较高，这可能与该地区经济体的资源禀赋和经济结构特点相关。部分国家自然资源出口占 GDP 的比例超过 40%。由于资源开采行业对温室气体的排放远低于资源利用和加工行业，这在一定程度上拉高了这类经济体在该分项上的得分。撒哈拉以南非洲地区的环境效率得分最低，该地区的环境效率得分的均值较其他“一带一路”共建国家均值低 10 分左右；在得分最低的 10 个国家中，有 4 个来自该地区。在绿色发展能力方面，中东欧地区的国家在融资能力和政策支持方面表现较好。部分高收入国家通过绿色债券市场为绿色项目提供了资金支持，进而推动了绿色投资的增长。此外，这些国家的政策和技术支持体系也为可再生能源等领域的发展提供了有力保障。

“一带一路”共建国家环境治理得分差异不大。从国家来看，中东欧地区经济体在该分项上的平均得分最高，这主要受益于遵循了欧盟在相关领域的标准。亚太地区各国在该分项上的得分位于“一带一路”共建国家中上游水平，内部得分差距不大；撒哈拉以南非洲地区的得分总体较低，但部分国家表现抢眼。例如，加纳和莫桑比克的污水处理率达到 20%以上，喀麦隆和肯尼亚的绿色建筑认证工作表现良好。

样本国的绿色经济表现平均得分为 53.6 分，与对照组 9 个发达经济体相比，低 30.2 分。但值得一提的是，排名前 10 的“一带一路”共建国家平均得分为 82.1 分，与对照组发达经济体的得分持平。从趋势来看，近年来“一带一路”共建国家与发达国家之间在绿色经济表现上的差距正在逐渐减小，这反映出“一带一路”共建国家在经济增长的同时重视绿色环保以应对环境挑战的意愿与努力。

7.2.4 主要结论

一是“一带一路”绿色金融（投资）指数对于“一带一路”共建国家的绿色发展情况具有良好的区分度，能够助力发掘绿色投资机会，为该领域提供了一项具有突破性的量化工具。

二是“一带一路”共建国家的绿色发展水平和能力差异较大，欠发达国家与发达国家之间存在显著差距，但其间蕴含的绿色投资机遇十分丰富。一方面，绿色发展表现优秀的“一带一路”共建国家，已接近或优于美欧发达国家水平；另一方面，目前得分不高的国家具备较大的绿色发展潜力。

三是“一带一路”未来增长的环境、资源压力较大。“一带一路”倡议连接了全球最具发展潜力的地区，涵盖了众多增长最快的经济体，并推动各国间的开放合作与共同发展。但在工业化和城镇化的过程中，环境、资源也将承受较大压力。

四是受数据可得性等因素的影响，指数覆盖国家的数量和指标选取等方面受到一定的限制。例如，由于缺乏对采掘业环境污染的量化指标，化石能源等资源出口型国家的绿色经济表现得分普遍偏高。

7.3　“一带一路”绿色金融体系的发展路径

在 2017 年的波恩气候大会上，联合国环境署发布的报告显示，在中国社会经济体制改革和实现绿色发展转型中，发展绿色金融对于实现生态文明的国家战略目标具有重要意义。中国正在全面推动绿色金融的发展，以实现绿色发展。从具体的发展路径来看，主要包括以下几个方面。

一是科学规划绿色金融顶层设计。以绿色金融推动绿色发展要做好科学的顶层设计。首先，要推进法规绿色化发展，通过约束和激励机制推动环境成本与环境效益的内生化，确保产生环境污染的企业尽可能多地直接承担其环境成本，同时产生环境效益的企业直接享受到绿色转型带来的经济效益增长。其次，可以在银行信贷制度、资产管理方法、信用评级手段等方面进一步强化环境压力测试，推动建立环境成本和环境效益内部化机制。再次，要加大促进市场化的金融服务供给，引导更多的国家财政资金和政策资源投入绿色金融，发挥绿色金融信用和财税政策撬动社会资金的能力。最后，要防止绿色金融泛化，避免虚假绿色金融滥竽充数，谨防利用绿色金融发横财，应避免以绿色金融为旗号产生金融贪婪。

二是着力提升“绿色”专业能力。提高绿色项目、绿色技术识别能力，分析人与自然的辩证关系及发展特点，识别出影响可持续发展的关键环节和核心领域，便于政策和资金进行导向筛选。绿色金融机构既要在企业节能减排、新能源推广应用、气候改善以及环境治理等方面培养熟悉绿色技术、绿色项目业务模式的专业人才，为企业提供专家和专业支持；绿色金融机构还应强化对绿色项目环境风险的分辨识别能力，合理评估投资风险和不良率，避免贷款不足或过度贷款。同时，加强对绿色风险分析方法的研究和推广，加强绿色项目管理能力建设，并创新金融机构开发绿色新产品的手段。最后，需要遵循科学的原则，运用科学的手段进行评价验证，通过科学方法分析研究并得出客观评价结论，为推进绿色金融发展提供坚实的依据。

三是多元化丰富绿色投资渠道。2016 年 8 月 31 日，中国人民银行等七部委联合发布的《关于构建绿色金融体系的指导意见》指出，“构建绿色金融体系主要目的是动员和激励更多社会资本投入到绿色产业，同时更有效地抑制污染性投资”。要对市场化手段进行充分运用，运用多种方式支持政府和社会资本的合作项目。因此，要完善企业的多种投融资途径，从政策导向、税收支持、收益回报等多角度引导个人资本、企业资本、机构资本布局绿色投资，从而实现社会绿色投资的多元化发展。

四是推动绿色“一带一路”国际合作。2017 年 9 月 5 日，《中国对外投资环境风险管理倡议》在绿色金融国际研讨会上发布，我国绿色金融和绿色发展实践逐步走向国际。2022 年 3 月，国家发展改革委等四部门共同出台的《关于推进共建“一带一路”绿色发展的意见》，不仅要求中国同“一带一路”共建国家进行绿色金融合作，而且要注重自身绿色金融领域水平的提高。这些政策体系的建立将促进中国和“一带一路”共建国家环保发展与绿色金融服务领域的整体发展，推动我国绿色金融领域的国际化迈向更高水平。

“一带一路”倡议在现有的双、多边环保合作机制中进一步促进了环保合作网络构建和环保合作模式的不断创新。因此，可以借助改进澜沧江-湄公河合作等“一带一路”合作机制，推进六大经济走廊在环保合作平台中的建设，延伸与国际相关组织和机构的合作，推进国际环境治理体系改革。政府和行业要重视对外投资全产业链的绿色化，强化创新活动的环境导向，激励创新优先采用低碳、节约、环保、绿色的材料与产品，强化生态多样性保护意识，推动就地保护和实现自然恢复。

思政专栏

习近平主席谈“一带一路”

2023年是习近平主席提出共建“一带一路”倡议10周年。10月18日，第三届“一带一路”国际合作高峰论坛（简称本届高峰论坛）在北京隆重举行，举世瞩目、影响深远。习近平主席在开幕式上发表主旨演讲，全面回顾共建“一带一路”10年来取得的丰硕成果，深刻总结宝贵经验，系统阐述中国支持高质量共建“一带一路”的八项行动，为开启共建“一带一路”下一个金色10年指明了前进方向。

提出这一倡议的初心，是借鉴古丝绸之路，以互联互通为主线，同各国加强政策沟通、设施联通、贸易畅通、资金融通、民心相通，为世界经济增长注入新动能，为全球发展开辟新空间，为国际经济合作打造新平台。习近平主席指出：“10年来，我们坚守初心、携手同行，推动‘一带一路’国际合作从无到有，蓬勃发展，取得丰硕成果。”“一带一路”合作从亚欧大陆延伸到非洲和拉美，从“大写意”进入“工笔画”阶段，从硬联通扩展到软联通，取得了实打实、沉甸甸的成就。2013～2022年，中国与“一带一路”共建国家进出口总额累计达到19.1万亿美元；与“一带一路”共建国家双向投资累计超过3 800亿美元，其中中国对外直接投资超过2 400亿美元。中国与29个国家和地区签署了22个自由贸易协定，与135个国家和地区签订了双边投资协定。习近平主席的主旨演讲充分体现出“一带一路”符合各国人民利益，更加坚定了各方高质量共建“一带一路”的信心。

共建“一带一路”坚持共商共建共享，跨越不同文明、文化、社会制度、发展阶段差异，开辟了各国交往的新路径，搭建起国际合作的新框架，汇集着人类共同发展的最大公约数。过去10年取得的成绩弥足珍贵，经验值得总结。习近平主席用3个“深刻认识到”总结了共建“一带一路”的宝贵经验，强调“人类是相互依存的命运共同体”“只有合作共赢才能办成事、办好事、办大事”“和平合作、开放包容、互学互鉴、互利共赢的丝路精神，是共建‘一带一路’最重要的力量源泉”。10年来，中国坚持合作共赢，建设了中老铁路、雅万高铁、蒙内铁路等一系列标志性项目；实施了超过1 600个援外项目，减贫示范村、菌草技术合作等一批“小而美”的民生项目给各国带来了实实在在的利益。习近平主席的主旨演讲充分阐释了共建“一带一路”站在了历史正确一边，展现了中国推动构建人类命运共同体的大国担当。

当前，世界之变、时代之变、历史之变正以前所未有的方式展开。中国正在以中国式现代化全面推进强国建设、民族复兴伟业。习近平主席指出：“我们追求的不是中国独善其身的现代化，而是期待同广大发展中国家在内的各国一道，共同实现现代化。”习近平主席宣布了中国支持高质量共建“一带一路”的八项行动，包括构建“一带一路”立体互联互通网络、支持建设开放型世界经济、开展务实合作、促进绿色发展、推动科技创新、支持民间交往、建设廉洁之路、完善“一带一路”国际合作机制。这些行动聚焦发展需要和民生福祉，有助于增强“一带一路”共建国家的发展能力，加快现代化进程。习近平主席的主旨演讲为高质量共建“一带一路”注入了新动力，为各国实现现代化提供了新机遇。

推动共建“一带一路”进入高质量发展的新阶段。习近平主席指出：“中方愿同各方深化‘一带一路’合作伙伴关系，推动共建‘一带一路’进入高质量发展的新阶段，为实现世界各国的现代化作出不懈努力。”

坚持开放合作的高质量发展。共建“一带一路”始终坚守开放的本色，致力于开创共赢、共担、共治的合作新模式。当前，经济全球化遭遇逆流，单边主义、保护主义上升，这给国际经贸合作带来了阻碍。要坚持经济全球化大方向，旗帜鲜明主张自由贸易和真正的多边主义，坚定维护以世界贸易组织为核心的多边贸易体制的权威性和有效性，反对单边制裁，反对经济胁迫，反对“脱钩断链”。增进政策沟通和战略对接，深化经贸领域务实合作，促进生产要素有效流动、资源高效配置、市场深度融合，实现各方优势互补、合作互利，推动建设开放型世界经济。

坚持开放创新的高质量发展。创新是推动发展的重要力量，共建“一带一路”也要创新。当前，新一轮科技革命和产业变革加速演变，数字经济和绿色发展日益成为潮流，引领全球开放发展和竞争新优势。要共同把握数字化、网络化、智能化发展机遇，探索新业态、新技术、新模式，拓展“丝路电商”合作，推进数字丝绸之路建设。响应各方可持续发展要求，增进绿色发展共识，营造更加开放的绿色贸易发展环境。落实《“一带一路”绿色投资原则》，努力建设资源节约、绿色低碳的丝绸之路。创新合作模式，拓展卫生健康等新领域合作，不断培育开放发展新动能。

坚持开放包容的高质量发展。共建“一带一路”紧紧抓住发展这个最大公约数，注重的是众人拾柴火焰高、互帮互助走得远，崇尚的是自己过得好，也让别人过得好。目前，全球经济增长动能不足、全球经济治理体系不完善、全球经济发展失衡等问题，迫切需要得到解决。要聚焦共同发展，相互尊重、相互支持、相互成就，发挥各自优势，共同做大发展“蛋糕”，推动全球发展迈向平衡协调包容新阶段。加大民生援助力度，使项目成果更多、更公平惠及各方，促进发展中国家民生福祉改善，增强自主发展能力。

坚持开放安全的高质量发展。共建“一带一路”离不开和平安宁的国际环境。当前，世界进入新的动荡变革期，正在经历大调整、大分化、大重组，不确定、不稳定、难预料因素增多。要在扩大开放中谋求共同安全，坚持维护全球产业链供应链的稳定畅通，为世界经济复苏提供更多确定性。做好风险监测评估和预警提示，共同加强对共建“一带一路”项目和人员安全保障。加强人工智能、气候变化等领域交流和对话，促进全球新兴产业健康有序安全发展。

思政专栏

共建“一带一路”绿色发展

共建“一带一路”绿色发展是推动全球可持续发展的重要实践，致力于将绿色理念贯穿于“一带一路”共建国家的经济合作与生态治理之中。通过大力发展清洁能源、推广低碳技术、引导绿色投资以及构建环境友好的基础设施，“一带一路”绿色发展强调经济增长与生态保护的协同推进。该倡议以生态文明为指导原则，不仅推动了“一带一路”共建国家的绿色转型和能源结构优化，还通过创新绿色金融模式与技术共享，增强了各国在应对气候变化和环境挑战中的合作能力。这一举措展示了中国对全球绿色发展治理的积极贡献，同时为构建人与自然和谐共生的美好未来提供了国际化方案。

思政专栏

碳中和下的“一带一路”

全球绿色低碳转型正在加速，许多国家已达成绿色经济发展共识，提出了有条件的、量化的碳减排目标以及减缓碳排放的路径与行动。在这一背景下，推进绿色“一带一路”建设成为一个重要的课题。当前，全球绿色低碳转型正处于快速推进阶段，许多国家已经确立了绿色经济发展的共同目标，并制定了具体的碳减排计划和措施。相关统计显示，已有130余个国家和地区提出了碳中和目标，其中超过90%的国家计划在2050年左右实现。碳中和的实现将带来全球技术和产业发展的变革，并成为贸易和投资的新标准，进而可能塑造基于新规则的国际秩序。自“一带一路”倡议提出以来，它为世界各国带来了巨大的发展机遇和红利，但同时也面临着诸多挑战，特别是如何推动绿色“一带一路”建设成为一个重要的命题。

1. 加强制度建设，发布一系列规范性文件，提出方向和要求

一是整体的“一带一路”政策框架包含绿色、环保和应对气候变化等内容；二是专门针对合作建设绿色“一带一路”发布政策指引，如《“一带一路”生态环境保护合作规划》《关于推进共建“一带一路”绿色发展的意见》等，强调坚持绿色发展理念、支持绿色低碳转型、保护生物多样性、应对气候变化、积极参与全球环境治理等，统筹推进绿色基建、绿色能源、绿色金融、绿色标准等领域合作；三是针对海外投资制定专门的规范性文件，如《民营企业境外投资经营行为规范》《对外投资合作绿色发展工作指引》等，强调规范境外经营行为、健全绿色合规体系、防范生态环境风险等；四是建立绿色金融制度，发挥金融机构在设定项目融资批准条件方面的杠杆作用。一系列政策文件有力提升了我国在“一带一路”环境保护方面的话语权，进一步树立了我国全球环境治理重要参与者的形象。

2. 多渠道构建绿色发展合作关系，推动政策沟通

我国积极发展全方位、多元化的合作关系，与多边机构、区域组织、双边国家构

建形式多样的绿色发展伙伴关系，推进绿色“一带一路”建设。一是主动搭建绿色“一带一路”政策对话和沟通平台，举办第二届“一带一路”国际合作高峰论坛绿色之路分论坛，在世界环境日全球主场活动、联合国气候行动峰会、中国-东盟环境合作论坛等场合举办绿色“一带一路”主题交流活动；二是充分利用现有国际和区域合作机制，积极参与联合国环境大会、中国-中东欧国家环保合作部长级会议等，阐释我国生态文明建设的理念和成效；三是稳步推进澜沧江-湄公河环境合作中心、中国-东盟环境保护合作中心、中非环境合作中心、中国-太平洋岛国应对气候变化合作中心、中国-柬埔寨环境合作中心、中国-老挝环境合作中心等重点平台建设，与 30 多个发展中国家合作开展了 40 多个减缓和适应气候变化项目；四是与中外合作伙伴共同发起成立“一带一路”绿色发展国际联盟，助力凝聚绿色发展国际共识，推动务实合作与具体行动。

3. 推动技术和能力建设，提升绿色发展能力

推进“绿色丝路使者计划”，为 120 多个国家的 3 000 多位环境官员、研究和技术人员提供培训，加强“一带一路”共建国家的环境治理能力。落实“一带一路”应对气候变化南南合作计划，结合共建国家绿色发展现状和需求，通过在塞舌尔、柬埔寨、老挝等国开展低碳示范区建设和能力建设活动等方式，推动共建国家能源转型，提升减缓和适应气候变化水平。建设“一带一路”生态环保大数据服务平台，加强国别基础数据、法规标准、环境政策、技术产业、案例研究等方面的信息共享，为生态环保服务和决策提供支持。

4. 建立绿色金融体系和国际合作框架，推动绿色投资

我国金融机构积极参与推动共建绿色“一带一路”。我国绿色信贷行业政策较为完善，绿色债券蓬勃发展，带动资本进入绿色产业，绿色保险经济补偿作用初步显现。积极推动绿色金融国际合作，利用 2016 年担任 G20 主席国契机，首次设置绿色金融议题和G20绿色金融研究小组，引领形成绿色金融发展全球共识。中国人民银行与多国央行和监管机构共同发起 NGFS，通过分享最佳实践经验，推动金融部门发展绿色金融，管理环境与气候相关风险。与伦敦金融城共同发布《“一带一路”绿色投资原则》，提出了将可持续性纳入公司治理、充分了解环境社会治理风险、充分披露环境信息、加强与利益相关方沟通、充分利用绿色金融工具等七条原则。与欧盟等共同发起可持续金融国际平台，发布了《可持续金融共同分类目录报告——减缓气候变化》，推动国际绿色金融标准趋同，促进向绿色和可持续发展转型。逐步加大对“一带一路”共建国家可再生能源领域的投资，2020 年可再生能源（太阳能、风能和水电）首次成为我国海外能源领域的投资重点。

探究与思考

1. 简述绿色金融与“一带一路”的关系。
2. 结合当前中国发展情况，探究中国实现绿色发展的路径。

08

第 8 章　绿色金融与碳中和

自党的十八大以来，我国将生态文明建设作为中国特色社会主义“五位一体”总体布局的重要组成部分，大力推进这一建设。碳达峰碳中和是我国迈向绿色、低碳、高质量发展的关键，而绿色金融则是推动实体经济实现这一转型的重要支撑。

我国明确提出要完善绿色低碳政策和市场体系，健全能源“双控”制度，并优化有利于绿色低碳发展的财税、价格、金融、土地和政府采购等政策。通过加快推进碳排放权交易，积极发展绿色金融，推动能耗“双控”向碳排放总量和强度“双控”转变，完善减污降碳的激励约束政策，加快形成绿色低碳的生产生活方式。绿色金融被明确为建设金融强国的五大重点任务之一。由此可见，绿色金融在实现碳达峰碳中和的过程中发挥着重要作用。

本章将对金融机构低碳转型、能源结构低碳转型以及节能减排产业进行解读，阐述绿色金融与金融机构低碳转型、能源结构低碳转型以及节能减排产业的紧密联系，并结合具体案例阐述绿色金融在农业领域的实践应用。

8.1　绿色金融与金融机构低碳转型

8.1.1　转型金融

碳中和涵盖气候、环境、经济、能源、社会等多个领域，以及绿色产业多个细分场景，是一项系统工程。为了实现碳中和，需要大量的投资资金，并通过市场化的方式引导金融体系提供必要的投融资支持。碳中和对金融机构的发展产生深远的影响，为落实该目标，支持新冠疫情后的绿色复苏和高质量发展，金融机构需要进行低碳转型。而随着低碳经济的发展，“转型金融”（transition finance）这一概念逐渐兴起。

1. 转型金融的来源

自 20 世纪 50 年代以来，全球面临着气候变暖和大量温室气体排放的挑战，这两个挑战成为人类经济社会发展的障碍，带来了很大的负面影响。为了应对全球气候变暖、大量温室气体排放的严峻挑战，必须实现深度碳减排。2015 年，《巴黎协定》明确了气温控制的“硬指标”，即将全球平均气温升幅控制在低于 2℃之内，并努力限制在 1.5℃

之内。然而全球的减排成效还远远不能达到这一目标。尤其是 2022 年俄乌冲突爆发后，各国都面临着低碳限制、新冠疫情干扰和能源供给危机的三重困境。联合国政府间气候变化专门委员会（Intergovernmental Panel on Climate Change，IPCC）于 2023 年 3 月 20 日发布的第六次评估报告综合报告《气候变化 2023》指出，2011～2020 年，全球地表温度比 1850～1990 年高出 1.1℃，气候的恶劣变化对人类福祉和地球健康均构成了严重威胁。

2020～2030 年是决定未来变暖趋势的关键十年，政府与企业纷纷采取行动，积极探索实现经济社会低碳协同发展的有效路径。金融机构在经济低碳转型中起着至关重要的作用，其首要任务是通过提供支持、服务和引导，促进产业和客户的低碳发展。所以，越来越多的金融机构开始将可持续发展、绿色低碳纳入投融资决策框架，注重低碳投资。在此背景下，转型金融成为金融机构有序推动业务低碳转型的重要举措，也是顺应我国碳中和趋势的重要抓手。

2. 转型金融的概念

转型金融在全球范围内仍处于起步阶段，尚未形成一个被广泛认可的低碳转型活动的定义或标准。表 8.1 为一些国际组织、国内外研究机构对转型金融这一概念的阐述。

表 8.1　转型金融的相关文件阐述

发布日期	组织/机构	文件名	对转型金融的阐述
2019 年 6 月	欧盟委员会技术专家组	《欧盟可持续金融分类方案》	明确经济活动必须符合的可持续发展标准，而这些标准涵盖绿色金融和转型金融领域。转型活动被认为是为了实现缓解气候变化的目标、在尚未有低碳替代品的部门内作出贡献，以满足支持转型所需的相关活动
2020 年 9 月	气候债券倡议组织与瑞士信贷集团	《为可信赖的低碳转型提供金融支持》	指出转型金融为“气候减缓转型”，即那些为实现《巴黎协定》2030 年全球碳排放减半、2050 年净零排放目标做出重大贡献的活动。这些活动可能不能持久发挥作用，也可能发挥长期作用但缺乏明确的净零路径
2020 年 11 月	香港绿色金融协会	《气候转型融资指南》	认为转型金融的支持对象包括技术和活动，尽管在实现脱碳和净零方面还存在一些不足，但它们能够产生比维持现状更低的碳排放结果
2021 年 5 月	日本金融厅，经济、贸易和工业部，环境部	《气候转型融资基本指南》	提出转型金融旨在为那些难以减排的部门提供融资支持，以促使它们长期性、战略性地进行温室气体减排活动，从而实现脱碳或低碳转型
2023 年 6 月	国际资本市场协会	《气候转型融资手册》	侧重于就发行人在为实现气候转型相关战略进行融资时所开展的市场实践、具体行动及信息披露提供明确的指引和统一预期

根据以上文件对转型金融的分析阐述，转型金融的界定一般需要注重以下三点。

（1）转型金融的支持对象不仅包括具有低碳或减碳效应的项目或活动，还包括那些已经明确制定减碳目标并实施相应措施的主体。就投融资对象的覆盖范围而言，转型金融应用于高温气体排放、难以快速减排或高环境影响行业。

（2）转型金融与各行各业的长期减排路径息息相关，它目前专注于气候减缓转型，同时也促进从高碳到低碳甚至脱碳的转变。具体而言，转型金融的标准需要基于行业的范畴进行明确定义，并深入探讨低碳技术在不同行业中的应用。此外，这些标准还需经常性地进行阶段性调整，以便将行业或企业所处的发展阶段与行业脱碳实施路径进行比对，并采用更为科学、严谨的方法对转型过程进行界定。

（3）转型金融旨在实现具有适当雄心的零碳转型，其支持的对象需要有明确的减排效果，与《巴黎协定》或国家碳中和进程保持一致。

综上所述，转型金融旨在应对气候变化的影响，其主要目标是完善绿色金融体系，并支持高碳企业向低碳转型。它基于明确的技术路径标准，利用各种金融工具为市场实体、经济活动和资产项目提供服务，特别是为支持传统的碳密集和高环境风险市场主体、经济活动和资产项目向低碳和零碳转型提供金融服务。

3. 转型金融的作用

转型金融能够满足经济能源结构转型的资金需求，尤其是在支持重点工业、交通和建筑等领域的转型过程中发挥着重要作用。

（1）提供企业转型的资金支持。转型金融可以为化石能源企业的低碳转型提供资金支持，并引导资源配置到这些企业的转型过程中。在短期内，我国的能源结构仍以煤炭等化石能源为主导。由于火电在能源行业中占据了相当大的比重，其碳排放量占全国碳排放总量的比例相当高，已超过40%。因此，我国面临着巨大的减碳压力。然而，能源行业的转型需要大量的资金投入，转型成本高昂，而且融资难度也在不断上升。为了确保能源行业的顺利转型，不能简单地采取“一刀切”的撤资方式。

（2）促进转型成本的合理配置。在实现碳中和的过程中，上游生产企业需要承担减碳设施和技术等投资，而这些成本对于中下游主体而言则无须承担。这显然不符合碳成本分配的公平原则。转型金融可以通过考虑各环节的最终碳消耗量，以碳足迹为基础依据，将原本流向下游的补贴逐步转移到上游。通过金融手段，将转型的总体成本合理地分配给各环节主体，以减轻上游生产企业的压力，并提高下游消费环节的绿色转型意识。

（3）给转型市场注入资金和流动性。为实现转型目标，企业需要大量资金作为支撑。转型金融通过股票、债券等直接融资工具或信用贷款、委托贷款、融资租赁等间接融资工具，为企业转型注入资金流。这为上游生产企业提供了转型所需的投资资金。此外，转型金融还为市场注入了流动性，提高了转型市场的交易活跃度，并优化了转型投资中的交易价格。

（4）契合低碳转型项目的特点和融资需求。低碳转型项目通常面临前期资金投入大、成本回收时间长和初期回报速度慢等挑战。因此，需要长期稳定的资本支持来确保项目的顺利进行。转型金融的引入能够使低碳转型项目的资金需求与资金流速和流量相匹配，从而促进转型金融的可持续发展。

（5）强化对能源资产的风险管理。随着化石能源转型的推进，金融领域面临着“搁浅资产”的风险。为加强风险管理并进行风险防范，转型金融发挥着重要的作用。中国建设银行等金融机构已经针对火电行业进行了不同碳价情景下的压力测试，其风险管理部门也对转型风险进行了预警和压力测试。同时，能源政策、技术进步以及消费者和投资者的观念转变都可能引发转型风险。为了量化评估这些风险对金融体系的影响，需要借助转型金融手段。通过减少环境高风险资产的敞口，调整绿色资产和中色资产的配置比例，可以有效支持能源的绿色低碳转型。

8.1.2　我国金融机构低碳转型

1. 我国金融机构低碳转型与转型金融

转型金融的市场参与主体主要包括资金供给方（金融机构）和资金需求方（高碳企业）两大市场群体，如图 8.1 所示。

一方面，我国金融机构作为直接参与者，可以通过履行环境责任，并借此提升机构形象、拓展业务市场，进而提高盈利水平。另一方面，金融机构还起着重要的支持作用，它们通过提高转型金融产品的供给水平，充分发挥资源配置、风险管理和市场定价等三大功能，为绿色金融的发展提供了支持，同时也促进了新兴产业的扩张和传统高碳产业的转型。因此，我国金融机构既是转型金融的直接参与者，更是重要支持者。

在中国当前的金融机构中，商业银行是实现货币投放的主要机构。为了推动复合型零碳金融生态建设，各类银行业金融机构需要创新并引入多元化的转型金融产品；证券公司、公私募基金等应发挥投资银行的作用，提供直投性金融服务，为高碳产业的低碳转型提供便利；保险业提供适应零碳转型需求的金融保险服务，与银行业形成良性互动，以适度分散银行体系的投资风险。在这个过程中，我国金融机构的投融资活动将随着增量市场的发展而逐步向高质量方向迈进，这不仅能优化投融资结构，还可以提高投融资效率。

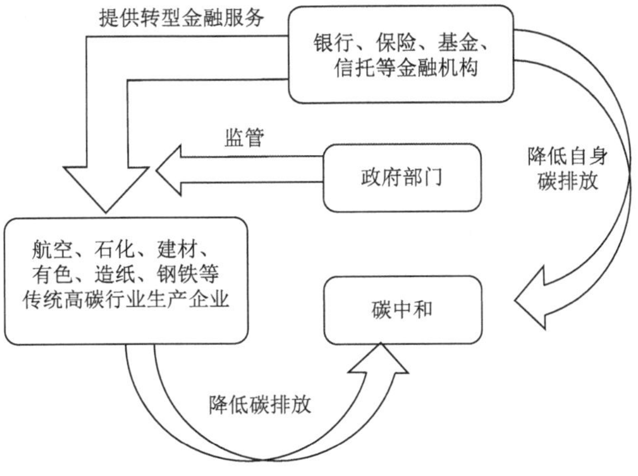

图 8.1　转型金融的市场参与主体构成

2. 我国金融机构低碳转型实践

目前，金融机构低碳转型已得到中国人民银行等金融管理部门的高度重视，各类金融机构已开始积极布局低碳转型业务领域。

（1）战略引领，助力低碳转型金融标准体系形成。中国人民银行已在 2021 年就启动了低碳转型工作，针对金融机构在低碳转型方面的需求，进行了组织标准研究，重点关注钢铁、煤电、建筑建材和农业领域，这些研究为满足高碳行业实现低碳转型所需的融资提供了指导。在中国人民银行的引领下，中国工商银行、中国建设银行等重要金融机构积极参与，并从金融机构实践的角度为低碳转型的顶层架构提供了参考建议。

（2）服务实体，提供精准化的转型服务。在信贷管理方面，金融机构采取精准分类管理的措施，按照差异化原则支持传统能源向清洁能源转型，同时支持智能制造、低碳交通、绿色矿山等领域的企业和项目。通过创新金融工具，引导和促进小微企业实现低碳转型。在产品创新方面，交易商协会于2021年初发布了中国首批可持续发展挂钩债券。包括中国工商银行、国家开发银行在内的十余家金融机构，作为主要承销商，积极向市场推介该项目。交易商协会的数据显示，仅2023年，我国可持续发展挂钩债券承销规模已超200亿元。

（3）创新赋能，通过金融科技服务转型业务。在客户服务方面，推动实施数字化和智能化碳足迹管理，以为客户提供低碳、便捷的金融服务为目标。在碳盘查方面，通过研发碳足迹管理数据统计系统，实现能耗信息的填报、审批和汇总过程的数字化、标准化以及自动化处理。在科技管理方面，打造一个综合的低碳转型数字平台，遵循“能衡量、能报告、能核查”原则，实现成效管理的数字智能化与精细化。

8.1.3 绿色金融与金融机构低碳转型的紧密联系

1. 绿色金融是金融机构低碳转型的重要组成部分

绿色金融将低碳、环保的生产发展理念引入金融领域，鼓励金融机构直接参与企业或政府的环保治理项目，为其提供融资支持。一方面，绿色金融通过提供支持环境改善、资源节约高效利用的金融服务，为低碳转型提供必要的资金支持。例如，绿色信贷可以为低碳项目提供低息贷款；绿色债券可以为低碳项目筹集资金；而绿色投资可以为低碳企业提供资本支持，并通过发挥杠杆和信用的作用，向市场发送积极的信号，以吸引更多的社会资本通过直接融资或间接融资方式加入到绿色投资领域中。另一方面，生态产品和绿色技术被视为具有正外部效应的公共产品，但由于其具有巨额前期投资、回报周期较长、投资回报率较低的特点，大多数企业和金融机构不愿涉足其中。而绿色金融因政策性资金的参与，可充分发挥融资的杠杆作用，通过提供绿色信贷、产业基金等金融产品，或实行绿色债券、贴息、免税免息等财税激励政策，吸引更多民间资本投向绿色领域。这种方式可以在有限的财政资金和基础货币的支持下，有效推动民间资本投资翻倍，同时避免挤出效应，减少无谓损失。

2. 金融机构低碳转型是实现绿色金融的重要途径

金融是实体经济的血脉，在我国碳达峰碳中和中发挥着重要的助推器作用。同时，金融机构作为经济活动中的重要参与者，其业务模式和投资策略对环境产生着深远的影响。金融机构积极应对气候变化和环境问题，调整业务模式和投资策略，通过直接融资工具和间接融资工具，为实体经济低碳循环发展提供资金支持；利用资金价格的“指挥棒”作用，引导更多资本和土地等生产要素流向绿色产业，从而引导人们选择绿色出行方式、过上低碳生活；通过将风险分配给不同风险偏好的投资者，以确保那些信息对称性低、初始投资大、回报周期长的绿色项目不会因资金匮乏而发展受阻。这既是金融机构履行社会责任的重要体现，也是实现绿色金融的重要途径。金融机构的低碳转型可以引导社会资本向低碳项目、低碳企业和低碳产业聚集，进而推动经济社会的绿色低碳转型。

3. 绿色金融和金融机构低碳转型的相互促进关系

一方面，随着绿色金融的发展，越来越多的金融机构开始重视低碳转型，并将其作为企业发展的重要战略方向之一。金融机构通过参与绿色金融，不仅可以获得政策支持和资金支持，还可以拓展业务领域，提高市场竞争力。另一方面，金融机构低碳转型的深入推进将促进绿色金融的发展。随着金融机构对低碳转型的重视程度不断提高，绿色金融不断创新和完善，金融机构推出更加多样化、个性化的金融服务。

8.2　绿色金融与能源结构低碳转型

8.2.1　能源结构低碳转型

能源结构是能源总生产量或总消费量中不同类型能源的构成及其比例关系。能源结构的组成直接决定了碳排量，并对“碳中和”的实现产生影响。为实现碳中和，必须对能源结构进行优化升级，以推动能源体系向绿色低碳方向发展，促进低碳化和无碳化。

1. 我国能源供给结构与消费结构

1）我国能源供给结构

近年来，我国能源供应保障能力不断增强，基本形成了煤、油、气、新能源和可再生能源多轮驱动的能源生产体系。数据显示，当前我国能源供给以原煤为主，尽管近 20 年来原煤生产总量的比重有所下降，其占一次能源生产总量的比重从 2011 年的 77.8%降至 2022 年的 67.4%，但我国一次能源生产总量仍在稳步上升。图 8.2 显示，早在 2019 年，我国一次能源生产总量就高达 39.73 亿吨标准煤，我国已成为世界能源生产第一大国。同时，随着可再生能源开发利用规模的快速扩大，水电、风电和光伏发电的累计装机容量均居世界首位。自 2000 年起，我国一次能源生产总量年均增速为 10.64%，其中原煤、原油、天然气、一次电力及其他能源生产总量的年均增速分别为 9.91%、1.95%、18.45%和 19.99%。此外，我国在“十三五”期间建成了世界最大的清洁煤电供应体系。

2）我国能源消费结构

我国能源消费以煤炭为主。图 8.3 显示，从 2011 年起，我国煤炭占能源消费总量的比重持续下降，尤其是近十年内下降了 11.2%，并于 2018 年首次降至 60%以内。石油消费占比较为平稳。同时，天然气、一次电力及其他能源占能源消费总量的比重趋于上升，从 2011 年的 4.6%、8.4%，增长至 2022 年的 8.4%、17.5%。2022 年，能源消费总量比上年增长 2.9%，煤炭占能源消费总量比重较上年提高 0.3 个百分点，石油比重下降 0.7 个百分点，天然气比重下降 0.4 个百分点。同时国家能源局的数据显示，自“十三五”以来，我国非化石能源消费增量占到一次能源消费增量的 40%，较“十二五”期间的增量占比上升了 14 个百分点。

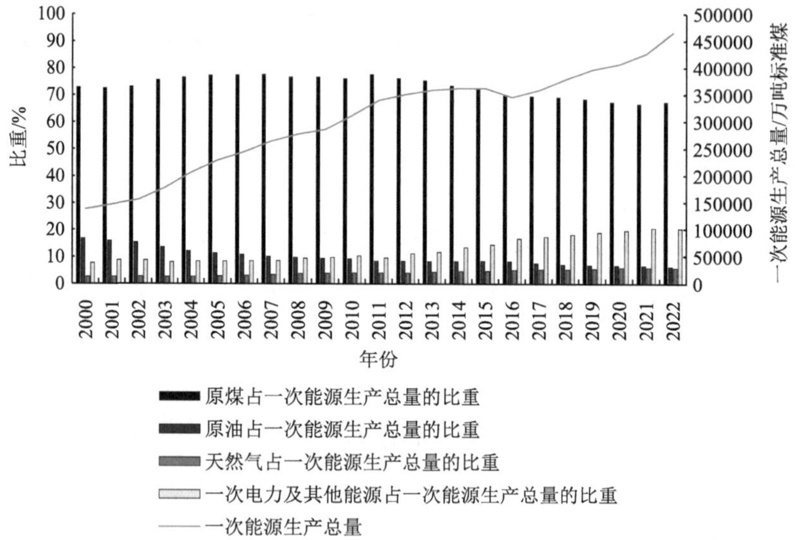

图 8.2　一次能源生产总量及构成

资料来源：国家统计局

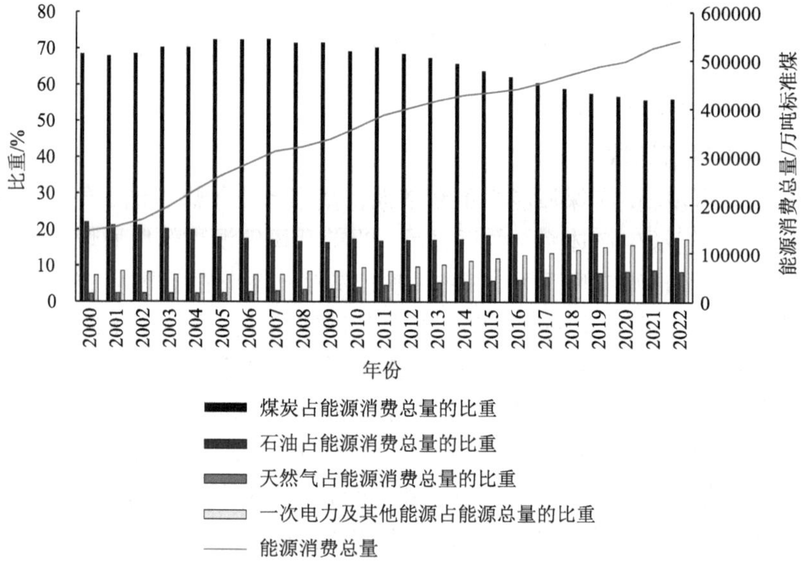

图 8.3　能源消费总量及构成

资料来源：国家统计局

3）可再生能源发展情况

我国注重可再生能源的发展，尤其是“十四五”时期，我国可再生能源发展进入新阶段。一方面，可再生能源重大工程取得了重大进展。国家能源局的数据显示，2022 年以沙漠、戈壁、荒漠地区为重点的大型风电光伏基地建设进展顺利。同年，全国新核准抽水蓄能项目 48 个，装机 6 890 万千瓦，已超过“十三五”时期全部核准规模，全年新投产 880 万千瓦，创历史新高。另一方面，可再生能源竞争力不断增强。可再生能源的发展具备高度的市场化特征，而且技术进步促使成本大幅下降。同时，世界最大清洁能源走廊发电量于 2023 年超 2 760 亿千瓦时，同比增长 5.34%，相当于节约标准煤 8 300 万吨，减排二氧化碳超 2 亿吨，可满足超 2.9 亿人一年的生活用电需求。

2. 能源结构低碳转型的重要意义

（1）能源结构低碳转型是实现碳达峰碳中和的主要战略方向。近年来，我国在能源绿色发展方面取得了显著成就，能源利用效率明显提升，能源结构朝着低碳化方向加速转变。国家能源局的数据显示，虽然我国 2022 年的非化石能源消费占能源消费总量比重较上年提高 0.8 个百分点，但能源结构仍以煤为主，能源结构未得到根本改变；而且能源燃烧是我国主要的二氧化碳排放源，占全部二氧化碳排放的 88%。

（2）能源结构低碳转型是实现碳达峰碳中和的关键举措。能源结构低碳化是指逐步减少对高碳能源（如煤炭）的使用，通过低碳能源的替代，不断扩大低碳能源的使用规模。能源结构低碳转型是实现能源消费总量刚性增长和实现碳达峰碳中和的必然选择。要以经济社会发展全面绿色转型为引领，以能源绿色低碳发展为关键，加快形成节约资源和保护环境的产业结构、生产方式、生活方式、空间格局。

（3）能源结构低碳转型是推进能源革命的具体行动。能源革命的思想是在总结国内外发展经验的基础上提出的，是我国高质量发展和可持续发展的内在需求，其目标是建立我国清洁、低碳、安全、高效的能源体系。因此，在能源消费方面，应实施节能降碳增效，建设能源节约型社会；在能源供给方面，积极推动水、电、新能源等非化石能源的发展，加快新型电力系统建设，以确保国家能源安全；在能源技术方面，积极推动绿色低碳科技创新，加强对新型储能、氢能等领域的科技攻关，并广泛推广和应用这些技术；在能源体制方面，充分发挥市场在推动能源绿色低碳发展中的作用，深化能源体制改革，建立有效的激励和约束机制；在国际合作方面，与其他国家积极沟通交流，统筹做好应对气候变化等工作。

3. 全球能源结构低碳转型的发展趋势

近年来，全球能源形势不稳定。2021 年下半年，能源危机弥漫全球；2022 年，俄乌冲突爆发，全球能源供应的稳定性明显降低，甚至频繁出现轻度供应短缺危机。在此背景下，全球能源结构低碳转型进程未来或将呈现以下五个发展趋势。

（1）保障能源安全是能源低碳转型的重要前提。在当前形势下，因为可再生能源的增长速度还无法完全满足新增的能源需求，所以各国仍需要适度保障传统化石能源的供给，在保障能源安全的前提下，推进能源绿色低碳转型进程有序、合理地进行。2022 年 4 月，英国发布了《能源安全战略》，决定撤回此前发布的页岩气开采禁令，充分利用巨大的北海储量，延长燃煤电厂的运营时限；同时加速发展核电，降低能源进口依赖。德国引入了容量备用和“煤电备用”机制，让境内燃煤电厂在必要时运行，以确保能源供应。

（2）全球开启可再生能源发展“加速度”。当前，可再生能源的增长速度和投资力度仍不足以如期实现气候目标。国际能源署的研究报告显示，如果实现 2℃温升控制目标，全球可再生能源的投资额需要在 21 世纪 20 年代翻一番；如果实现 1.5℃温升控制目标，投资额就要增加两倍以上。因此，全球各个国家均应积极加大可再生能源的发展力度，向清洁、低碳、高效的能源体系过渡。

（3）能源转型过渡期出现供需短期失衡。全球能源结构低碳转型要求用可再生能源逐步取代化石能源。然而，在短期内，可再生能源的产能不够，同时能源需求不断增长，因此我们仍然在一定程度上依赖化石能源。这两者之间的矛盾可能导致能源供需在转型过程中出现短期失衡的问题。能源供需失衡可能导致能源价格出现剧烈波动，并且对金融领域产生影响。能源安全与通货膨胀、粮食安全以及产业链和供应链的稳定等问题密切相关。如果不妥善处理能源供需失衡，可能会引发多个领域、多个方面的系统性问题。

（4）极端天气气候事件将加剧能源安全风险。一方面，可再生能源的产出无可避免地会受到自然条件的限制，存在较大的间歇性和波动性。例如，当出现风力骤减、干旱等极端天气时，可再生能源的输出会急剧下降。另一方面，极端天气的发生将导致能源需求增加，进而增加能源供给的压力。例如，2021 年的全球电力需求突破历史新高，除了受经济快速复苏的影响，欧洲冬季极寒天气、夏季持续高温干旱天气等也对电力需求增加产生了影响。

（5）构建新能源供应链体系成为新的国际赛道。以新能源技术为核心的供应链体系不仅事关应对全球气候变化，而且事关对发展制高点的争夺。谁能率先形成完整的以新能源技术为核心的供应链体系，谁就能在国际上具备供应链竞争优势，在重塑全球能源供需格局中占据主动和先机。

8.2.2 绿色金融与能源结构低碳转型的紧密联系

1. 绿色金融支持能源结构低碳转型

风力行业作为清洁能源的代表，在应对气候变化和推动可持续发展中扮演着至关重要的角色。以风力行业为例，首先，可以通过提供绿色金融支持，促进风力行业的技术创新和产业升级。绿色金融机构通过设立专项基金、提供技术咨询等，推动风力调度系统的智能化建设，从而提高其响应速度和效率，使其更好地适应不断变化的能源格局。而且，金融活水也可以支持风能储能系统基础设施的建设，提高风能系统的稳定性和可靠性，支持低碳园区的发展，从而引导整个风能行业朝着更环保和可持续的方向发展。其次，绿色金融还为风力行业提供了风险管理工具。风力发电行业面临着自然灾害、市场风险、政策风险等诸多风险因素，而绿色金融可以通过碳排放权交易、绿色保险、衍生品等工具，助力风力发电行业降低风险、稳健运营。最后，绿色金融还可以以核心企业为中心，延伸产业链上下游，建立综合性的绿色金融生态平台，推动产业链向绿色发展，构建更紧密的绿色金融产业链生态系统，以此加强风力行业的可持续发展，同时为能源结构低碳转型提供大力支持。

2. 绿色金融破解能源结构低碳转型难题

当前，中国绿色金融发展已具有一定规模，其结构以间接融资为主。在此基础上，中国不断推进绿色金融的创新发展，积极探索能源行业低碳转型中的供应链金融模式，采取“新能源+绿色金融”模式，以鼓励能源结构低碳转型，切实支持新能源行业和企业降本增效，实现可持续发展目标。

一是去杠杆、降成本，提升企业治理水平。通过推行绿色市场化债转股和绿色股权基金投资等创新绿色金融业务，不仅能为绿色低碳项目和企业提供资金支持，同时还能直接降低企业的资产负债率和财务成本，减轻企业在短期内的流动性压力，从而进一步增强企业的“硬实力”。而且，通过绿色市场化债转股和其他股权融资方式，金融机构更加积极地参与企业经营，以改善企业的公司治理，有效提升企业的“软实力”。

二是补资本、增实力，促进企业转型发展。通过创新绿色金融工具，实现“新能源+绿色金融”的结合，进而有效满足企业多样化的融资需求。首先，改善企业的融资结构，增强其资本实力和长期发展能力。其次，协助企业通过上市来引入更多资金，以扩大融资渠道，并发挥资本市场的融资功能，提高企业的资产证券化水平。最后，通过设立并购基金，帮助企业快速扩大新能源装机规模，从而打造新能源的竞争优势和利润增长点，以加速实现新能源发展目标。

三是创机制、重引导，助力高科技企业成长。实现能源绿色低碳发展的关键在于实现绿色低碳领域重大技术的突破，并推广和应用这些技术。由于高科技企业在初创阶段通常需要进行大量的研发投入，面临相对较高的市场风险，并且固定资产较少，因此商业银行在这一阶段通常难以提供充分的资金支持。但金融机构可以通过“新能源+绿色金融”模式切实发挥投资引导作用，重点关注新型电力系统、氢能、储能、动力电池技术等关键核心技术的低碳、零碳、负碳应用。在高科技企业的初创阶段，提供多元化融资工具，如股权和债权等，以降低企业的财务成本，并助力其提升技术水平，从而为企业将关键技术成果转化为可规模化应用的成熟产品提供金融服务。

8.3　绿色金融与节能减排产业

8.3.1　节能减排产业

1. 节能减排产业的重要性

自改革开放以来，我国经济实现了快速增长，各项建设取得了巨大成就，但也付出了巨大的资源和环境代价，这使得经济发展与环境保护之间的矛盾日益尖锐，群众对环境污染问题的反映强烈。这种状况与经济结构不合理和增长方式直接相关。如果不加快调整经济结构和转变增长方式，我们将会面临资源难以支撑、环境难以承受、社会难以负担的局面。

要实现经济社会的全面绿色转型，把握好节能减排产业是有效途径。节能减排产业是指通过节约能源资源、减少二氧化碳排放、开发和利用清洁能源等保护生态环境、促进经济社会可持续发展的产业。通过节能减排工程的实施，可以加速经济存量的绿色化改造，形成更多的绿色增量，并增加绿色低碳产品的供给。这不仅有助于推动产业体系全面绿色升级，而且对经济社会的高质量发展也具有重要意义。因此，节能减排产业是实现碳达峰碳中和的重要载体，是推动发展绿色经济和循环经济，建设资源节约型、环境友好型社会，积极应对气候变化，抢占未来竞争制高点的战略选择。

2. 节能减排产业的发展趋势

“十四五”时期是持续打好污染防治攻坚战的关键期。在当前错综复杂的国际环境和不断加速的国内经济发展的背景下，我国节能减排产业正呈现出以下五大发展趋势。

（1）绿色发展引领低碳，能源结构持续升级。一方面，能源消费的增速和增量将保持稳定态势，与此同时，储能技术的研发和推广将加快，这有助于解决能源并网和消纳等关键问题，从而为优化能源结构奠定坚实基础。另一方面，产业结构的升级将促使能源结构不断进行高频率、高标准的调整，从而带来节能环保、清洁生产、清洁能源等绿色产业的新发展机遇。

（2）绿色制造日益精进，工厂与园区向绿色升级。未来几年，我国绿色制造体系将迈向新的高度，持续提升电气电子、石油化工、汽车制造、机械装备等领域的绿色制造水平。同时重点打造绿色园区典范，发挥其引领和带动作用，并在全国范围内加速开展绿色园区试点示范工作，提升可再生能源的使用比例和能源的梯级利用率。

（3）绿色制造跨界融合，各产业齐头并进，新兴业态崭露头角。随着人工智能、新一代信息技术、区块链、新材料、大数据等新兴技术的不断进步，节能减排产业正迎来转型升级的关键时刻。在我国大力推动“新基建”的背景下，节能减排产业有望与这些新兴技术进行深度融合，催生出更加智能化、绿色低碳的新业态和新的发展模式。

（4）产业集群效应显著，中小企业实现突围。当前，我国节能减排产业正处于转型升级的关键阶段，产业发展将进一步深化集聚态势。一些中小企业在经历了初创阶段的挑战后，凭借市场的认可和技术的不断迭代升级，将迎来爆发式增长，进而成为行业领军者。它们将吸引产业链上下游的企业围绕自身进行产业布局，形成产业集聚发展的态势。

（5）政策体系日臻完善，保障节能减排产业稳健前行。我国将持续深化节能减排产业相关政策，在平台建设、财税金融、人才补贴等方面制定相应的规划文件和行动计划，以引领产业的发展，并促进产业生态的形成，从而为节能减排产业的稳健发展提供坚实保障。

8.3.2 绿色金融与节能减排产业的紧密联系

近年来，我国绿色金融体系持续优化，不断推出创新产品，并逐步实现了绿色标准的统一。这不仅促进了社会资本的有效引导，拓宽了节能减排领域的融资渠道，而且降低了相关企业的融资成本。这些举措在推动节能减排产业的发展方面发挥了至关重要的作用。因此，绿色金融是解决节能减排产业融资困难的有效方法。

在绿色债券方面，为推动中国绿色债券市场的发展，国家发布了一系列政策文件，并明确了绿色债券的认定标准、发行流程以及存续期管理规定，从而为节能减排企业通过发行债券进行融资提供了重要的指导和支持。为了支持符合条件的节能减排企业上市融资和再融资，并针对节能减排企业在发行债券过程中可能遇到的问题，国家和地方政府出台了一系列优惠和激励政策，如降低债券发行门槛、提供税收减免和财政补贴、简化发行手续等，以促进其顺利融资。

在绿色信贷方面，作为节能减排产业的主要融资方式，绿色信贷近年来发挥了重要作用。银行业金融机构根据当地节能减排的发展需求，针对节能减排企业的经营特点，不断推出绿色信贷创新产品，并拓宽了绿色信贷融资的担保方式。针对节能减排企业的高新技术特征和项目运营特点，银行业金融机构创新了多种质押方式，如林地经营权抵押或收益权质押、合同能源管理项目未来收益权质押、应收账款质押、股权质押、特许经营权质押、知识产权质押等，并推出了排污权融资、能效融资、碳排放权融资等绿色信贷创新产品。

在绿色基金方面，绿色基金作为一种长期的融资工具，在节能减排产业领域表现出更强的适应性，能够有效解决传统融资工具在节能减排项目中的期限错配问题。其潜在的资金来源广泛，更加注重企业的成长潜力，能够根据企业和项目的需求，灵活设计个性化的融资产品。这为众多以轻资产为主的节能减排企业提供了长期稳定的资金支持。此外，绿色基金还可凭借其专业的资源整合能力，推动被投资企业实现成长。

思政专栏

习近平总书记谈“碳达峰”“碳中和”

2021 年 12 月 10 日，新华网报道了在北京举行的中央经济工作会议。会上，习近平总书记发表了重要讲话，强调要正确认识和把握碳达峰碳中和相关工作。“实现碳达峰碳中和是推动高质量发展的内在要求，要坚定不移推进，但不可能毕其功于一役。要坚持全国统筹、节约优先、双轮驱动、内外畅通、防范风险的原则。传统能源逐步退出要建立在新能源安全可靠的替代基础上。要立足以煤为主的基本国情，抓好煤炭清洁高效利用，增加新能源消纳能力，推动煤炭和新能源优化组合。要狠抓绿色低碳技术攻关。要科学考核，新增可再生能源和原料用能不纳入能源消费总量控制，创造条件尽早实现能耗‘双控’向碳排放总量和强度‘双控’转变，加快形成减污降碳的激励约束机制，防止简单层层分解。要确保能源供应，大企业特别是国有企业要带头保供稳价。要深入推动能源革命，加快建设能源强国。”

2023 年 7 月 17～18 日，全国生态环境保护大会在北京召开。会上，习近平总书记发表了重要讲话，再次强调要积极稳妥推进碳达峰碳中和。他强调:“坚持全国统筹、节约优先、双轮驱动、内外畅通、防范风险的原则，落实好碳达峰碳中和‘1+N’政策体系，构建清洁低碳安全高效的能源体系，加快构建新型电力系统，提升国家油气安全保障能力。”

思政专栏

关于完善能源绿色低碳转型体制机制和政策措施的意见

国家发展改革委、国家能源局于2022年印发了《关于完善能源绿色低碳转型体制机制和政策措施的意见》（简称《意见》）。《意见》从完善国家能源战略和规划实施的协同推进机制、完善引导绿色能源消费的制度和政策体系、建立绿色低碳为导向的能源开发利用新机制等方面提出了多项举措。

在完善国家能源战略和规划实施的协同推进机制方面，强化能源战略和规划的引导约束作用，建立能源绿色低碳转型监测评价机制，并健全能源绿色低碳转型组织协调机制。在引导绿色能源消费的制度和政策体系方面，完善能耗"双控"和非化石能源目标制度，建立健全绿色能源消费促进机制，完善工业领域绿色能源消费支持政策，完善建筑绿色用能和清洁取暖政策，并完善交通运输领域能源清洁替代政策。在建立绿色低碳为导向的能源开发利用新机制方面，建立清洁低碳能源资源普查和信息共享机制，推动构建以清洁低碳能源为主体的能源供应体系，创新农村可再生能源开发利用机制，并建立清洁低碳能源开发利用的国土空间管理机制。在完善新型电力系统建设和运行机制方面，加强新型电力系统顶层设计，完善适应可再生能源局域深度利用和广域输送的电网体系，健全适应新型电力系统的市场机制，完善灵活性电源建设和运行机制，完善电力需求响应机制，并探索建立区域综合能源服务机制。在完善化石能源清洁高效开发利用机制方面，完善煤炭清洁开发利用政策，完善煤电清洁高效转型政策，并完善油气清洁高效利用机制。在健全能源绿色低碳转型安全保供体系方面，健全能源预测预警机制，构建电力系统安全运行和综合防御体系，并健全能源供应保障和储备应急体系。在建立支撑能源绿色低碳转型的科技创新体系方面，建立清洁低碳能源重大科技协同创新体系，建立清洁低碳能源产业链供应链协同创新机制，并完善能源绿色低碳转型科技创新激励政策。在建立支撑能源绿色低碳转型的财政金融政策保障机制方面，完善支持能源绿色低碳转型的多元化投融资机制，并完善能源绿色低碳转型的金融支持政策。在促进能源绿色低碳转型国际合作方面，促进"一带一路"绿色能源合作，积极推动全球能源治理中绿色低碳转型发展合作，并充分利用国际要素助力国内能源绿色低碳发展。在完善能源绿色低碳发展相关治理机制方面，健全能源法律和标准体系，深化能源领域"放管服"改革，并加强能源领域监管。

思政专栏

成渝地区双城经济圈碳达峰碳中和联合行动方案

2022年2月15日，重庆市人民政府办公厅、四川省人民政府办公厅联合印发了《成渝地区双城经济圈碳达峰碳中和联合行动方案》（简称《方案》）。根据《方案》，川渝两地将共同完成包括区域能源绿色低碳转型行动、区域产业绿色低碳转型行动、区域交通运输绿色低碳行动等 10 项重点任务，实现到 2025 年，成渝地区二氧化碳排放增速放缓，非化石能源消费比重进一步提高，单位地区生产总值能耗和二氧化碳排放强度持续降低，绿色低碳循环发展新模式初步形成的目标。

《方案》提出，在区域能源绿色低碳转型行动上，要协同开发油气资源，加快川渝电网一体化建设，加强煤气油储备能力建设，并推动能源消费绿色低碳转型。在区域产业绿色低碳转型行动上，要推动乡村绿色低碳产业协同发展，打造绿色低碳制造业集群，并加速联合建设国家数字经济创新发展试验区。在区域交通运输绿色低碳行动上，要提升交通运输组织效率，提高公共交通出行比例，提升交通基础设施绿色低碳化水平，并推动交通运输工具绿色低碳转型。在区域空间布局绿色低碳行动上，要推动城乡集约化融合发展，打造城乡绿色生态空间，并巩固提升生态碳汇能力。在区域绿色低碳财税金融一体化行动上，要强化跨区域绿色低碳财税政策协同，并加强金融支持绿色低碳发展。在区域绿色低碳标准体系保障行动上，要完善两地碳达峰碳中和标准，并健全绿色生产消费标准体系。在区域绿色低碳科技创新行动上，要建设绿色低碳科技创新平台，并推动绿色低碳关键技术研发应用。在区域绿色市场共建行动上，要共建绿色低碳市场要素平台，并健全绿色低碳权益交易机制。在区域绿色低碳生活行动上，要倡导绿色低碳消费方式，并鼓励绿色低碳出行。在区域绿色低碳试点示范行动中，要开展绿色发展试验示范，并推进绿色低碳创建。

农业绿色金融实践

北京德青源沼气发电项目

北京德青源农业科技股份有限公司是中关村自主创新示范区的国家高新技术企业、农业产业化国家重点龙头企业，是中国最大的蛋鸡养殖和蛋品生产企业。经过 20 年的稳健发展，德青源鸡蛋年产销量 58 亿枚，蛋鸡存栏量 2 055 万只，拥有 19 个现代化自营农场，在鸡蛋产销量、自营农场规模数量方面为中国之首。而且，在行业内，德青源也做到了两个“第一”：一是产销量亚洲第一；二是自有农场的数量和规模亚洲第一。

德青源取得如此大的成绩，是因为它开创了可持续发展的生态农业模式，实现了生态养殖、食品加工、清洁能源、装备制造、有机肥料、订单农业、有机种植的循环。德青源采用世界一流的生物发酵技术和燃气发电技术，建成了沼气发电厂，对蛋鸡场每年产生的 8 万吨鸡粪和 12 万吨污水进行处理，实现了园区内废弃物和污水的零排放，解决了粪便和污水处理这一长期制约大型养殖基地建设和发展的难题。该项目不仅每年向华北电网有限公司提供 1 400 万千瓦时的绿色电力和 16×10^4 吨的优质有机肥料，还产生相当于 4 500 吨标准煤的余热用于供暖，并实现二氧化碳减排 8.4×10^4 吨。同时，每年向北京市延庆区张山营镇水峪村的 360 余人提供沼气 73 万立方米，以供村民炊事使用。该项目荣获“全球大型沼气发电技术示范工程”等多项荣誉。该项目遵循了“取之自然，回报社会”的原则，实现了资源的最大化应用、保护以及二氧化碳减排，有效解决了能源紧缺和环境污染问题，促进了人与自然的和谐统一和可持续发展。

此外，该项目作为一个典型的环保与可持续发展项目，得到了绿色金融的大力融资支持。由于该项目的投资大、回报期长，一般的金融机构不愿意为其提供贷款。但绿色金融正好可以弥补这个空白。绿色金融不仅能为该项目提供低息贷款或优惠资金，还通过专业的评估和审核机制，挖掘该项目的环保属性与可持续发展潜力。这些服务不仅确保了项目的顺利实施，还为项目的长期运营和管理提供了坚实的保障。

探究与思考

1. 简述转型金融的作用。
2. 简述绿色金融与金融机构低碳转型的紧密联系。
3. 简述我国目前的能源结构。
4. 简述全球能源结构低碳转型的五大趋势。
5. 简述绿色金融与能源结构低碳转型的紧密联系。
6. 简述节能减排产业的发展趋势。
7. 简述绿色金融与节能减排产业的紧密联系。

09

第 9 章　绿色金融与生物多样性保护

生物多样性是指生物（动物、植物、微生物）与环境形成的生态复合体以及与此相关的各种生态过程的总和，包括生态系统多样性、物种多样性和基因多样性三个层次。生物多样性是人类赖以生存和发展的基础，是地球生命共同体的血脉和根基。联合国将 2010 年确定为“国际生物多样性年”，以强调其重要性。然而，生态环境的退化及生物多样性丧失等全球性挑战，正在成为全社会共同面对的风险，并且极有可能成为金融风险的主要来源。保护生物多样性是全人类共同的责任，各国在绿色金融支持力度上不断加大，绿色金融产品体系和服务方案日益丰富，以此支撑生物多样性的保护与发展。全体人类是休戚与共的命运共同体，只有通过全球协作和持续努力，才能有效应对这些挑战。

本章将主要阐述国内外“生物多样性金融”的发展状况，并针对我国“生物多样性金融”在发展过程中存在的问题进行分析与未来展望。最后，本章将结合具体案例，阐述绿色金融在林业领域的实践应用。

9.1　国际“生物多样性金融”发展

9.1.1　生物多样性金融国际合作

在推动金融支持生物多样性保护这项工作中，国际合作扮演着重要的角色。目前，生物多样性金融国际合作的共识凝聚与实践开展主要基于生物多样性金融倡议（Biodiversity Finance Initiative，BIOFIN）和生物多样性金融伙伴关系（The Partnership of Biodiversity and the Finance，PBF）。

1. 生物多样性金融倡议

地球作为人类的家园，拥有着令人惊叹的生物多样性。从微观的微生物到宏观的有机体，每一种生物都对维持人类生命起着不可或缺的作用。然而，人类在利用自然资源时，往往因过度索取而忽视了对自然的回馈与保护，这导致生态环境面临着严重危机。实际上，问题的核心不在于资金的缺乏，而在于如何明智、合理、可持续地使用这些资金。而这正是生物多样性金融倡议存在的原因。

生物多样性金融倡议是联合国开发计划署的一项全球性倡议，旨在阐明经济发展与环境保护之间的紧密关联，并主张金融能够成为推动可持续发展的积极力量。在保护地球的同时，还可以实现减贫和长期经济增长的目标。目前，生物多样性金融倡议已在40多个国家开展，与各级政府、地方社区和私营部门建立了深入的合作关系。

生物多样性金融倡议的核心在于识别并筹集保护自然所需的资金。其工作流程分为以下四个主要步骤：首先，通过分析国家的政策与制度来了解生物多样性的保护现状，探究导致生物多样性丧失的潜在因素，如对自然有害的资金补贴等，并通过生物多样性支出审查披露政府、私营部门和民间社会在农业、渔业和旅游业等领域进行的生物多样性投资；其次，进行投融资需求评估，计算实现生物多样性相关目标所需的全部金融资源；再次，识别因资金短缺而进展受阻的关键领域；最后，整合所有信息，以制定生物多样性金融计划。这是一个长期、全面的战略框架，其目的在于促进对自然的投资，并减少损害。生物多样性金融倡议不仅提供了一系列解决方案，如基于结果的预算制定、增加保护区收入以及重新调整有害补贴等，旨在通过更好地利用现有资源，将资源从有损生物多样性的领域重新分配到对生物多样性有益的领域中，而且还强调了持续变革的重要性。只有当生物多样性金融倡议的核心理念深入人心，并被纳入政府和私营部门的结构性战略中，持久的变革才会真正发生。生物多样性金融倡议可以促进对自然世界和人类福祉所需的投资，从而创造更多、更好的工作机会，并为所有人构建一个可持续的未来。

2. 生物多样性金融伙伴关系

2021年10月25日，由世界资源研究所和国际金融论坛牵头筹备，亚洲基础设施投资银行、中亚区域经济合作学院、华夏银行、兴业银行、联合国环境署、联合国开发计划署、联合国工业发展组织、自然资源保护协会、保尔森基金会等多家机构和组织共同向全球发出了《生物多样性金融伙伴关系全球共同倡议》，并启动了生物多样性金融伙伴关系，旨在气候变化和生物多样性保护的挑战和机遇并存、疫情后绿色复苏影响深远的背景下，解决生物多样性挑战的紧迫性以及融资缺口，包括引导金融机构将生物多样性保护纳入其投资决策中。生物多样性金融伙伴关系成员着力于实现防止或减少与投资和贸易有关的生物多样性风险，并调动创新性的金融资源和工具来弥补实现目标的资金缺口这一双重目标。以下为生物多样性金融伙伴关系成员的良好实践案例。

1）全球森林观察：生物多样性风险评估在线平台

全球森林观察（Global Forest Watch，GFW）是一个在线平台，由世界资源研究所提供数据和监测工具，用于监测森林、土地利用和生物多样性。企业可以将该平台作为管理风险的工具，在各种业务中识别潜在风险，并减少与森林砍伐相关的财务决策。此外，它还可以帮助金融机构履行减少森林砍伐的责任，并提升其在环境识别中评估生物多样性风险的能力，从而将地理空间数据转化为可操作的见解，供金融机构和投资者使用。通过GFW，用户可以接收有关森林砍伐的警报，了解供应链或投资项目所在森林的最新动态，以及其业务对森林的影响。

2）主权贷款：土耳其Ispartakule-Cerkezkoy铁路项目

亚洲基础设施投资银行提供了3亿欧元的主权贷款，用于支持Ispartakule-Cerkezkoy铁路项目建设。该项目所穿过的Terkos盆地是重要的鸟类栖息地，通过对栖息地的改良，铁路造成的影响将大大减小。为削减对生态环境的影响，该项目在建造实施过程中采取的一系列措施包括以下内容：在附近区域重新种植 74.3 公顷的橡树或角树林；开展移植项目，预防 6 种濒危植物灭绝；监测施工工作，将动物转移至附近合适的栖息地；将铁路支柱部分延长至 3 米高度；在鸟类撞击高发路段粘贴彩色绸带或胶带，改变鸟类飞行行为；当破坏不可避免时，通过协调施工时间，避开此地理环境发挥作用的时期。

3）首份保护世界遗产的保险业指南

联合国环境规划署金融倡议、世界自然基金会以及业界领军银行、保险公司、投资者，共同发布了保险行业保护世界遗产的第一份指南——《保护世界遗产，实现未来可持续发展》。该指南得到了主流保险公司的支持，这些公司是行业翘楚，承保毛保费约为 1 700 亿美元，拥有 2.7 万亿美元的资产。此外，世界各地保险行业协会、主要利益相关方也对此表示大力支持。该指南对各方可采取的行动给出了建议，包括以下内容：收集数据，明确最佳方案；提升保护意识，支持各种保护活动；制定并实施世界遗产风险管理方法；积极保护世界遗产，并鼓励客户和受资企业广泛参与进来。

9.1.2　国际生物多样性金融产品创新

国际金融市场注重生物多样性金融产品的创新，并出现了多种类型的产品，这些创新主要体现在以下四个领域。

在生物多样性贷款领域，荷兰合作银行于 2014 年推出了“地球影响贷款”，根据奶牛养殖业生物多样性监测系统的得分，为农民提供利息折扣。农场主可以通过供应链伙伴和利益相关者获得回报，并从改善生物多样性耕作中获得利润。而秘鲁市政储蓄和信贷银行联合会则在生物多样性金融倡议的支持下，于 2020 年开发了一种名为“BioCredito”的新型绿色小额信贷产品，目的是促进对保护环境和生物多样性有利的可持续商业活动。以上两个例子都是将生物多样性的目标与现有的贷款产品相结合。

在生物多样性债券领域，世界银行分支机构国际复兴开发银行（International Bank for Reconstruction and Development，IBRD）于 2022 年 3 月 23 日宣布将发行 1.5 亿美元的 5 年期债券，用于保护南非的黑犀牛，因此该债券也被称为“犀牛债”（rhino bond）。该债券专用于保护某一特定物种，是世界首创。其采用独特的混合融资模式，以期填补当前生物多样性融资每年高达数千亿美元的资金缺口。

在生物多样性基金领域，2018 年，投资咨询公司 SVX México、生物多样性金融倡议和墨西哥自然保护基金联手创建了再生投资联盟。该联盟旨在促进投资活动，同时增强各保护组织和投资目标的能力。投资目标涵盖了在渔业、农业、林业、旅游业等领域内致力于可持续经营的公司。

在生物多样性票据领域，瑞士信贷集团和英国公司 Althelia Ecosphere 于 2014 年携手推出了自然保护票据。该票据致力于支持可持续农业和自然保护项目，旨在增加非洲和拉丁美洲当地居民的收入，同时保护相关物种。其独特之处在于，该票据不仅关注自然保护，还投资碳信用和绿色债券。在碳信用投资方面，该票据通过助力生产有机可可，获得碳信用。通过出售这些碳信用以及经过认证的农产品，投资者能够获得投资回报，同时当地居民也可以增加收入。在绿色债券投资方面，该票据的策略是从巴克莱或摩根士丹利资本国际公司（Morgan Stanley Capital International，MSCI）绿色债券指数中精选出 10～20 只绿色债券进行投资。

9.2　中国“生物多样性金融”发展

9.2.1　国家对“生物多样性金融”的支持与引导

近年来，随着生态文明建设的深入推进与发展，我国围绕生物多样性这一主题发布了诸多政策意见，并积极进行绿色金融体系构建，为中国生物多样性金融的发展提供了有力的支持和积极的引导。

1. 中国生物多样性保护的政策框架

2010 年，生态环境部发布的《中国生物多样性保护战略与行动计划（2011—2030 年）》，提出了未来 20 年生物多样性保护的总体目标、战略任务和优先行动，并于 2011 年成立了中国生物多样性保护国家委员会。2016 年，国务院印发的《“十三五”生态环境保护规划》提出，“构建生态廊道和生物多样性保护网络”，“实施生物多样性保护重大工程，以生物多样性保护优先区域为重点，开展生态系统、物种、遗传资源及相关传统知识调查与评估，建立全国生物多样性数据库和信息平台”等措施。2021 年，《“十四五”规划和 2035 年远景目标纲要》再次强调，“实施生物多样性保护重大工程，构筑生物多样性保护网络”。同年，中共中央办公厅、国务院办公厅印发的《关于进一步加强生物多样性保护的意见》提出，持续优化生物多样性保护空间格局，构建完备的生物多样性保护监测体系，创新生物多样性可持续利用机制，加大执法和监督检查力度，深化国际合作与交流，全面推动生物多样性保护公众参与，完善生物多样性保护保障措施。2024 年，生态环境部又发布了《中国生物多样性保护战略与行动计划（2023—2030 年）》，部署了 4 个优先领域，分别是生物多样性主流化、应对生物多样性丧失威胁、生物多样性可持续利用与惠益分享和生物多样性治理能力现代化，并在每个优先领域下设 6～8 个优先行动，为各部门、各地区推进生物多样性保护工作提供指引。表 9.1 为中国生物多样性保护相关政策汇总。

表 9.1　中国生物多样性保护相关政策汇总

年份	政策文件	生物多样性保护相关内容
2010 年	《中国生物多样性保护战略与行动计划（2011—2030 年）》	提出未来 20 年生物多样性保护的总体目标、战略任务和优先行动
2016 年	《“十三五”生态环境保护规划》	提出“构建生态廊道和生物多样性保护网络”，“实施生物多样性保护重大工程，以生物多样性保护优先区域为重点，开展生态系统、物种、遗传资源及相关传统知识调查与评估，建立全国生物多样性数据库和信息平台”等措施
2021 年	《“十四五”规划和 2035 年远景目标纲要》	再次强调“实施生物多样性保护重大工程，构筑生物多样性保护网络”

续表

年份	政策文件	生物多样性保护相关内容
2021 年	《关于进一步加强生物多样性保护的意见》	提出持续优化生物多样性保护空间格局，构建完备的生物多样性保护监测体系，创新生物多样性可持续利用机制，加大执法和监督检查力度，深化国际合作与交流，全面推动生物多样性保护公众参与，完善生物多样性保护保障措施
2024 年	《中国生物多样性保护战略与行动计划（2023—2030 年）》	部署了生物多样性主流化、应对生物多样性丧失威胁、生物多样性可持续利用与惠益分享和生物多样性治理能力现代化 4 个优先领域，并在每个优先领域下设 6～8 个优先行动，为各部门、各地区推进生物多样性保护工作提供指引

2. 中国绿色金融体系构建

作为全球最大的发展中国家，中国始终致力于探索绿色金融的发展路径，并建立了一套完备的绿色金融体系，为中国发展生物多样性金融做足了准备。将生物多样性金融充分纳入绿色金融发展体系，更是中国发展生物多样性金融的独特优势。

在政策建议方面，中国政府高度重视绿色金融的发展，为生物多样性金融的发展奠定了良好的政策基础。2015 年的《生态文明体制改革总体方案》首次提出“建立绿色金融体系”总体目标；2016 年，中国人民银行等七部委联合印发的《关于构建绿色金融体系的指导意见》明确提出构建绿色金融体系的重点意义与具体措施，确立了中国绿色金融体系发展的顶层架构；2017 年，国务院决定在浙江、广东、贵州、江西、新疆五省（区）设立绿色金融改革创新试验区，推动绿色金融的区域探索；2021 年，国务院发布的《关于加快建立健全绿色低碳循环发展经济体系的指导意见》提出，要大力发展绿色金融和绿色交易市场机制，完善绿色标准；2022 年，党的二十大报告中“绿色”“低碳”成为高频词汇，并针对能源调控、能源革命、碳市场建设以及应对气候变化明确了具体任务；2023 年，国家发布了《绿色低碳金融政策汇编》。

在金融工具方面，我国已经形成了绿色信贷、绿色债券、绿色基金、绿色保险、绿色信托、碳金融产品等多层次的绿色金融产品和市场体系。其中，绿色信贷和绿色债券市场尤为活跃。《人民日报》发布的《中国绿色贷款余额超 30 万亿元》一文显示，截至 2023 年末，我国本外币绿色贷款余额 30.08 万亿元，同比增长 36.5%；同年，《中国绿色债券市场年报》显示，我国绿色债券发行势头强劲，全年发行规模达 8 210.72 亿元。

在国际合作与交流方面，我国积极参与国际绿色金融合作和交流，与全球多个国家和地区开展了绿色金融合作项目。我国在 G20 框架、“一带一路”倡议等平台机制下引领绿色金融交流合作，推动建立了 G20 绿色金融研究小组。2017 年，中国人民银行作为发起者之一建立了 NGFS。2021 年，中国人民银行与欧盟委员会相关部门共同完成了《可持续金融共同分类目录报告——减缓气候变化》，从中欧两方绿色金融分类目录角度进行比较分析，对推动中欧绿色投融资合作、引导跨境气候投融资活动以及降低跨境交易的绿色认证成本具有重要意义。

综上所述，我国绿色金融发展政策体系完善，金融工具多样且发展迅速，国际合作广泛，为生物多样性金融发展积累了丰富经验、筑牢了坚实基础。

9.2.2 中国“生物多样性金融”实践发展情况

中国“生物多样性金融”的实践正有序推进，具体表现在对生物多样性相关风险管理、绿色产业目录探索以及生物多样性保护相关金融产品等多个方面。

1. 生物多样性相关风险管理

类似于 NGFS 和气候相关财务信息披露工作组对于气候风险的分类方法，生物多样性相关金融风险主要分为两类，即物理风险和转型风险。而当前中国对生物多样性金融风险的研究工作还处于起步阶段。2022 年 2 月，中国金融学会绿色金融专业委员会成立了“金融支持生物多样性研究组”，该研究组致力于开展金融工具如何支持生物多样性保护以及金融机构如何防范由生物多样性丧失所导致的金融风险的前沿研究，并推动中国金融学会绿色金融专业委员会成员单位开展生物多样性金融的创新实践，从而为 NGFS 提供政策研究支持。

2022 年，山水自然保护中心和北京大学自然保护与社会发展研究中心联合多家机构发布了《企业生物多样性信息披露评价报告（2021）》。该报告显示，在 188 家 A 股上市企业中，仅 15 家（占比 8%）的企业在年报或社会责任报告中明确提及了“生物多样性”这一关键词。此外，在 119 家采取生物多样性保护相关行动的企业样本中，仅有 10 家企业同时披露了其生物多样性相关的愿景、战略、行动目标和管理体系。由此可见，目前大部分企业对生物多样性议题的认识与披露不足，企业生物多样性行动缺乏系统框架和制度保障，且尚处于萌芽阶段。未来我国在生物多样性金融风险管理的强化上还有很大的提升空间。

2. 绿色产业目录探索

当前，我国绿色金融最重要的两项标准——《绿色产业指导目录》（2019 年版）和《绿色债券支持项目目录（2021 年版）》，都已经将生物多样性保护纳入其支持范畴，涉及增殖放流与海洋牧场建设和运营项目、有害生物灾害防治项目、动植物资源保护项目等多方面内容。

3. 生物多样性保护相关金融产品

我国目前的绿色金融市场主要是面向清洁能源产业、节能减排产业等，与生物多样性保护相关的投融资规模较小，提供给生物多样性保护的资金所占比例较低。《2022 年中国绿色债券年报》显示，2022 年普通绿色债券募集资金以支持清洁能源产业发展为主，资金使用规模为 2 003.73 亿元，占中国境内普通绿色债券新增资金规模的 30.34%；其次用于支持基础设施绿色升级项目的资金使用规模为 1 065.66 亿元，占中国境内普通绿色债券新增资金规模的 16.14%；而用于支持生态环境产业的资金使用规模比重却不超过 3%。中国人民银行发布的《2023 年金融机构贷款投向统计报告》显示，2023 年末，本外币绿色贷款余额 30.08 万亿元，同比增长 36.5%，其中，投向具有直接和间接碳减排效益项目的贷款分别为 10.43 万亿元和 9.81 万亿元，合计占绿色贷款的 67.3%。

尽管当前我国生物多样性金融产品相对稀少，但大部分金融机构仍然展现出对探索与生物多样性保护紧密相关的绿色金融产品的积极态度。2021年9月，中国银行成功发行完成全球金融机构首笔生物多样性主题绿色债券，规模为18亿元人民币。生物多样性主题绿色债券是一种募集资金以支持生物多样性保护项目的债券，其符合联合国的《生物多样性公约》和《中国生物多样性保护战略与行动计划（2011—2030年）》的规定，以及国际资本市场协会《绿色债券原则》（Green Bond Principles，GBP）对生物多样性项目环境指标披露的指导原则。

9.3 中国“生物多样性金融”存在的问题及未来发展

9.3.1 中国“生物多样性金融”存在的问题

虽然我国生物多样性金融发展基础牢固，进展情况良好，但其发展过程中仍存在着一些问题，主要体现在以下几个方面。

（1）生物多样性金融标准和披露工具不健全。当前，我国尚未制定明确的生物多样性金融标准和披露指南。尽管《绿色债券支持项目目录（2021年版）》已经涉及一些与生物多样性相关的项目，这些项目有助于引导资金支持生物多样性活动，但由于生物多样性项目着眼于整个生态系统的保护，其成果难以通过单一指标进行量化，因此制定和出台相关标准更具挑战性。在缺乏官方生物多样性标准的情况下，金融机构难以系统地梳理现有产品和服务是否属于生物多样性保护的范畴，这也限制了金融机构创新生物多样性相关金融工具，以及做出符合可持续发展和生物多样性需求的财务决策。尽管我国在环境信息披露方面已经针对金融机构和企业出台了相关指南和管理办法，但这些信息披露要求并非强制性。因此，我国生物多样性金融标准和披露工具亟待完善。

（2）生物多样性金融风险管理的难题待解。从金融机构的角度来看，生物多样性金融风险管理难题出现的主要原因在于生物多样性影响的不可预测性和数据的不可得性。由于生物多样性丧失可能会对经济和金融的稳定性产生非线性的影响，一旦这种丧失达到一定程度，其影响可能会迅速且非线性地上升，这使得对这些风险的预测变得极为困难，从而给风险管理带来了挑战。此外，目前我们对生态系统运作方式和组成部分的认识还不够深入，这致使难以准确界定经济活动对生物多样性的具体影响，以及生物多样性丧失可能带来的后果。在这样的背景下，对生物多样性风险进行评估以及对自然产品的合理定价就变得十分困难。更为重要的是，目前还没有对生物多样性丧失给中国金融系统可能带来的风险进行系统性的研究。这直接制约了金融机构对生物多样性金融风险管理紧迫性的认识。

（3）生物多样性保护资金缺口不明晰，投融资手段有限。自2020年以来，国际在生物多样性保护资金缺口方面的研究取得了重大突破，而国内的相关研究还相对缺乏。目前，中国在生物多样性保护资金缺口方面的科学测算尚不完善，这不仅会影响政府机构和金融机构的决策，也会对激励和引导私人部门参与生物多样性保护工作产生不利影响。在与生物多样性保护有关的投融资方面，现有的绿色金融市场对生物多样性保护项目的关注不足，并且生物多样性金融工具的类型较为单一，尚未开发出多样化的生物多样性金融产品。虽然在有限范围内进行了生物多样性金融创新实践，但这些实践难以对生物多样性保护起到实质性的支持作用。当前，中国的生态产品价值实现机制和生态保护补偿机制主要依赖于公共部门，私人部门的参与有限。因此，需要进一步发挥公共资本的引导作用，以促进生物多样性保护。

（4）能力建设和人才培养不足。生物多样性金融在能力建设和跨领域人才培养方面还面临诸多挑战。目前，生物多样性金融的研究工作大多仍处于理论阶段，虽然国际上已经开展了关于生物多样性丧失对金融系统的影响和风险敞口的研究，但在将认识到的风险转化为具体的金融实践和管理方面，仍存在较大的提升空间。同样，中国在这方面的研究也存在着较大的空白。

培养具备生态环境和金融领域知识的复合型人才，将为未来生物多样性金融的发展提供强大的支持。然而，目前这一领域的人才培养工作还面临诸多挑战，但同时也是未来发展的机遇所在。生物多样性金融国际合作与交流的日益活跃，有助于为后续的能力建设和人才培养工作打下坚实的基础。

9.3.2 中国“生物多样性金融”未来发展

基于以上问题，未来我国发展生物多样性金融需要在生物多样性金融标准、风险管理、投融资机制和国际合作四个方面持续发力，从而为生物多样性保护提供有效支撑。

（1）促进生物多样性金融标准建设与优化。保护生物多样性是减缓和适应气候变化的重要手段。我们需要充分认识到气候变化与生物多样性的相互影响，将生物多样性因素纳入现有的绿色金融标准中，制定更为详尽的生物多样性项目清单，引导金融部门开展与生物多样性相关的投融资活动。这不仅可以减缓和适应气候变化，还能支持对生物多样性的保护。对于与生物多样性相关的信息披露，中国需要加强研究，提出信息披露框架，明确披露要求，并将生物多样性信息披露与现有的环境信息披露相结合。在此基础上，中国应当积极开展国际合作，以促进国内外生物多样性信息披露标准的协调。

（2）强化生物多样性金融风险管理。中国人民银行和金融监管部门应进一步深化对我国生物多样性相关系统性金融风险的研究，并推动金融机构从物理风险和转型风险的角度进行生物多样性风险分析。金融监管机构应运用各种工具和创新方法来分析、量化和监测与生物多样性相关的金融风险。关于生物多样性信息披露，目前全球尚未建立统一的报告框架。中国可以借鉴其他国家的经验，考虑逐步将生物多样性相关内容纳入强制披露要求。同时，遵循“央行与监管机构绿色金融网络”与国际可持续金融政策研究与交流网络（International Network for Sustainable Financial Policy Insights, Research, and Exchange，INSPIRE）“生物多样性和金融稳定性”联合研究组提出的其他建议，例如向金融机构强调核算生物多样性相关影响的重要性等。此外，中国可以根据已有的环境信息披露经验和方法学工具，试点探索生物多样性相关信息披露的可行性。在此基础上，不断完善《金融机构环境信息披露指南》，并进一步要求金融机构提供定性和定量的生物多样性相关信息。

（3）健全生物多样性投融资机制，助力市场繁荣发展。目前，政府部门与智库正共同致力于对生物多样性资金缺口进行详细的统计分析。这一工作旨在清晰界定中国在生物多样性保护方面的投资规模及资金需求，并深入探讨资金流向的具体情况。这将为制定相关政策和市场实践的优化提供有力支持。为推进生物多样性金融的发展，中国的金融机构需要建立共识，依托现行的支持生物多样性项目的政策指导，创新开发针对生物多样性保护的金融产品和多样化的金融工具，以此丰富生物多样性金融市场。同时，公共领域应最大限度地利用现有的生态融资机制，进一步吸引私人资本的参与，共同促进生物多样性的保护和发展。

（4）加强国际合作，共促经验共享与人才培养。全球正面临生物多样性丧失的紧迫挑战，但由于生物多样性的影响范围广泛以及构建生物多样性金融能力的难点的存在，单一国家难以独立解决此问题。因此，中国有必要在联合国等国际平台上加强合作，共同推动形成保护生物多样性的国际共识，并激励金融机构承诺投资于生物多样性保护。同时，鼓励金融机构主动加入生物多样性金融的全球倡议，并支持开展相关的能力建设项目。就如同中国在绿色金融领域的国际合作策略，生物多样性金融的国际合作也应充分利用“一带一路”倡议、中国-东盟合作框架、南南合作等多边机制，推进生物多样性保护项目的实施，汇聚各方力量，促进知识和经验的交流与合作。在民间层面，高等院校、智库和非营利机构可以通过人才交流和对话活动，培育具有跨学科背景的国际化人才，从而为生物多样性金融的持续发展提供支持。

思政专栏

习近平主席谈生物多样性

2020 年 9 月 30 日，新华网报道了习近平主席在联合国生物多样性峰会上的讲话。讲话指出，“当前，全球物种灭绝速度不断加快，生物多样性丧失和生态系统退化对人类生存和发展构成重大风险。新冠肺炎疫情告诉我们，人与自然是命运共同体。我们要同心协力，抓紧行动，在发展中保护，在保护中发展，共建万物和谐的美丽家园”。

“生态兴则文明兴。我们要站在对人类文明负责的高度，尊重自然、顺应自然、保护自然，探索人与自然和谐共生之路，促进经济发展与生态保护协调统一，共建繁荣、清洁、美丽的世界。”

生物多样性既是可持续发展的基础，也是目标和手段。我们要以自然之道，养万物之生，从保护自然中寻找发展机遇，实现生态环境保护和经济高质量发展双赢。

2021 年 10 月 12 日，新华网报道了习近平主席在《生物多样性公约》第十五次缔约方大会领导人峰会上以视频方式发表的主旨讲话，讲话明确指出“万物各得其和以生，各得其养以成”。“生物多样性使地球充满生机，也是人类生存和发展的基础。保护生物多样性有助于维护地球家园，促进人类可持续发展。”

2022 年 12 月 16 日，新华网报道了习近平主席在《生物多样性公约》第十五次缔约方大会第二阶段高级别会议开幕式上发表的致辞，强调要“凝聚生物多样性保护全球共识，共同推动制定‘2020 年后全球生物多样性框架’，为全球生物多样性保护设定目标、明确路径”。“我们要推进生物多样性保护全球进程，将雄心转化为行动，支持发展中国家提升能力，协同应对气候变化、生物多样性丧失等全球性挑战。我们要通过生物多样性保护推动绿色发展，加快推动发展方式和生活方式绿色转型，以全球发展倡议为引领，给各国人民带来更多实惠。我们要维护公平合理的生物多样性保护全球秩序，坚定捍卫真正的多边主义，坚定支持以联合国为核心的国际体系和以国际法为基础的国际秩序，形成保护地球家园的强大合力。”

林业绿色金融实践

顺昌林场与兴业银行的碳汇远期回购协议

2021 年 3 月 16 日，福建省南平市顺昌县国有林场与兴业银行南平分行签订了林业碳汇质押贷款和远期约定回购协议，通过“碳汇贷”综合融资项目，林场获得了兴业银行 2 000 万元的贷款。这是福建省首例以林业碳汇为质押物、全国首例以远期碳汇产品为标的物的约定回购融资项目。

闽北地区森林广袤，蕴藏着丰富的碳汇资源。然而，由于碳汇市场流动性低、波动性大，金融机构尚未将碳汇认定为标准化的质押物，加之市场价格未能充分体现生态产品的价值，所以交易规模相对较小，以林业碳汇为质押物的碳金融产品在福建省内尚属空白。同时，林业碳汇普遍签发周期长，一般为 20～60 年，这与市场的现货交易需求存在期限错配的问题，许多林场的减排量签发时间排到了 2039 年，而市场普遍需要进行现货交易，这导致了远水难解近渴的困境。

2016 年 12 月，南平市顺昌县国有林场成为省级林业碳汇项目试点林场。2020 年 10 月，在兴业银行绿色金融专业的助力下，南平市成为福建省首批绿色金融改革创新试验区之一，以顺昌县为试点基地，积极探索碳金融创新。此次融资项目正是兴业银行在林业碳汇质押融资方面进行的创新，采用了“售碳+远期售碳”的组合模式。这种模式将远期碳汇交易权作为担保方式，并设置了林业碳汇远期约定回购，为顺昌县国有林场的林业碳汇交易权提供了综合质押融资服务，并拓宽了林场的绿色融资渠道。借助银行的融资支持，顺昌县国有林场的10.4万亩林业碳汇项目中尚未出售的碳汇成功转化为经济收益。通过将未来的碳减排收入用于当前绿色投资，林场实现了不砍伐树木也能致富的理想状态。此外，“碳汇贷”这笔融资满足林场的迫切需求，进一步回馈了森林生态，不仅可用于培养大径化木材、提高林分质量，还显著提升了森林的碳汇能力（经测算每年每亩可达 0.25～0.35 吨，同比增加 30%），护美绿水青山。

我国的政府工作报告多次强调，需扎实做好碳达峰碳中和各项工作。碳金融作为国际上运用市场机制减少温室气体排放的创新工具，是实现我国碳达峰碳中和的重要抓手。此次创新推出的林业碳汇组合融资模式，有效激活了碳资产的价值，提升了碳汇市场的流动性，解决了林业碳汇签发周期长、价值实现困难等问题，为推动绿色低碳高质量发展提供了有力支持。

林业绿色金融实践

开化县马金镇花园村的森林碳汇价值质押贷款

2021 年 5 月 13 日，浙江省衢州市开化县农商行向马金镇花园村发放了森林碳汇价值质押贷款 300 万元。这是浙江省首笔森林碳汇价值质押贷款，也是开化县两山投资集团有限公司（简称“两山银行”）自 2020 年 10 月成立以来推出的首个绿色金融产品。

开化县地处钱塘江源头，生态资源丰富，森林覆盖率高达 80.9%。借助此优势，开化县农商行于2021年1月与“两山银行”签订了战略合作协议，在绿色生态建设、绿化产业美化、绿色市场开拓等多个领域开展了全面合作，并向“两山银行”提供了 5 亿元的综合授信额度，专项用于支持绿色金融产业发展。

同时，为进一步激发开化县内绿色资源产业的活力，拓宽“绿水青山”转化为“金山银山”的通道，充分发挥绿色金融的杠杆效应，推动碳达峰碳中和的顺利实现，开化县林业局积极与银行业合作，创新林权贷款模式，与县农村商业银行联合发布了《开化县“零碳相伴”贷款管理办法（试行）》，并推出了名为“零碳相伴”的绿色金融产品。“零碳相伴”贷款主要面向开化县境域内的合法持有林权证和林业资源的国有或国有控股经济组织、村经济合作社等。该贷款是一种新型的林权贷款，能有效助力资源、资本转化。借款人可以以专业机构评估的森林碳汇价值作为质押担保，向银行申请贷款，贷款额度最高可达碳汇评定价值的 20 倍，以及所在森林的林权抵押贷款额度或公益林补偿收益权质押贷款额度的总和。

开化县深化绿色金融改革创新，通过森林碳汇价值质押贷款的方式，预计可以获得 91.6 亿元的森林碳汇红利，真正实现了“资源从农民手中来，资金回到农民手中去”。

探究与思考

1. 简述生物多样性金融倡议存在的原因。
2. 简述生物多样性金融伙伴关系成员的实践案例。
3. 简述国际生物多样性金融产品的创新类型。
4. 简述我国生物多样性金融发展过程中存在的问题，并提出相应的解决方法。

第四篇

绿色金融评价与监管

第 10 章　金融机构绿色信用评价

习近平总书记在党的十九大报告中指出："我国经济已由高速增长阶段转向高质量发展阶段。"高质量发展以"创新、协调、绿色、开放、共享"五大发展理念作为评价标准。而作为经济发展资金来源保障之一的绿色金融，是面向环保、节能和清洁能源等领域的金融服务，对经济发展有着正向促进作用。2021 年 5 月 27 日，为鼓励银行业金融机构积极拓展绿色金融业务，不断加强对高质量发展和绿色低碳发展的金融支持，统筹开展绿色金融评价，中国人民银行印发了《银行业金融机构绿色金融评价方案》，优化绿色金融激励约束机制，从而助力银行业金融机构合规稳健发展。

本章将主要阐述金融机构绿色信用评价的定义，分析比较国内外绿色信用评价现状，着重阐述我国两类银行业金融机构的绿色信用评价方法，最后点明构建金融机构绿色信用评价体系的意义并给出相关建议。

10.1　金融机构绿色信用评价的基本概念

10.1.1　绿色信用评价的定义

随着"双碳"政策的提出，绿色、环保、生态等理念已经成为经济社会发展的重要参考标准，绿色信用评价以其绿色理念的先进性、指引性，绿色标准的市场认可度，绿色指标的代表性等，正逐渐受到认可和接纳。

绿色信用评价是一种评估企业、组织或个人对环境的影响和可持续发展承诺的方法，它充分考虑绿色因素的影响，衡量了一个实体在环保、资源管理、碳排放、社会责任等方面的表现。绿色信用评价的目的是通过信用评级，为在环保和社会责任方面表现良好的个人或实体提供更有利的信贷条件或其他金融激励奖励。

绿色信用评价包含如下四方面。一是绿色信用评级，通过对企业、组织或个人进行评估，给予其一定的信用评级，以表明其在环境可持续发展方面的水平和信誉度。这有助于消费者和投资者在选择产品和投资时作出更明智的决策。二是绿色标识认证，对符合一定环保标准的产品或服务给予绿色标识认证，以便消费者在购买时能够辨识出可信赖的环保产品。这有助于促进绿色消费和可持续发展。三是绿色金融评估，对金融机构和企业进行评估，衡量其在绿色融资、绿色投资和绿色风险管理方面的水平。这有助于推动绿色金融的发展，引导资金流向环保、可持续发展项目。四是绿色供应链管理，评估企业在供应链上的环保表现，并提供改进建议。这有助于企业更好地管理其供应链，从而促进供应链的可持续发展。

10.1.2 绿色信用评价的适用范围

绿色信用评价的适用范围非常广泛，涵盖了企业和组织、产品和服务、金融机构和投资者、城市和地区以及供应链和合作伙伴等多个领域，旨在推动环保和可持续发展。

一是企业和组织：绿色信用评价适用于各类企业和组织，无论是大型跨国企业、中小企业，还是非营利组织、政府机构等，通过对其环境管理、资源利用、碳排放等方面的评估和认证，衡量其环境责任和可持续性绩效。

二是产品和服务：绿色信用评价可以应用于各类产品和服务，包括消费品、工业品、建筑材料、能源产品、交通工具等。通过评估产品的环境性能、节能减排、循环再生等方面，判断其是否符合绿色及可持续性要求。

三是金融机构和投资者：绿色信用评价适用于各类金融机构和投资者，包括商业银行、投资基金、保险公司等。通过评估其对环保和可持续发展的承诺、投资组合的绿色度，引导资金流向可持续发展领域。

四是城市和地区：绿色信用评价可以应用于城市和地区，评估其在环境保护和可持续发展方面的综合表现。通过评估城市的绿地率、碳排放、能源消耗等指标，推动城市的环境改善和可持续城市规划。

五是供应链和合作伙伴：绿色信用评价可以应用于供应链和合作伙伴，以评估其环境管理和可持续性绩效。通过评估供应链的环境风险、产品的环保程度等方面，引导选择和培育符合绿色要求的供应商和合作伙伴。

10.1.3 金融机构绿色信用评价的定义

金融机构绿色信用评价是对金融机构在 ESG 方面的表现进行评估的过程，该评价旨在量化金融机构在可持续和社会责任方面的努力，为投资者、客户和其他利益相关方提供关于其信用状况的更全面的信息。

2021 年 5 月 27 日，中国人民银行印发的《银行业金融机构绿色金融评价方案》指出，绿色金融业务是指银行业金融机构（法人，下同）开展的各项符合绿色金融标准及相关规定的业务，包括但不限于绿色贷款、绿色证券、绿色股权投资、绿色租赁、绿色信托、绿色理财等。绿色金融评价是指中国人民银行及其分支机构对银行业金融机构绿色金融业务开展情况进行综合评价，并依据评价结果对银行业金融机构实行激励约束的制度安排。作为评价银行绿色金融业务的政策性文件，该方案统一了银行业金融机构的绿色金融信用评价标准，为绿色信用评价和绿色金融的发展奠定了良好的制度基础。

10.2　金融机构绿色信用评价方法

10.2.1　绿色信用评价现状

国内外主要针对企业信用评级指标的选取和模型构建问题开展了一系列研究。企业传统信用评级是伴随着资本市场等的兴起与发展而逐步成熟起来的。迄今为止，在全球范围内关于信用评级的学术研究与实务制度方法方面，美国与欧洲的研究相对领先，其中穆迪评级、标准普尔和惠誉国际信用评级有限公司（简称惠誉）三大世界评级公司更是引领了相关研究。而我国的信用评价研究整体起步较晚，目前正在开展积极探索，并已取得了一定进展。

在国外信用评级研究方面，穆迪评级、标准普尔等一般坚持定性和定量分析相结合，穆迪信用评价体系包含资产流动性、负债比率、金融风险以及资本收益方面的内容，标准普尔则主要从产业风险、财务风险、企业规模、内部管理、国际国内经济形势等因素出发进行信用评估。随着环境问题的频发以及可持续发展共识的加强，需要不断提升识别和量化环境风险的能力，绿色信用评级理论和方法方面的研究逐渐受到关注。

联合国环境规划署金融倡议和联合国全球契约携手打造了《负责任投资原则》（Principles for Responsible Investment，PRI），目前签署了 2 000 多家国际领先的金融机构，遍布 60 多个国家，管理着逾 80 万亿美元的资产。它与全球签署方共同合作，贯彻执行负责任投资六项原则，支持签署方将 ESG 问题纳入投资和所有权决策，致力于在信用评估中加强对 ESG 因素考量的系统性和透明度。联合国负责任投资原则组织、信用评级机构及投资者就此开展了一些有效研究和探索，开始尝试在投资过程中融入 ESG 因素。但这一实践尚处于初期阶段，以建议性为主，更多的是将 ESG 因素纳入投资流程，而很少会根据 ESG 数据调整其模型。这一过程通常由 ESG 分析师执行，然后与信用分析师共享结果，以提示“危险信号”。在投资分析中，多数机构依赖公开可用的信息以及专有指标，但在选择因素和权重时仍存在一定的主观性，这导致 ESG 分析尚未系统地整合到信用风险评估中。评级机构传统上已经将 ESG 因素中的公司治理因素纳入信用评级，但将社会和环境因素系统地整合到其信用评级分析中还需进一步明确和深入研究。国际机构如穆迪评级、标准普尔等正在探索创建额外的 ESG 分数，其近期研究重点主要集中在气候变化和绿色评估方面。而中国则通常从绿色债券的角度考虑 ESG。

10.2.2　我国主要银行业金融机构绿色信用评价方法

2021 年 5 月 27 日，中国人民银行印发了《银行业金融机构绿色金融评价方案》，由中国人民银行负责 24 家主要银行业金融机构绿色金融评价工作。该方案明确指出，绿色金融评价指标包含定量和定性两类。其中，定量指标权重 80%，定性指标权重 20%。中国人民银行将根据绿色金融发展的需要，适时调整评价指标及权重。

绿色金融评价定量指标包括绿色金融业务总额占比、绿色金融业务总额份额占比、绿色金融业务总额同比增速、绿色金融业务风险总额占比 4 项，具体评分基准如表 10.1

所示。绿色金融评价定性得分由中国人民银行结合银行业金融机构日常管理、风险控制等情况，并根据定性指标体系确定（表 10.2）。

表 10.1　绿色金融评价定量指标及评分基准

指标	评分基准	权重/%
绿色金融业务总额占比（25%）	纵向：最近三期（指季度，下同）该银行业金融机构绿色金融业务总额占比平均值	10
	横向：当期全部参评银行业金融机构绿色金融业务总额占比平均值	15
绿色金融业务总额份额占比（25%）	纵向：最近三期该银行业金融机构绿色金融业务总额份额占比平均值	10
	横向：当期全部参评银行业金融机构绿色金融业务总额份额占比平均值	15
绿色金融业务总额同比增速（25%）	纵向：最近三期该银行业金融机构绿色金融业务总额同比增速平均值	10
	横向：当期全部参评银行业金融机构绿色金融业务总额同比增速平均值	15
绿色金融业务风险总额占比（25%）	纵向：最近三期该银行业金融机构绿色金融业务风险总额占比平均值	10
	横向：当期全部参评银行业金融机构绿色金融业务风险总额占比平均值	15

表 10.2　绿色金融评价定性指标体系、说明和评分规则

指标类别及权重	指标内涵	满分	评分规则
监管部门外部评价（100%）	执行国家及地方绿色金融政策情况	30	综合考虑银行业金融机构绿色金融政策落实情况评定得分
	机构绿色金融制度制定及实施情况	40	参考绿色债务融资工具投资者公示等结果，综合考虑银行业金融机构绿色金融发展战略和规划、治理、气候和环境风险压力测试信息披露、气候和环境风险管控、贷款审批、绩效考核、绿色债券发行与承销情况、产品服务创新、金融科技创新、非绿色金融业务或棕色资产情况、其他绿色金融相关制度的制定、实施、更新等情况评定得分
	金融支持绿色产业发展情况	30	综合考虑银行业金融机构支持境内外绿色产业、项目发展的资金规模、利率、投向、审批程序、尽职调查、放款计划、贷后管理、台账管理等情况评定得分

10.2.3　我国区域中小银行绿色信用评价方法

商业银行作为从事绿色信贷业务的主体，其内部绿色信用评价体系是绿色信贷业务的核心竞争力所在，为控制绿色信贷信用风险，大型银行已逐步建立起内部绿色信用评价体系。然而，作为绿色信贷重要参与者的区域银行受自身体制和规模所限，在绿色信用评价方面起步较晚，亟须搭建符合自身特点的内部绿色信用评价体系。

1. 区域银行建立绿色信用评级体系的制约因素

中小银行往往具有较强的地域性，至今尚未建立绿色信用评级体系主要受三个方面因素制约。

（1）绿色信贷业务的特殊性。2014 年，在银监会颁布的《绿色信贷实施情况关键评价指标》中，基于绿色低碳经济、环境与社会风险管理和自身环境与表现三个方面，从组织管理、政策制度、流程管理、内控制度与信息披露以及监督检查等多维度设立了 82 个定性指标、17 个定量指标，共计 99 个总体指标。而 2018 年、2020 年和 2021 年有关绿色银行和绿色信贷的评价方法与方案的政策相继颁布，重构了定性指标，升级了定量指标，拓展了考核评价的范围，并提升了评价的效能，这表明金融监管当局对商业银行开展绿色信贷业务的要求进一步提升。此外，除了对商业银行的评价方案外，银行也要对实施绿色信贷的对象，即目标企业进行绿色评估。总体来讲，相较于传统信贷业务，绿色信贷业务对银行的综合能力提出的要求更高。

（2）研究和系统开发人才不足。相对于一般贷款，商业银行在绿色信贷投放中的人才成本更大，例如增加环境风险审核成本、环境与金融交叉的人员培养成本、将部分贷款转移至绿色产业的机会成本等。国有大型银行和股份制银行的分支机构覆盖面较广，研究团队和系统开发团队人员配备充足，这可以为其提供较强的研究支撑和系统支持。然而，中小银行地域性较强，分支机构数量较少，研究方面的编制人数有限，这无法为研究团队和系统开发团队配备充足和合格的人员。

（3）市场化激励机制程度较低。处于发达地区的大型银行，尤其是股份制银行，由于组织架构和激励机制等顶层设计较为科学，市场化程度较高，能够吸引专业能力和素质较强的人才。然而，受限于内部考核政策和统一风险管理的要求，区域银行在架构方面无法达到大型银行的科学高效。同时，由于区域差异和机制限制，区域银行在人才引进政策和激励机制方面往往很难做到较高的市场化，这导致专业能力和素质较强的人才难以被招聘和使用。

2. 区域中小银行搭建绿色信用评价体系的步骤

由于每家中小银行的考核方式和绿色信贷业务的利润贡献度不同，其在资金、人力方面可以支持绿色信用评价体系建设的力度不尽相同。然而，各中小银行都应在有限的资金和人力支持条件下努力做好绿色信用风险防范。一般来讲，中小银行搭建绿色信用评价体系主要有以下三个步骤。

（1）建立内部绿色信用评级符号体系。内部评级符号应具有较高的区分度及明确的含义，至少应区分出绿色行业和绿色企业两大类，并在这两大类下使用细分的评级符号来进行相对排序。其中，绿色行业的评级符号可以尽量细化，以满足绿色信贷对不同行业主体进行比较的需求。对于评级符号的细分程度，应根据各家区域银行绿色信贷业务的规模和风险偏好来确定。

（2）确定内部评级符号与投资映射之间的关系。在制定内部评级符号后，区域银行就可以结合自身绿色信贷业务的风险偏好，建立评级符号与投资之间的映射关系，确定每个评级符号对应的投资限额和期限要求。这一步骤非常重要，需要信评团队与业务团队深入沟通后共同作出决策，以内部规章的形式固定下来，以确保投资限额和期限要求能够满足未来一段时间绿色信贷业务发展的需要。一方面，要避免设置的标准过于严苛，否则将限制绿色信贷业务发展；另一方面，也要避免其过于宽泛，否则无法达到绿色风险防控和集中度限制的要求。

（3）开发绿色信用评价模型。区域银行搭建绿色信用评价体系最核心且难度最高的步骤是绿色信用评价模型开发。完整的绿色信用评价模型主要包括定量和定性两方面。定量方面包括六大绿色产业的企业绿色精准识别、绿色程度评价模型、环境效益测算模型、环境和气候风险分析模型、环境和气候风险定价模型、环境和气候风险压力测试模型等；定性方面主要是依赖于绿色信用评价专家团队的经验判断，总结出各行业的绿色定性评价模型。对于模型开发，现在市场上有专门做绿色信用评价的第三方咨询公司，这些公司可以提供个性化的模型开发服务。如果区域银行自身没有专门的模型开发人才，那么可以根据自身绿色业务的实际需要，针对绿色信贷的重点行业或产品，聘请第三方咨询公司开发定量评价模型。这一过程需要银行信评团队全程参与，由其向第三方咨询公司提出特定行业和产品的评价指标与相应权重，利用第三方咨询公司的系统对历史数据进行回测，使得综合指标及权重运算出的模型分数呈现正态分布。最后，区域银行再根据自身的风险偏好，将模型得分与内部评级符号进行对应，形成映射表。

3. 区域中小银行内部绿色信用评价体系的运用和维护

绿色信用评价体系基本建立后，需要对这一体系进行充分的运用和维护。其中，贷后监测体系和风险处置机制是内部绿色信用评价体系运用和维护过程中最重要的两个部分。

（1）贷后监测体系主要包含定期报告分析和风险舆情监测两方面。定期报告分析一般集中在企业年度环境信息披露报告和ESG报告后的1～2个月进行，主要是对入库信贷主体的最新环境和气候相关绿色数据进行跟踪分析，工作量相对较大。如果信用评价模型足够强大、有效，则可以将最新的绿色数据导入模型，利用模型初步识别出有异常变化的企业，再辅以信评团队的定性分析，便可以在很大程度上减少定期报告分析的工作量，并提高贷后监测分析效率。在风险舆情监测方面，目前，一些大型银行甚至专门开发了绿色舆情监测系统，市场上也有专门提供绿色风险舆情监测服务的系统工具，区域银行可以根据其绿色信贷业务的实际情况选择方便、习惯的监测系统即可。一般来说，信评人员只需要在系统上做好入库绿色信贷主体的维护，便可每日适时收到与这些主体相关的舆情推送。实际上，对舆情数据进行筛选和分析判断才是风险舆情监测工作的关键环节。如何准确分析判断并划分舆情等级，提前识别出绿色信用风险，对信评人员的专业能力、实践经验和对绿色风险的敏感度有着较高的要求。

（2）风险处置机制是绿色信用评价体系中最重要的价值体现。如果没有有效的风险处置机制，即便绿色信用评价体系再强大，最终也可能无法控制好绿色信用风险。风险处置机制主要包括绿色风险主体的识别预警和违约绿色信贷处置机制两方面。绿色风险主体的识别预警要与贷后监测体系紧密结合。银行在贷后监测过程中通过信评团队将有潜在绿色信用风险的企业识别出来，及时对其内部评级进行调整，并发出预警。信评团队能提前准确地做出风险预警，是其称职的重要体现。在信评团队做出风险预警后，应对措施也很关键。因此，信评团队不能仅作为一个技术部门提出建议，而是应提高信评团队在整个绿色风险预警和应对过程中参与决策的地位。关于违约绿色信贷处置机制，银行可以根据绿色项目的风险程度进行分类管理。对于绿色风险较大的项目，应要求建设单位乃至重要的第三方如承包商、供应商、监理商等，建立和实施针对绿色影响的管理制度和行动计划、与当地社区和社会公众的沟通制度以及监测、评估和报告（公告）制度，同时通过独立的第三方对其绿色风险控制的机制、能力、结果进行监督和评估。对于绿色风险较小的项目，银行对建设单位的绿色风险控制给予适当关注。

10.2.4　国际绿色信用评价

在绿色信用评价方法论建设层面，一些评级公司在前期已经进行了探索。国际三大信用评级机构（穆迪评级、惠誉、标准普尔）作为代表，已经将绿色信用评级从方法论建设发展到实践应用中。2019 年以来，国际三大信用评级机构，标准普尔、穆迪评级和惠誉均陆续开始将 ESG 因素纳入信用评级框架中，如表 10.3 所示。国际信用评级机构采用的是逐步将 ESG 因素纳入自身信用评级的方式，对其原有评级方法等进行补充，这不仅有利于提升评级模型等信用水平的敏感程度，也使得信用评级的内容更为透明。以下分别简要介绍国际三大信用评级机构的绿色信用评级模式。

表 10.3　国际三大信用评级机构的绿色信用评级模式

评级机构名称	发布时间	文件名称
穆迪评级	2021 年 6 月	《评估环境、社会和治理风险方法的一般原则》（General Principles for Assessing Environmental, Social and Governance Risks）
惠誉	2021 年 7 月	《2021 年环境、社会与治理（ESG）信用趋势白皮书》（ESG in Credit White Paper 2021）
标准普尔	2022 年 3 月	《信用评级中的环境、社会和治理原则》（Environmental Social and Governance Principles in Credit Ratings）

1. 穆迪评级的绿色信用评级

穆迪评级的 ESG 评估方法讨论了对所有发行人与交易造成实质性信用质量影响的 ESG 风险因素，并将其进行分类。穆迪评级还设计了 ESG 发行人概况得分（issuer profile score，IPS）和 ESG 信用影响分数（credit impact score，CIS），如图 10.1 所示。前者反映发行人或交易面临的 ESG 风险敞口，可以作为评级的输入因素；后者则反映 ESG 风险因素对发行人或交易的评级造成的影响，是评估过程的输出结果。ESG 风险因素可以通过多种形式纳入信用评级中。穆迪评级考虑了 ESG 风险如何影响记分卡或模型中的定性与定量要素；当对 ESG 因素的发展变化有充分的预见性时，穆迪评级也会选择将其纳入预期或情景分析中。穆迪评级在评估 ESG 风险时，对各类风险进行了进一步分类。穆迪评级将环境风险分为环保规定与政策倡议、环境灾害两大类，前者又细分为有可见即时影响的监管风险以及长期但不明确的监管倡议。穆迪评级当前认为对发行人信用质量有实质性影响的环境风险因素包括低碳转型、气候风险、水资源管理、固体废弃物与危险废弃物处理以及自然资源等五大类。

1）穆迪评级 ESG IPS

ESG IPS 反映的是发行人对 ESG 风险的敞口，包括风险可能带来的收益以及相关的风险缓冲措施。IPS 无法反映发行人整体的信用实力，所以不与信用评级等级直接相关。其中，发行人或交易的环境与社会的风险敞口与其活动构成、经济基础或标的资产有关，环境发行人概况得分（environmental-issuer profile score，E-IPS）与社会发行人概况得分（social-issuer profile score，S-IPS）一般会包括与特定风险敞口相关的缓冲或强化措施。治理发行人概况得分（governance-issuer profile score，G-IPS）主要关注信用相关的治理要素及其对信用状况的影响程度以及相关的缓冲措施。

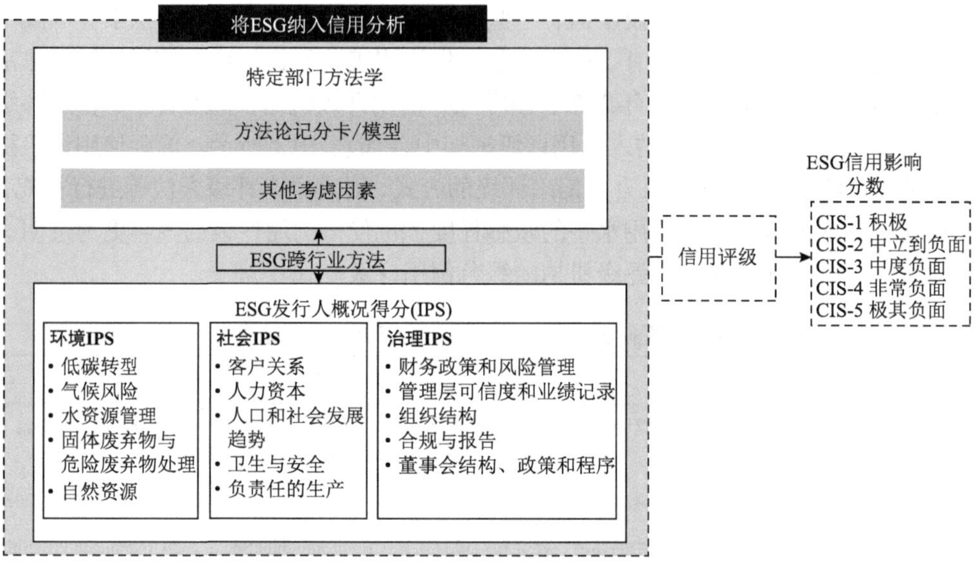

图 10.1　穆迪评级 ESG 纳入信用分析的方法

ESG IPS 共分为 5 档，从 E-1、S-1、G-1 到 E-5、S-5、G-5，每档得分所代表的含义见表 10.4。IPS 的分档并非完全对称，这反映出穆迪评级认为 ESG 问题带来的更多是风险而非收益，尤其是环境与社会问题。

表 10.4　ESG IPS 定义

ESG IPS	分类	定义
E-1、S-1、G-1	积极	ESG 风险敞口为发行人带来实质的信用增益
E-2、S-2、G-2	中立到负面	ESG 风险敞口对发行人的信用质量无实质影响
E-3、S-3、G-3	中度负面	ESG 风险敞口为发行人带来中度负面的信用风险
E-4、S-4、G-4	非常负面	ESG 风险敞口为发行人带来非常负面的信用风险
E-5、S-5、G-5	极其负面	ESG 风险敞口为发行人带来极其负面的信用风险

2）穆迪评级 ESG CIS

ESG CIS 是评级过程的输出结果，可以更清晰地反映 ESG 风险要素对发行人或交易信用评级的影响程度。CIS 反映了发行人当前评级与无 ESG 风险敞口情况下的评级之间的差异程度。

穆迪评级在评估 CIS 时，也会考虑对评级有影响的 ESG 风险敞口，包括相关的 IPS 和更广泛的 ESG 因素（表 10.5）。CIS 与 IPS 之间存在一定的关联，如果 ESG 风险敞口较小，ESG 对评级的影响也相应有限。一般来说，CIS-1 的发行人或交易在一定程度上受益于 ESG，可能会有至少一个 E-1、S-1、G-1。但是 CIS 与 IPS 之间并不存在确定的关系，要视发行人或交易的具体情况而定。CIS 的评估也完全是定性的，与发行人或交易的最终信用级别存在无确定的对应关系。

表 10.5 ESG CIS 定义

ESG CIS	分类	定义
CIS-1	积极	ESG 风险要素为评级带来积极影响
CIS-2	中立到负面	ESG 风险要素对评级造成中立或负面影响如 ESG 风险要素对评级无实质性影响
CIS-3	中度负面	ESG 风险要素对当前评级的影响有限，但是随时间变化有可能对评级造成负面影响
CIS-4	非常负面	ESG 风险要素对当前评级造成非常负面的影响
CIS-5	极其负面	ESG 风险要素对当前评级造成极其负面的影响

2. 惠誉的绿色信用评级

惠誉是世界上第一家使用系统化方法来衡量 ESG 因素与个体信用风险相关性的信用评级机构。ESG 相关性评分于 2019 年被推出，是惠誉的一项研究产品，旨在提高市场透明度的同时，满足投资者对全面了解 ESG 因素如何影响信用风险的需求。惠誉在制定相关性评分前，耗费数月收集了一系列市场利益相关者对信用评级机构的看法和意见，例如，在行业和板块层面如何公开披露 ESG 要素，ESG 要素如何影响发行人信用评级的描述方式，如何识别系统性的 ESG 风险。

1）惠誉信用评级体系中关于 ESG 关联性的统计口径与计量方法

惠誉的 ESG 相关性评分由负责发行人信用评级的分析师进行打分，该评分揭示了 ESG 风险要素与信用评级要素的相关性和重要性。ESG 中每个单独的“E”“S”“G”相关性分数都是 1～5，分数 5 意味着这个 ESG 要素对最终信用评级有着直接的影响，由此递减，如果得分为 1，则意味着该因素对最终评级几乎没有影响。需要注意的是，该得分并不会对 ESG 风险的绝对值量化，“5”并不意味着比“1”的 ESG 风险高，该得分仅代表 ESG 风险和信用风险之间的相关性，如表 10.6 所示。

表 10.6 惠誉 ESG 风险相关度评分

相关度评分	定义	评级驱动因素类型
5	高度相关，对具体评级施加重大影响的关键实体、交易或项目评级驱动因素	ESG 关键评级驱动因素
4	与实体交易或项目评级相关；非关键评级驱动因素，但与其他因素一起对评级施加影响	ESG 评级驱动因素
3	与评级的相关性最低，或者对评级的影响非常小，或者其对实体、交易或项目评级的影响被大幅冲减	ESG 潜在评级驱动因素

续表

相关度评分	定义	评级驱动因素类型
2	与实体、交易或项目评级无关；但与行业相关	不是 ESG 评级驱动因素
1	与实体、交易或项目评级无关；且与行业无关	

2）惠誉 ESG 相关性评分在评级结果中的应用

惠誉提到，将 ESG 纳入信用分析的其中一个障碍是 ESG 数据的可用性。ESG 信息可以通过公司网站、相关非政府组织、跨政府组织、ESG 数据供应商获取，但这些数据往往存在着不完整性和不可比性等问题，这导致无法完美地对 ESG 信息进行量化，从而进行对比。

惠誉的信用评级体系中提到，ESG 评分只是一个观察性的分数，它着重观察 ESG 元素对最终信用评级的影响程度。因此，根据其定义，ESG 评分并不以参数的形式参与信用评级模型，进而不会对最终信用评级产生量化影响。

3. 标准普尔的绿色信用评级

标准普尔披露的其中一份文件《信用评级中的环境、社会和治理原则》描述了其对于企业 ESG 要素的处理原则。该文件指出标准普尔对于 ESG 的理解，以及其评级方法体系中哪些环节涉及了 ESG 要素的影响。标准普尔在原则中强调，一家公司的信用质量好不代表其 ESG 评价高，同样，一家 ESG 评价高的公司也不代表其信用质量好。标准普尔并未将评判权重向 ESG 要素倾斜，而是只把其当作众多评级要素中的一部分。

标准普尔认为，不是所有的 ESG 要素都会影响到企业的信用质量，标准普尔会把可能对企业的信用质量产生影响的 ESG 要素都纳入信用评级分析体系中。

在环境要素方面，标准普尔指出如气候转型风险（碳排放税）、自然资源、污染水平等要素会影响企业的营业收入、经营成本、盈利能力与流动性。这些因素可能对企业的信用产生负面或正面影响，具体取决于它们代表风险还是机会。

在 ESG 要素如何对企业信用产生影响方面，标准普尔给出了五条原则，并且对 ESG 要素可能会影响到的信用评价环节进行标注。五条原则分别是：第一，长期发行人信用评级不预先确定时间范围；第二，ESG 信用因素对信用度当前和潜在未来影响可能因行业、地域和实体而异；第三，ESG 信用因素的方向和可见性可能不确定，并且会迅速变化；第四，ESG 信用因素的影响可能会随着时间的推移而发生变化，这反映在动态信用评级中；第五，良好的信誉不一定与较好的 ESG 特征相关，反之亦然。

10.3 构建金融机构绿色信用评价体系的意义与建议

10.3.1 构建金融机构绿色信用评价体系的意义

1. 支持绿色金融发展，铺就绿色发展之路

构建和完善绿色金融体系、创造良好的政策和制度环境是绿色金融健康发展的前

提。构建金融机构绿色信用评价体系，并统筹开展绿色金融评价，将有利于银行业金融机构积极扩展绿色金融业务，促进绿色资金的有效汇集，加强政企联动，从而撬动并引导更多社会资本投向绿色产业和绿色项目，不断加强对高质量发展和绿色低碳发展的金融支持。同时，通过环境信息公开，加强对“两高一剩”产业的管制与监督，促进产业整合及高污染、高能耗产业的经济转型，以促进我国产业结构的绿色化发展，提升金融助力“碳达峰碳中和”质效，发挥“绿色指挥棒”作用。

2. 完善社会信用评价体系，增强社会信用评价体系的透明度

社会信用体系又名国家信用管理体系，是以相对完善的法律法规体系为基础，以建立和完善信用信息共享机制为核心，以信用服务市场的培育为动力，以信用服务行业主体竞争力的提高为支撑，以政府强有力的监管体系为保障的国家社会治理机制。金融机构绿色信用评价体系的构建是对社会信用体系的完善和发展，不仅对金融机构和企业具有指导意义，也为公众参与和监督提供了依据和标准。公众可以通过了解企业的绿色信用状况，对企业和金融机构的环保和社会责任表现进行评价和监督，进而促使它们更加重视环保和社会责任。这一举措有助于提升社会信用评价体系的透明度和公正性。

3. 方便监管和企业自律，增强金融体系的稳定性

首先，绿色信用评价体系要求金融机构按照一定的标准和规范披露其在绿色金融方面的相关信息，绿色信用评价的认证和评级机制能够引导并促使企业建立环境信任和良好声誉，从而提升企业的市场竞争力，吸引更多消费者、投资者和合作伙伴的青睐，扩大绿色供给，推动企业的可持续发展。其次，绿色信用评价为消费者和投资者提供了更多关于产品和企业环境影响的信息，投资者可以通过公开的绿色金融相关信息更加准确地判断金融机构的风险和收益情况，这使他们做出更加明智的投资决策，同时也增强了公众的监管力度，推动市场需求朝着绿色方向发展。最后，绿色信用评价体系为监管部门提供了一个有效的监管工具。通过对金融机构的绿色信用进行评价和监督，监管部门可以更加及时地发现和纠正金融机构在环保和社会责任方面的问题。总而言之，构建金融机构绿色信用评价体系，在引导增加绿色供给和绿色需求的同时，也方便政府和公众进行监管，促进企业自律。金融机构可以持续监测这一过程，及时发现潜在的环境风险和问题，并采取相应的措施进行预警和防范，从而实现风险的分散和降低，有助于增强金融系统的整体稳定性。

10.3.2　构建金融机构绿色信用评价体系的建议

1. 完善评价体系，扩大评价范围

目前，金融机构绿色信用评价体系仍在起步阶段，应在政策层面支持和引导金融机构逐步建立适用范围更广、统一可比的绿色信用评级标准，为绿色信用评级结果创造更多的应用场景。采取专家评价和抽样调查相结合的方式，定期对绿色信用评价制度开展第三方成效评估，合理确定绿色信用评价制度边界及政策供给，提高评级结果的可信度。国家可以根据不同金融企业及机构的特点，不断深化完善绿色信用评价制度，各省可以根

据区域环境管理特点和工作需要，在全国绿色信用评价标准的基础上，制定严于全国绿色信用评价标准的省级标准，动态完善环保信用评价标准。同时，针对国内绿色信用评级的发展现状，可适当参照国际三大信用评级机构的做法，借鉴具有代表性和广泛认可度的ESG评价体系，将ESG引入信用评级，根据场景差异进行ESG因素影响的区别分析。

2. 加强信息披露，强化风险管控

目前虽然有政策对一定范围的绿色金融信息披露有要求，但其适用范围不广，层次不够多元化，影响力不够强，要逐步建立和完善有针对性的和强制性的信息披露制度。对于不同类别的企业或产品，研究制定并严格执行针对其运行情况有明确指向性的具体信息披露要求。同时，积极培育第三方专业机构提供信息披露服务的能力，鼓励第三方专业机构参与采集、研究和发布环境信息与分析报告。

另外，近年来，绿色风险舆情监测在提前识别绿色信用风险方面发挥了很大的作用，在绿色信用评价体系中显得尤为重要，一些大型银行甚至专门开发了绿色舆情监测系统。可以借鉴相关系统，完善开发相关风险舆情监测系统，对舆情数据进行筛选和分析判断，把握住风险监测工作的关键环节。通过分析判断来划分舆情等级，提前识别出绿色信用风险，并据此制定更具时效性、针对性的应对措施。

3. 健全监管模式，推动奖惩机制

由于周期性特征，制度建立往往滞后于现实需要。在绿色监管从传统模式转变为以信用为基础的新型监管模式过程中，发挥分级分类监管、联合奖惩等管制手段是基础，但需要承担较高的行政成本。而基于市场权衡的经济手段，由于运行成本较低、多主体参与和注重动态演变等特征，愈加受到关注。随着以法规为典型形式的绿色信用制度体系不断完备，提升绿色全要素生产率的方向应该由政府建规立制转变为发挥纳什议价和瓦尔拉斯拍卖等价格机制的作用，通过市场手段进一步降低交易成本，推动组织试验，进而提高分工效率。完善市场化运作流程，以更好地适应整个市场的需求，保障市场稳定发展。同时，健全联合奖惩机制，对绿色信用严重失信名单和激励名单的认定标准、退出准则、运用规则进行更好的权衡。此外，更规范地设计绿色信用激励场景，合理设置激励对象和手段，积极引导市场向良性方向运作。

4. 加大宣传力度，助推绿色金融

相关部门应加大宣传力度，通过各种渠道和形式，深入细致地做好政策宣传解读工作，使各单位充分理解并积极配合环保信用评价工作。树立先进典型，及时总结并推广经验做法，组织新闻媒体广泛深入报道，营造推进环保信用评价的良好社会氛围。加强统筹协调、业务指导和跟踪督促，推动环保信用评价工作有力、有序、有效开展，确保各项措施落到实处。同时，要健全绿色信用保障机制。加强人才、资金、政策保障，建立基层干部信用业务常态化学习培训机制。加强社会诚信宣传，强化针对失信行为的惩罚机制及制度环境建设，着力提升整个市场主体的规则意识、法治意识和诚信意识，促进整个绿色金融市场稳中向好发展。

思政专栏

习近平总书记谈信用监管

党中央、国务院高度重视社会信用体系建设。党的十八大以来，习近平总书记多次明确指出，社会主义市场经济是信用经济、法治经济，要完善社会信用体系，推动信用信息公开和共享，健全守信联合激励和失信联合惩戒机制。

2016 年 4 月 18 日，新华网报道了习近平总书记主持召开的中央全面深化改革领导小组第二十三次会议。会议强调，建立和完善守信联合激励和失信联合惩戒制度，加快推进社会诚信建设，要充分运用信用激励和约束手段，建立跨地区、跨部门、跨领域联合激励与惩戒机制，推动信用信息公开和共享，着力解决当前危害公共利益和公共安全、人民群众反映强烈、对经济社会发展造成重大负面影响的重点领域失信问题，加大对诚实守信主体激励和对严重失信主体惩戒力度，形成褒扬诚信、惩戒失信的制度机制和社会风尚。

2016 年 6 月 27 日，新华网报道了习近平总书记主持召开的中央全面深化改革领导小组第二十五次会议。会议指出，构建“一处失信、处处受限”的信用惩戒大格局，让失信者寸步难行。

2017 年 10 月 27 日，新华网报道了习近平总书记在中国共产党第十九次全国代表大会上的报告。报告指出，推进诚信建设和志愿服务制度化，强化社会责任意识、规则意识、奉献意识。推进诚信建设，要不断采取各类措施推进社会信用体系建设。而加快推进信用立法、完善信用法律法规体系作为社会信用体系建设的基础工程，具有重大且深远的意义。

2020 年 9 月 9 日，新华网报道了习近平总书记主持召开的中央财经委员会第八次会议。会议强调，要完善社会信用体系，加快建设重要产品追溯体系，建立健全以信用为基础的新型监管机制。

2022 年 4 月 10 日，《中共中央 国务院关于加快建设全国统一大市场的意见》发布，其中在“强化市场基础制度规则统一”中专设一条强调“健全统一的社会信用制度。编制出台全国公共信用信息基础目录，完善信用信息标准，建立公共信用信息同金融信息共享整合机制，形成覆盖全部信用主体、所有信用信息类别、全国所有区域的信用信息网络”。

探究与思考

1. 简述绿色信用评价的定义及适用范围。
2. 简述我国主要银行业金融机构绿色信用评价方法。
3. 简述我国区域银行建立绿色信用评级体系的制约因素。
4. 简述国际三大信用评级机构的绿色信用评级方法。
5. 简述构建金融机构绿色信用评价体系的意义，并提出建议。

第 11 章　绿色债券评估认证

为全面贯彻《中共中央 国务院关于加快推进生态文明建设的意见》《生态文明体制改革总体方案》的精神，绿色金融适应业务发展的需要和符合相关监管规定，需要规范绿色债券评估认证行为，提高绿色债券评估认证质量，从而促进绿色债券市场健康、稳定地发展，以更好地服务实体经济的绿色发展。

本章将主要阐述绿色债券评估认证的定义和分类、绿色债券的评估标准以及绿色债券的评估方法，分析并对比不同的评估标准与评估方法，探究并思考目前国内外绿色债券评估方法的局限性。

11.1　绿色债券评估认证的定义和分类

11.1.1　绿色债券评估认证的定义

绿色债券评估认证是指评估认证机构对债券是否符合绿色债券的相关要求，实施评估、审查或认证程序，发表评估、审查或认证结论，并出具报告的过程和行为。

国际绿色债券始于 2007 年欧洲投资银行发行的气候意识债券。在经历初始发展阶段后，绿色债券于 2013 年开始出现爆发式增长，绿色债券发行人、发行品种和投资者类型逐渐多样化，影响范围也从欧洲向全球各地尤其是发展中国家扩张。

中国绿色债券起步较晚，但发展迅速。2015 年，中国农业银行在伦敦证券交易所发行了中国首支海外绿色金融债，这一举措对国内绿色债券市场的发展起到了很好的示范作用。2016 年 1 月，兴业银行、浦发银行分别获准发行不超过 500 亿元人民币额度的绿色金融债，12 月中国进出口银行和中国农业发展银行成功发行了绿色金融债，这标志着政策性银行开始大规模进入绿色债券发行领域。

依照绿色债券的定义，只有募集资金必须支持符合条件的绿色产业项目时，该债券才能被认定为绿色债券，所以绿色债券实质上是按融资用途来界定的。国际通行做法是发行人聘请独立的评估认证机构对募集资金的使用和管理、绿色项目的筛选、环境效益目标、绿色项目类别等关键要素进行核实，这些机构独立、公正地对绿色债券的发行是否真的符合标准给出结论，从而增强信息披露的透明性，并提高绿色债券的公信力。

绿色债券评估认证主要包括两方面的认证内容。

第一，绿色项目的甄别和认证。绿色项目的甄别和认证，解决的是绿色债券“锚”的问题，依据的标准是国内外具有广泛共识度的绿色项目界定标准。经过多年的发展和探索，目前国际上对绿色债券的核心机制已基本达成共识。2014 年，由绿色债券发行人、投资机构和承销商组成的绿色债券原则执行委员会（Green Bond Principles Executive Committee，GBPEC）与国际资本市场协会合作推出了 GBP，并于 2015 年 3 月进行了修订，该原则是目前国际市场广泛参考的绿色债券操作指南。绿色债券运行报告显示，截至 2015 年末，超过 103 个绿色债券发行人、承销商和投资者成为会员，以及超过 54 个其他机构共同遵守这一自愿性指导原则。在 GBP 原则的基础上，气候债券倡议组织开发了与 GBP 互补的标准——《气候债券标准》（Climate Bond Standard，CBS），对 GBP 在低碳领域的项目标准进行了细化，并补充了第三方认证等具体的实施指导方针。GBP 与 CBS 两项标准交叉援引、互为补充，一起构成了国际绿色债券市场执行标准的基础。由于发展阶段的不同，国际上的绿色项目归类更聚焦于对应对气候变化有显著效益的项目。2015 年 12 月 22 日，中国人民银行发布了《关于在银行间债券市场发行绿色金融债券有关事宜公告》。该公告涵盖了中国金融学会绿色金融专业委员会发布的《绿色债券支持项目目录》，该目录从环境保护、资源节约、生态保护以及适应气候变化等多维度界定了绿色项目，更贴合中国当前国情的发展需求。12 月 31 日，国家发展改革委办公厅发布了《绿色债券发行指引》，该指引规定了绿色项目的范畴，鼓励企业债发行主体采取一系列优惠措施，进一步推动绿色债券市场的发展。

第二，发行人相关管理体系、制度的完善与合规评估认证。由于现实中的绿色项目千差万别，各国项目管理的要求差异又很大，加之绿色本身就是一个定性容易、定量难的概念，不同项目间很难直接进行量化比较，所以发行人相关管理体系、制度的完善与合规性评估认证环节体现更多的是国别特色。

目前，中国主要依据中国人民银行的公告、国家发展改革委的发行指引，以及上海证券交易所和深圳证券交易所发布的关于开展绿色公司债券试点的通知等政策文件，对绿色债券的发行进行规范。按照《合格评定 对提供管理体系审核和认证的机构的要求》（ISO/IEC 17021-1:2015）、《管理体系审核指南》（GB/T 19011—2021）的第三方认证程序，对发行人的资格条件、管理体系和管理制度的合规性进行认证，以监督发行人建立完善的管理体系。从制度上保障绿色债券发行及存续期内募集资金专户管理、及时透明的信息披露等绿色债券监管原则的实施。

11.1.2　绿色债券评估认证的分类

目前，国际上绿色债券评估认证大致可以分为三种形式。

1. 第二意见或第二方审查

第二意见通常由外部专家为债券的绿色特征提供意见，旨在帮助发行人确认其已达到适当的绿色标准。第二意见包括发行前认证和发行后认证。发行前认证一般需要认证机构在债券发行前较早介入，以帮助发行人完善、评估其绿色债券发行制度和管理框架。发行后认证主要是对发行前认证的后续跟踪，认证机构通过发行后认证追踪募集资金的实际使用情况，查看符合条件项目的募集资金分配情况，并核实其是否和最初的使用计划相一致。同时，认证机构会在发行后认证中报告一些关键的绩效指标，这些指标可以衡量项目产生的环境效益。

作为目前国际上应用比较广泛的一种认证形式，第二意见对改善发行人信息披露具有重要意义，可以提高投资者对发行人声明和承诺的信任程度，同时确保投资者最关注的信息能够恰当、及时地披露。但第二意见自身也存在一定的局限性。首先，对于投资者来说，交易成本相对较高，不仅不同认证机构间缺少统一的标准，即便同一认证机构针对不同绿色债券的发行，其标准也可能存在偏差，对发行的每只绿色债券单独评估，将大大增加交易成本。其次，第二意见对于环境绩效标准的披露比较有限，许多认证机构仅对绿色项目大的归类进行披露，很少进一步提供有关环境绩效要求的信息，比如投资的节能项目减排强度等，这使投资者很难准确评估绿色债券带来的环境效益。

2. 独立第三方发行后认证

独立第三方发行后认证通常由传统的审计机构来实施，一般在债券发行后的存续期内进行。其关注的重点和核心是债券募集资金分配，对实际分配到的绿色项目的资金情况进行核实，但对募集资金投向项目产生的环境效应一般不进行审核。由于实施机构一般是审计机构，具体认证工作通常由专业的审计人员按照专业准则执行。目前，国外基本采用《国际鉴证准则第 3000 号》作为认证工作的执行依据。

此类认证有其独特的优势。首先，认证过程可以和发行人的常规审计相结合，这能够进一步降低交易成本和发行成本。其次相对于第二意见，第三方独立发行后认证的方式相对更加独立，因为认证机构并不会较早介入发行人制定绿色债券相关管理制度的过程。最后，此类认证方式有相对统一的国际准则作为参考，可比性较强。但此类认证在本质上与审计更加类似，其最大的局限在于无法对项目的环境效应进行有效的审核与监测。

3. 第三方发行前认证和发行后核查

目前，第三方发行前认证和发行后核查相结合的方式主要是 CBS 在采用。在气候债券认证中，发行人需委托专业认证机构对发行人绿色债券发行事宜是否满足 CBS 的要求进行认证，并将出具的认证报告等相关材料提交各 CBS 委员会进行最终确认。经过确认后，发行人在发行推广和路演时，方可使用气候债券认证标识。在债券存续期内，每年通过 CBS 发行后认证的绿色债券，可以维持并继续使用气候债券认证标识。也就是说，虽然 CBS 的认证有第三方认证机构的介入，但最终债券是否属于绿色债券的决定权归属于绿色债券标准委员会。

11.2 绿色债券的评估标准

对绿色债券进行界定是发行绿色债券的前提，缺乏明确的界定标准可能导致非绿色项目假借绿色债券的名义融资的现象。综合来看，国际绿色债券市场的界定标准为市场主体自发形成、自愿参与，体现了“自下而上”的市场导向；我国的界定标准为政府部门制定，体现了“自上而下”的顶层设计。

11.2.1　国际标准：“自下而上”的市场导向

目前，由国际资本市场协会与国际金融机构合作推出的自愿性指导方针 GBP，以及由气候债券倡议组织开发的 CBS 共同构成了国际绿色债券市场执行标准的基础，市场接受度较高。

两项标准交叉援引、互为补充。GBP 列举了可再生能源、能效提升、污染防治等十类支持的绿色项目目录；CBS 对 GBP 在低碳领域的项目标准进行了细化，并补充了第三方认证等具体的实施指导方针。在 GBP 的基础上，CBS 旨在提供确认募集资金的使用方式符合低碳经济的要求的保证，列举了八大类绿色项目，并进一步细分为若干项目类型。目前，气候债券倡议组织针对部分项目已经制定了相应的评估认证标准，包括太阳能、风能、地热能、轨道交通、居民建筑等 11 个子项；部分项目认证标准正处于开发过程中，包括水电、生物质能、波浪和潮汐能、水运、农业用地等 12 个子项。

11.2.2　国内标准：“自上而下”的顶层设计

我国绿色债券的快速发展主要得益于政策推动，相关界定标准也体现了“自上而下”的指导性特征。2015 年 12 月，中国人民银行发布了《中国人民银行公告〔2015〕第 39 号》及配套的《绿色债券支持项目目录》（由中国金融学会绿色金融专业委员会编制），明确了六大类（一级分类）、31 小类（二级分类）环境效益显著项目的界定条件；同期，国家发展改革委办公厅发布了《绿色债券发行指引》，明确了能源、交通运输、低碳建筑、工业与能源密集型商业等 12 类重点支持项目，并对绿色企业债的发行审核提出了具体要求。目前，《绿色债券支持项目目录》已成为我国绿色项目界定的直接依据，主要应用于除绿色企业债之外的绿色债券发行认证领域，为绿色项目的筛选与认证提供技术性指导；《绿色债券发行指引》则主要用于支持绿色企业债的项目筛选和认证评估工作，并对社会资本参与绿色项目建设、债券品种创新（发行绿色项目收益债、可续期或超长期债）、符合条件的股权投资企业与绿色基金发行绿色债券等行为予以政策性支持。

总体上看，国内外绿色债券标准在倡导绿色、可持续发展方面的宗旨是一致的；但由于我国在能源结构、社会发展阶段与政策推行方式上存在特殊性，与国际标准仍有一定差异。

11.3　绿色债券的评估方法

绿色债券的评估方法是用来评估债券发行人是否符合环保和可持续发展标准的方法。评估方法通常包括对发行人的环保政策、环保项目的投资、环保数据披露等方面进行评估。

GBP 推荐发行人使用外部审查来确保绿色债券符合关键要求，并提出了咨询核查、审计核查、第三方认证、信用评级四种评估认证方式。气候债券倡议组织、国际资本市场协会等国际组织则更多基于自律管理角度发布行业标准，探索建立评估认证管理体系。

国外评级机构逐步将 ESG 因素纳入信用评级体系，不断完善信用评级模型。

11.3.1 咨询核查

绿色债券的咨询核查即指第二方对于绿色债券的评估意见，即本书所指的第二方评估。目前，绿色债券的国内标准并没有区分第二方评估和第三方认证，但绿色债券的国际标准（如 GBP）对第二方评估作出了较为详细的说明。

1. 第二方评估流程

第二方评估是绿色债券咨询核查的常见形式，是指发行人安排的第二方机构（即具有环境方面专长的外部机构）负责核查其债券发行框架和债券绿色资质。第二方评估是绿色债券及其相关框架的发行前评估。第二方机构通常会根据发行人的要求，协助其初步制定绿色债券发行框架，随后对这一发行框架进行评估。在初始决策阶段，第二方机构能够为投资者和公众提供有关债券绿色程度和治理流程的相关信息，以便投资者能够进行初始投资决策；在发行过程中，第二方机构利用自身具有的环境气候专业知识，为发行人提供编制和修订绿色债券发行框架方面的咨询帮助；在审查阶段，第二方机构审查相关文件并与发行人进行对话、沟通，向发行人提供第二方的意见。

绿色债券发行框架是发行人的第一方意见，同时也是第二方机构审查使用的最为核心的要件。第二方机构在审查中需要的其他相关文件或信息通常还包括以下内容：发行人的可持续发展报告、发行人的绿色程度、发行人一般业务概况以及其他信息。根据这些信息，第二方机构对绿色债券发行框架中建立的程序和实践的稳健性、可信性和透明度进行定量评估，以报告形式对发行人和债券特征进行简要描述，并对其评估过程中使用的基础评估方法以及审查的文件清单等进行说明。

2. 第二方评估机构及方法对比

目前，国际上大多数第二方机构按照《绿色债券原则》(2017 年）中的描述性方式呈现调查结果。但是，已有一些第二方机构利用更具分析性的方法来评估项目的优缺点，评估项目的绿色资质是否充足，如挪威奥斯陆国际气候与环境研究中心（CICERO Center for International Climate Research）会将项目的发行流程、管理结构以及其他定量指标纳入考查。同时，不同第二方机构的评估意见在信息披露的细化程度、使用定量指标或评级方法以及发布后是否进行审查更新等方面都有所不同。此外，一些第二方机构将评估使用绿色债券所筹资金的具体项目纳入评估范围，而其他第二方机构则评估内部流程和管理结构，例如发行人如何定义合格项目类别，如何选择项目，以及如何跟踪资金的使用。

GBP 和中国的监管机构建议发行人取得第二方意见，以便为投资者提供超越国家标准和地区特殊性的透明且可靠的信息，从而保证绿色债券市场的环保功能和程序的完整性。目前，约 70%由外部审核的绿色债券采用的审查方式是第二方意见。

3. 第二方评估的限制和挑战

从目前已发行且有外部审核的债券发行状况来看，第二方评估是大多数公司采用的主要审核方式。第二方机构参与发行过程，能够与发行人进行充分的沟通，但第二方评估仍存在以下几个方面的限制和挑战。

第一，在第二方评估中，发行人直接委托第二方机构为其建立的绿色债券发行框架提供建议，但第二方机构随后也对自身建立的框架进行评估，这导致第二方意见的形成过程可能存在利益关联。尽管发行人和第二方机构共同工作有利于建立和完善绿色债券发行框架，以适当的方式向投资者提供所需的信息，并在发行前帮助发行人纠正框架的不足，但第二方机构在最终项目评估中的独立性可能受到质疑。在这种潜在的利益冲突中，非营利单位和专业咨询公司可能面临声誉风险，尤其是可能遭受外界对其忽视尽职调查义务的指控。

第二，由于缺乏标准化的评估方法，不同第二方机构提供的意见可能会存在差异，从而降低市场对其意见的信心，并增加投资者和发行人的交易成本。随着 GBP 出台并获得广泛认可，第二方意见提供方采取的方法正趋于一致，但差异仍然存在，如评估的深度和广度、使用的定量措施等不同。这些差异限制了第二方意见对项目透明度的提升，并限制了投资者对项目的比较。

第三，虽然第二方意见会考虑债券发行后的结构变化，如募集资金使用管理和环境影响等信息披露是否到位等问题，但在债券发行后，第二方意见提供方已经不再对包括环境影响评估在内的问题进行审核，发行人也缺乏雇佣审查单位进行发行后审查的动力。

11.3.2 审计核查

验证是指对整个绿色债券流程或其部分流程在发行前后的审计，通常由被认可的审计公司进行，主要包括对资金分配的审计。根据国家或国际专业标准，如《国际鉴证准则第 3000 号》，第三方验证可能是对投资者而言最具独立性的保证形式，即审计结果向投资者说明发行人的流程是否符合其声明。然而，审计方可能更加注重债券发行的程序和管理特点，而不一定重视对债券环境目标的保证。

11.3.3 第三方认证

一些机构提供独立的第三方审核和报告服务，对绿色债券发行人的环境和社会责任表现进行评估，并向投资者提供相关信息。绿色债券发展的关键是如何保证发行绿色债券的企业真正地把募集资金投入到绿色项目中。而绿色第三方认证作为绿色债券发行过程中的重要一环，在很大程度上可以提升绿色债券的公信力，能确保发行人的绿色债券发行框架符合相关标准，并提高发行人筛选绿色项目、衡量项目环境效益的能力。同时，它也能提升发行人在“绿色”特征方面对投资者的说服力，降低发行人的声誉风险，进一步降低融资成本，从而保障绿色债券成为绿色产业重要的资金来源，防止中国绿色债券市场出现“漂绿”现象。

目前，我国第三方评估主要有以下几种：①会计师事务所，如安永会计师事务所（简称安永）、毕马威会计师事务所、德勤、普华永道；②信用评级机构，如大公国际资信评估有限公司、中诚信国际信用评级有限责任公司、中债资信评估有限责任公司、东方金诚国际信用评估有限公司；③环境咨询机构，如中央财经大学绿色金融国际研究院、联合赤道环境评价股份有限公司（简称联合赤道公司）、中国节能环保集团有限公司、绿融（北京）投资服务有限公司、商道融绿等。

1. 安永

安永作为国际四大会计师事务所之一，于 1981 年获准在中国开展专业服务。依托于丰富的审计、咨询服务经验，在境内已发行的 19 期绿色债券中，安永提供的第三方认证占据了半壁江山，其客户包括浦发银行、青岛银行、江西银行、新开发银行、启迪科技服务有限公司、中国节能环保集团有限公司、中国长江三峡集团有限公司等。其中，中国节能环保集团有限公司公司债是由安永与中节能咨询有限公司共同出具的绿色第三方认证。安永出具的第三方认证被称为“绿色债券发行前独立有限认证报告”，认证内容包括债券发行中涉及的资金使用及管理政策和程序、项目评估和筛选的标准、提名项目的合规性，以及信息披露、报告机制的流程。针对金融债，其主要认证标准是中国人民银行《中国人民银行公告〔2015〕第 39 号》及配套的《绿色债券支持项目目录》。当涉及境外主体或境外发行时，其还会增加 GBP 作为认证遵循的标准。其采用的认证方法是《国际鉴证准则第 3000 号》。目前，安永的绿色评估系统已经实现判断项目的绿色程度是“深绿”还是“浅绿”。例如，2016 年 7 月，中国银行在境外发行的绿色债券就获得了安永 GB-AAA“深绿”评级。

2. DNV GL 集团

2013 年 9 月 12 日，成立于 1864 年的挪威船级社（Det Norske Veritas，DNV）和成立于 1867 年的德国劳氏船级社（Germanischer Lloyd，GL）合并为 DNV GL 集团（2021 年初，DNV GL 公布其公司名称将于 2021 年 3 月 1 日起重新改为 DNV）。作为一家世界领先的认证机构，DNV 集团为海事、石油、天然气等能源行业提供评级和技术保障服务，以及软件和独立的专家咨询服务。此外，DNV 集团还为各行业的客户提供认证服务。在中国，DNV GL 集团为金风科技在 2015 年 7 月发行的境外绿色债券、2016 年 5 月发行的绿色永续债券以及 2016 年 8 月发行的绿色资产支持证券提供了绿色认证服务。DNV 集团出具的第三方认证被称为“独立评估报告”，采用的审验标准与安永类似，认证内容包含 GBP 的四个核心要求。其实早在 2014 年，金风科技就曾聘请 DNV GL 集团对其风力涡轮机设计进行认证，这可能成为两家之后的合作基础。DNV 集团也成为除安永外在中国境内绿色债券市场开展第三方认证服务的第二大国际机构。

3. 中央财经大学绿色金融国际研究院

中央财经大学绿色金融国际研究院是中国金融学会绿色金融专业委员会的常务理事单位和国际资本市场协会 GBP 原则的中国观察员机构，也是国内首家本土培养的绿色债券第三方认证机构。其认证工作主要由合作机构——北京中财绿融咨询有限公司进行，并由研究中心提供相应的专业学术支持。其出具的第三方认证被称为“第三方专业评估意见书”，对发行主体绿色债券的募集资金使用（募集资金使用计划、资金管理制度、专门账户或专项台账情况）、项目筛选与决策（项目决策程序、项目筛选标准）、环境效益目标、信息披露进行审查。其为 2016 年 1 月 28 日兴业银行发行的国内首批绿色金融债和 2016

年 7 月 14 日兴业银行发行的第二期绿色金融债提供了专业的第三方认证评估服务。

4. 中节能咨询有限公司

中节能咨询有限公司是中国节能环保集团有限公司所属专事咨询服务的全资子公司，自成立后专注于节能减排政策、技术咨询等业务，是国家绿色产业领域智库之一。2016 年 8 月 16 日，中国节能环保集团有限公司发行了 30 亿元绿色公司债，中节能咨询有限公司和安永对其独立进行了第三方绿色认证。值得注意的是，其第三方认证并未以单独报告书的形式在官网和上海证券交易所网站上公布，而是对募集说明书的募集资金运用章节进行了披露。中节能咨询有限公司采用的审验标准包括《合格评定 对提供管理体系审核和认证的机构的要求》（ISO/IEC 17021-1：2015）、《管理体系审核指南》（GB/T 19011—2021）程序、《绿色债券支持项目目录》以及国家颁布的其他相关法律和标准，并对债券的募集资金使用及管理、绿色项目评估及筛选、信息披露、环境效益等方面进行了审查。

5. 商道融绿

商道融绿作为国际资本市场协会 GBP 原则的观察员机构、气候债券倡议组织标准认可的首家中国审核机构、《负责任投资原则》的签署机构，为绿色债券发行人提供发行前评估、发行后持续信息披露和评估、绿色金融能力建设等专业服务。商道融绿也是中国本土的绿色债券第三方认证机构。其出具的第三方认证被称为“绿色项目第三方评估意见”，其对绿色项目决策流程资金管理、环境和社会影响、募集资金投向进行审核评估。其为2016年8月1日北控水务集团发行的7亿元绿色熊猫债提供了绿色债券第三方认证。由此可见，在 2016 年已经发行的 19 期境内绿色债券中，有 16 期都进行了绿色债券第三方认证，尤其是发行的 8 期金融债均采用了绿色认证，其中中国节能环保集团有限公司的绿色公司债采用了安永与中节能咨询有限公司双认证。

国际认证机构仍然是中国绿色债券认证市场的主力军，但本土绿色认证机构已开始开展认证业务。本土绿色认证机构的崛起可以有效防止国际垄断、保持我国绿色债券市场第三方认证机构的竞争力和独立性，也成为相关国内咨询公司、评级公司可以开拓的业务增长点。

目前，我国已具有本土的绿色债券第三方认证机构，并取得了一定实践成果。但值得注意的是，我国绿色债券认证市场还存在以下问题：第一，中国绿色债券的管理体制起步较晚，因此国际认证机构依托于多年的专业知识服务经验，仍然占据主要市场，本土认证机构的力量尚显薄弱；第二，各家认证机构都采用自主开发的绿色债券评估体系，侧重点不尽相同，有的侧重 GBP 的四项核心要求，有的则侧重环境效益量化和绿色程度评估，这导致传递的信息不一致；第三，各家认证机构采用的评估方法不同，有的采用国际认证业务标准方法 ISAE 3000，有的则主要采用材料审读、对比，管理人员访谈等方式，难以确保绿色认证评估报告的质量；第四，各家认证机构依据的评估标准不一，有的依据 GBP，有的更注重中国人民银行公告〔2015〕第 39 号或其他政策文件，有的同时遵循但未披露标准的重要性排序，这导致投资者难以依据确定标准对不同认证机构的评估报告进行横向对比。

11.3.4 信用评级

绿色债券信用评级是指信用评级机构分析影响绿色债券的信用风险因素，凭借自身拥有的技术和专业优势对绿色债券偿债意愿和偿债能力进行综合评价，目的在于揭示受评对象违约风险的大小。

绿色债券信用评级在绿色资产认定、偿债能力分析、发行风险判定等方面的作用显著。一是绿色债券信用评级结果可以为债券发行及投资者的利率调整提供信息参考，有助于降低绿色债券发行成本，并提升市场配置效率。二是绿色债券信用评级可以为市场监管机构及各类参与主体提供不同层面的信息，从而推动行业自律机制不断完善。三是可以培养企业的信用意识。为了获得高质量信用评级，企业会提高自身经营管理水平，而高级别的评级结果能够节省企业的绿色融资成本，并提升企业的竞争优势。四是绿色债券信用评级向投资者展示信用双方主体的风险信息，帮助投资者降低因信息不对称造成的投资风险。

1. 穆迪评级

穆迪评级披露的评级指标体系包含 ESG IPS 和 ESG CIS。IPS 代表发行人交易面临的 ESG 风险敞口，反映穆迪评级对评级主体的 ESG 风险和收益的看法。IPS 评分用五分制表示，从 E-1、S-1 或 G-1（积极）到 E-5、S-5 或 G-5（极其负面）。IPS 评分是绿色评级的输入因素。CIS 代表 ESG 风险因素对发行人或交易评级造成的影响，由于 ESG 只是穆迪评级评估信用水平的信用因素之一，故 CIS 与评级结果之间没有直接关联。CIS 评分也以五分制表示，从 CIS-1（积极）到 CIS-5（极其负面）。穆迪评级综合考量 ESG 风险如何影响评级模型中的定性或定量要素，筛选出具有充分预见性的指标，并将其纳入情景分析。总体来看，穆迪评级的 ESG、IPS 和 CIS 之间存在一定的关联。以穆迪评级为例，其绿色债券评级包含了对未来业绩的预期，例如，发行人是否按照计划去配置绿色债券。在某些情况下，穆迪评级可能会参考一些内部信息来预期未来业绩。在其他情况下，穆迪评级会参照同行的公司，基于过去的业绩和趋势来评估未来的结果。评估结果通过研究报告或者新闻发布，考虑到债券收益的使用情况和绿色债券对环境的影响情况，评估报告后期会不定期更新。

国际气候与环境研究中心在设立绿色融资评估模型时，将环境方面的稳健性、帮助社会适应气候变化的成效、项目具备减少排放的潜力纳入其中，这些因素表明发行人实施投资框架的气候和环境雄心的能力。国际气候与环境研究中心将绿色债券等级分为浅绿、中绿和深绿三个等级。浅绿代表该项目可在短期内实现减排，但它们本身并不能代表或有助于长期愿景，例如改善化石能源设施的效率，降低化石能源的消耗。中绿代表该项目符合长期减排愿景的方向，但无法完全实现低碳减排的长期愿景，例如插电式混合动力汽车。深绿代表该项目符合低碳、气候韧性的长远愿景，如可再生能源项目。

2. 标准普尔

标准普尔披露的信用评级中的 ESG 原则展示了可能影响评级主体信用度或者 ESG

评级的关键信用因素。标准普尔并未将评判权重向 ESG 要素倾斜，而是将可能对企业信用产生影响的 ESG 要素纳入评级体系，主要分为环境因素（气候风险、固体废弃物与危险废弃物处理）、社会因素（人力资本、卫生与安全）和治理因素（风险管理、组织结构）三部分。其中，气候转型风险相关因素是影响受评实体信用度的最重要的 ESG 信用因素。标准普尔将 ESG 要素如何影响企业信用归纳为五个原则：ESG 信用因素对主体信用度的影响可能因行业、地域和实体产生差别；ESG 信用因素的影响可能随时间而改变；ESG 信用因素的方向和可见性是不确定的；长期发行人信用评级不预先确定时间范围；良好的信誉不一定与较好的 ESG 因素相关。

3. 惠誉

惠誉使用系统化方法来衡量 ESG 因素与个体信用风险的相关性，其 ESG 相关性评分是在对国际公共企业评级组合中逐个发行人进行评分的过程中建立的。惠誉对于不同的行业、金融机构、主权国家、结构性产品有不同的打分模板，目前有 96 个 ESG 板块模型。在评级过程中，惠誉首先选择对应的模型对主体进行评估，其次在每个单独的“E”“S”“G”项目完成评分后对评分进行加总，最后得出 ESG 相关性分数。惠誉的各个子项的相关性评分从 1（没有影响）到 5（有明确影响），但 ESG 评分并不以参数的形式纳入信用评级模型中。

探究与思考

1. 简述绿色债券评估认证的分类形式。
2. 简述绿色债券的评估标准。
3. 简述绿色债券的评估方法。
4. 绿色债券第三方评估主要有几种分类？该分类下代表性的机构有哪些？
5. 简述绿色债券信用评级的概念及目的。

第12章 企业主体绿色评级

企业主体绿色评级是指对企业在环保、可持续发展和社会责任等方面的表现进行评估和评级。企业主体绿色评级通常对企业的环境管理、资源利用、排放控制、社会责任和可持续发展战略等方面进行评估，以确定企业在绿色发展方面的绩效和表现。绿色评级可以帮助投资者和消费者更好地了解企业的环保和社会责任表现，有助于企业向绿色可持续发展方向转型，提高企业的可持续竞争力。本章主要探讨企业主体绿色评级现状、方法和应用。首先，分析当前企业主体绿色评级的整体发展情况，评估各类评级体系和标准的应用现状及其在国内外市场中的普及情况。其次，介绍常见的企业主体绿色评级方法。最后，讨论企业主体绿色评级的实际应用，旨在帮助投资者做出决策、促进企业绿色转型，并借此提升企业品牌形象和竞争力。

12.1 企业主体绿色评级现状

12.1.1 国际发展现状

国外发布企业环境绩效的机构和标准包括联合国环境规划署、世界可持续发展企业委员会的《生态效益评价标准》、全球报告倡议组织的《可持续发展报告指南》、《环境管理 环境绩效评价 指南》(ISO 14031：2021)、欧盟生态管理和审核计划(Eco-Management and Audit Scheme，EMAS)、加拿大特许会计师协会的《环境绩效报告》、日本环境省等。

《可持续发展报告指南》并非一种行为守则和业绩评价准则，更不是制定行为的绩效标准，只是要求企业或者组织披露正在做什么，至于做得好坏与否，则需要由外界阅读报告的人来判断。而且《可持续发展报告指南》并不为企业或者组织提供编制报告的方法，而是关注报告内容。加拿大特许会计师协会的《环境绩效报告》为企业理解向谁提供报告以及如何更好地报告环境绩效信息提供了指南。

其他三类环境绩效评价标准整体上而言是对个人、团体或组织是否实现环境目标的评价，以确定企业的环境绩效是否符合管理当局所制定的标准的内部过程和管理工具。欧盟生态管理和审核计划的核心是环境管理体系 ISO 14001，取得 EMAS 认证的机构也将自动获得 ISO 14001 的认证。ISO 14031：2021 标准和生态效益指标体系虽然是国际通用的指导企业对自身环境绩效进行评价的纲要，其中没有设立具体的环境绩效指标和评价标准，它们在基线范围和外部分级方面缺乏经验。特别是 ISO 14031：2021 标准，它提供的是一个庞大的“环境绩效指标库”，并没有设定核心指标，在不同行业间的可比性差。

日本环境省于 1999 年颁布的《有关环保全成本的把握及公开的指南》表明，日本环境会计框架初步建立。该指南以环境成本与环境效益比较为主线，重点规划环境会计中环境保全成本的确认、计量和报告。

12.1.2　国内发展现状

国内环保部门等监管部门是推动环境信用发展的重要力量。2005 年，国家环保总局出台了《关于加快推进企业环境行为评价工作的意见》，以保障公众环境知情权、促进工业污染防治为主要目的，推动企业环境行为评价工作。2006 年以来，广东省、浙江省、河北省、江苏省、上海市、深圳市、重庆市、沈阳市、湖北省、山东省等陆续制定了地方企业环境信用评价标准。2013 年，环境保护部会同国家发展改革委、中国人民银行、银监会联合发布了《企业环境信用评价办法（试行）》。此类标准评价指标主要围绕企业是否满足监管部门的监管要求进行设置，因此评价范围也主要局限于国家、地方环保部门重点监控企业，高污染、高耗能、环境风险高、生态环境影响大、产能严重过剩行业内的企业。

2017 年 5 月，中国人民银行等五部委联合发布的《金融业标准化体系建设发展规划（2016—2020 年）》明确提出，开展绿色金融标准化工程。

2018 年 9 月，全国金融标准化技术委员会（SAC/TC 180）绿色金融标准工作组第一次全体会议在北京召开，会议审议通过了绿色金融标准体系的基本框架，从制度建设、产品服务、操作流程、风险防范等方面对绿色金融予以规范；并建立了绿色金融通用基础、绿色金融产品服务、绿色信用评级评估、绿色金融信息披露、绿色金融统计与共享、绿色金融风险管理与保障等 6 个标准研究小组。2019 年 7 月，全国能源基础与管理标准化技术委员会节能分析评估分技术委员会（SAC/TC20/SC11）通过了国家标准《能效融资项目分类与评估指南》的审查。该标准的制定对推动能效融资相关机构对能效融资项目分类和评估工作科学规范开展等方面具有重要作用。

此外，地方绿色金融改革创新试验区在完善绿色金融标准体系、推动制定评价评估标准等方面也开展了有益的探索。2018 年 7 月，湖州市率先发布了《绿色融资项目评价规范》等 5 项绿色金融地方标准。2019 年，湖州市又发布了《绿色金融标准体系编制指南》《区域绿色金融发展指数评价规范》《银行业金融机构支持绿色园区实施规范》等 3 项标准。2018 年 12 月，浙江省衢州市出台了《绿色金融产品评价标准》《推进绿色金融产品与服务创新的意见》。2019 年 1 月，江西南昌赣江新区发布了《绿色金融标准体系》。该体系包含“绿色企业认定评价办法”“绿色项目认定评价办法”“企业环境信息披露指引”3 项办法。2019 年 6 月，贵州省贵安新区发布了《贵州省绿色金融项目标准及评估办法（试行）》。2018 年 5 月，《广东省广州市绿色金融改革创新试验区绿色企业认定方法》和《广东省广州市绿色金融改革创新试验区绿色项目认定方法》的出台，给出了绿色企业和绿色项目的评价认定指标，明确了试验区绿色金融支持绿色企业及绿色项目的范围。

12.2 企业主体绿色评级方法

12.2.1 ESG 评级

ESG 是一种关注企业环境、社会责任、公司治理绩效而非传统财务绩效的投资理念和企业评价标准。环境是指考虑企业对环境的影响，例如企业环保政策、员工环保意识、生产废弃物排放措施等；社会是指考虑企业对社会的影响，例如企业社区关系、员工健康、职场性别平等；公司治理是指考虑企业的公司治理，例如内部权力争夺、管理层的有效监督、高管腐败等。投资者可以通过观测企业的 ESG 评级来评估投资对象在绿色环保、履行社会责任等方面的贡献，对企业是否符合长期投资作出判断。

目前，国际上 ESG 理念及评级体系主要包括三方面：各国际组织和交易所关于 ESG 披露和报告的规定、评级机构对企业 ESG 的评级、投资机构发布的 ESG 投资指引。

12.2.2 环境管理体系认证

环境管理体系认证是指由第三方公证机构依据公开发布的环境管理体系标准（ISO 14000 环境管理体系标准），对供方（生产方）的环境管理体系进行评定。若评定合格，第三方机构将颁发环境管理体系认证证书，并进行注册公布，以此证明供方具有按既定环境保护标准和法规要求提供产品或服务的环境保证能力。通过环境管理体系认证，可以证实生产厂使用的原材料、生产工艺、加工方法以及产品的使用和用后处置符合环境保护标准和法规的要求。

环境管理体系认证以承诺和方针（一个组织应制定环境方针，并确保其环境管理对环境管理体系的承诺）、规划（一个组织应对实现其环境方针进行规划）、实施（为了有效地实施，一个组织应提供实现其环境方针、目标和指标所需的能力和保障机制）、测量和评价（一个组织应测量、监测和评价其环境绩效）以及评审和改进（一个组织应以改进总体环境绩效为目标，评审并不断改进其环境管理体系）为原则。基于这些原则，环境管理体系被视为一个组织框架，需要不断监测并定期评审，以适应变化着的内外部因素，从而有效引导组织的环境活动。

12.2.3 资源利用效率评估

资源利用效率是指在一定的资源基础上，获取和利用通过量的比例。资源利用效率高，表明在利用资源的过程中，消耗量较小，同时获取的资源量较多，从而得出高效率的结论。而资源利用效率评估就是在资源利用的过程中，对资源获取和利用的效率进行测量、评价和分析，并通过优化手段使得整个过程得到不断的改善和提升。

资源利用效率评估的意义在于，对资源的利用过程进行量化衡量，以确定目前的资源利用情况，并发现其中存在的不合理之处。同时，资源利用效率评估也可以为资源提供利用和保护的基础，制定更合理、更科学的资源利用模式和政策。

资源利用效率评估的主要指标包括资源利用系数、资源利用率、资源利用强度等。其中，资源利用系数是评估资源利用效率的一个重要指标，其计算公式如下：资源利用系数=（采购的原材料消耗量+辅助材料消耗量+燃料消耗量+能源消耗量）/产品总产值。而资源利用率则是指在同等资源消耗条件下获得的产值比例。通常，资源利用率要达到90%以上才能获得较高的利用效率。

资源利用强度也是重要指标之一，它是指单位 GDP 生产要消耗的资源量。一般来说，资源利用强度高表明所消耗的资源比较多，相应地，资源利用效率则低。另外，资源消耗量、能源消耗量也是评估资源利用效率的重要指标。在评估时，应当了解不同资源的耗损情况，并考虑采用不同的资源整合方式所带来的差异。

12.2.4　碳排放评估

碳排放评估是指对特定活动、企业或产品所产生的碳排放量进行定量评估和分析的过程。通过对碳排放进行评估，可以更好地了解和监测碳排放的来源和数量，从而制定有效的减排措施和管理策略。

碳排放评估通常包括以下步骤。第一，确定评估的范围和目标。确定评估的范围，包括评估对象、时间范围、碳排放类型等，并明确评估的目标和目的。第二，收集数据。收集与评估对象相关的数据，包括能源消耗、生产过程、运输、废弃物处理等方面的数据。第三，计算碳排放。利用碳排放计算工具或模型，计算收集到的数据，进而得出碳排放的数量。第四，评估结果分析。对计算得出的碳排放数据进行分析，了解碳排放的来源和分布情况，找出碳排放的主要影响因素。第五，制定减排措施。根据评估结果，制定减排措施和管理策略，以降低碳排放量。第六，监测和报告。建立碳排放监测系统，对减排措施的实施效果进行监测和评估，并定期向相关部门和社会公众报告碳排放情况和减排成效。

通过碳排放评估，可以帮助企业和政府部门更好地了解碳排放情况，制定有效的减排措施，推动低碳发展，减少对气候变化的影响。

12.2.5　社会责任评估

社会责任评估（social responsibility assessment，SRA）是对企业或组织在社会责任方面的表现和影响进行评估和分析的过程。社会责任评估旨在评估企业或组织在经济、环境和社会方面的行为和影响，以便确定其对社会、环境和利益相关者的影响。

从结构上看，“分类指引”的评价指标分为三类。第一级类别对应社会责任核心主题，包括组织治理指标、人权指标、劳工实践指标、环境指标、公平运行实践指标、消费者问题指标和社区支持及发展指标七大类。各大类分别采用第一个字的首字母作为代号标识：Z 是组织治理，R 是人权，L 是劳工实践，H 是环境，G 是公平运行实践，X 是消费者问题，S 是社区支持及发展。第二级类别对应社会责任核心主题之下的各项议题，共 31 项。第三级类别对应各项议题之下的“相关行动和期望”，共 223 项。

社会责任评价指标体系具有强大的管理功能，在全面组织社会管理过程中发挥着十分重要的作用。具体来说，社会责任评价指标体系具有以下功能。

（1）监测功能。这是组织社会责任评价指标体系的最基本的功能。组织社会责任指标通过选择最为重要、最具代表性的方面，来反映组织履行社会责任的过程和结果。组织据此可以检测社会责任政策和履责计划的执行情况。

（2）评估功能。通过建立完善的指标体系，组织既可以进行横向比较，比较不同组织的履责绩效；组织也可以进行纵向比较，比较同一组织不同时期的履责绩效。组织还可以据此对组织社会责任进行评价，把握因果链条，找出“短板”，明确改进重点。

（3）改进功能。组织在评价的基础上，对组织社会责任的未来发展趋势作出预期与展望，以确定组织社会责任的重点，进一步完善组织社会责任战略，并对社会责任计划进行调整。

12.2.6 可持续发展报告

可持续发展报告是指企业、组织或政府部门为了向利益相关者（包括股东、员工、客户、供应商、社区等）和公众公开展示其在可持续发展方面的表现和成就，以及未来发展规划和战略的报告文件。可持续发展报告通常包括组织的经济、环境、社会等方面的数据和信息，以及对这些方面的政策、目标、实践和成果的描述和分析。

可持续发展报告的内容通常包括以下几个方面：①组织概况，包括组织的历史、业务范围、治理结构、利益相关者等基本信息；②可持续发展策略，包括组织的可持续发展战略、目标和政策；③经济方面，包括财务绩效、经济贡献、创新和发展等方面的数据和信息；④环境方面，包括能源消耗、排放情况、资源利用、环境管理和保护等方面的数据和信息；⑤社会方面，包括员工福利、社区投入、社会责任项目、利益相关者关系等方面的数据和信息；⑥可持续发展成果，包括组织在可持续发展方面取得的成果、创新和最佳实践；⑦未来规划，包括组织在可持续发展方面的未来规划、目标和策略。

可持续发展报告的编制和公开可以帮助组织向利益相关者和公众展示其在可持续发展方面的表现和努力，提高组织的透明度和信任度，促进利益相关者的参与和支持，进而推动组织朝着可持续发展的方向发展。同时，可持续发展报告也有助于组织自身对可持续发展问题的认识和管理，促进组织内部的可持续发展意识和实践。

12.3 企业主体绿色评级应用

联合赤道公司作为国内领先的具有环境影响评价资质的绿色金融服务机构，一直致力于绿色企业、绿色债券的研究与评估认证工作，在理论与实践方面积累了丰富的经验。通过整合联合赤道公司的研究成果、企业主体绿色评级、环保信用评估、绿色债券认证、项目环境影响评估等实践经验，并结合我国绿色金融发展实际，制定并发布了完善的“主体+债项”绿色评级方法，这一举措有助于传播绿色企业和债券绿色等级的理念，推动我国绿色金融的深入发展。其中，《企业主体绿色评级方法体系》界定了绿色企业的范围，制定了绿色企业的入围准则及企业环境表现评价指标体系，《绿色债券评估认证方法体系》从项目绿色等级、资金使用与管理、项目评估筛选及信息披露等方面评估绿色债券的综合表现，最终对绿色债券的绿色等级进行量化评级。

12.3.1　葛洲坝能源重工有限公司企业主体绿色认证

2017 年 7 月，联合赤道公司对葛洲坝能源重工有限公司进行了企业主体绿色认证，认证范围包括对该公司 2016 年度的污染防治、环境管理、社会影响等方面进行分析论证，对其已有的或 2016 年度正在进行的业务进行合规性评价，以认证企业在 2016 年度的环境表现。根据《联合赤道企业主体绿色评级标准体系》《联合赤道行业环境贡献度分级方案》，以及《企业环境信用评价办法（试行）》《绿色债券支持项目目录（2015 年版）》等相关规定，经综合分析评定葛洲坝能源重工有限公司主营业务属于对环境有贡献的绿色产业，企业生产经营过程完全符合国家和地方法律法规的相关规定，确定其绿色等级为深绿（AAA）。

12.3.2　中国葛洲坝集团绿园科技有限公司企业主体绿色认证

2016 年 12 月，联合赤道公司对中国葛洲坝集团绿园科技有限公司进行了企业主体绿色认证，认证范围包括对公司总部及目前已有葛洲坝环嘉、葛洲坝中固、葛洲坝兴业三家子公司在 2016 年度的污染防治、环境管理、社会影响等方面进行分析论证，对其已有的或 2016 年度正在进行的业务进行合规性评价，以认证企业在 2016 年度的环境表现。根据《企业环境信用评价办法（试行）》、《企业主体绿色评级标准体系》（LEIS0001-2016）和《绿色债券支持项目目录（2015 年版）》等相关规定，经综合分析评定公司总部及其下属三家子公司主营业务属于对环境有贡献的绿色产业，企业生产经营过程符合国家和地方法律法规的相关规定，确定其绿色等级为深绿（AAA）。

12.3.3　中国葛洲坝集团水务运营有限公司企业主体绿色认证

2017 年 12 月，联合赤道公司对中国葛洲坝集团水务运营有限公司进行了企业主体绿色评级，企业主体绿色评级仅从主营业务环境改善贡献度和环境表现两方面评价中国葛洲坝集团水务运营有限公司 2017 年度的企业主体绿色等级。根据《企业主体绿色评级标准体系》（LEIS0001-2017）、《行业环境改善贡献度分级方案》（LEIS0003-2017）、《企业环境表现评价指标体系》（LEIS0004-2017）等相关标准，经综合分析评定中国葛洲坝集团水务运营有限公司主营业务属于对环境有贡献的绿色产业，企业生产经营过程基本符合国家和地方法律法规的相关规定，确定其企业主体绿色等级为深绿（AAA）。

12.3.4　内蒙古蒙草生态环境（集团）股份有限公司企业主体绿色认证

2018 年 3 月，联合赤道公司对内蒙古蒙草生态环境（集团）股份有限公司进行了企业主体绿色评级，企业主体绿色评级仅从主营业务环境改善贡献度和环境表现方面分析论证，评价内蒙古蒙草生态环境（集团）股份有限公司2017年度的企业主体绿色等级。根据《企业主体绿色评级标准体系》（LEIS0001-2017）、《行业环境改善贡献度分级方案》（LEIS0003-2017）、《企业环境表现评价指标体系》（LEIS0004-2017）等相关标准，经综合分析评定内蒙古蒙草生态环境（集团）股份有限公司主营业务属于对环境有贡献的绿色产业，企业生产经营过程完全符合国家和地方法律法规的相关规定，确定其绿色等级为深绿（AAA）。

12.3.5 华润融资租赁有限公司企业主体绿色认证

企业主体绿色评级由国内最大的信用信息服务机构之一联合赤道公司，根据企业对环境保护和资源利用方面的贡献度以及在建设运营期间的环境绩效表现，对企业主体进行绿色评级，视其绿色程度分为深绿、中绿、浅绿三个等级，为政府部门、监管机构、金融机构等提供参考，使企业在土地财税优惠政策、债券融资、贷款授信等方面获得支持。认证机构从“是否存在一票否决制所列情形”“绿色产业融资租赁项目产业政策符合性”“环境贡献”“环境表现”“环境信息公开情况”等五大维度对华润融资租赁有限公司进行了全面严格评估，综合得分高于95分，认为该企业属于对环境改善有重要贡献的绿色产业，生产经营过程符合国家和地方法律法规的相关规定，确定华润融资租赁有限公司企业主体绿色等级为最高等级深绿（AAA）。

作为华润金融下属专门从事融资租赁业务的机构，华润融资租赁有限公司坚持服务实体经济、主动践行绿色低碳发展理念，依托集团产业优势，以绿色环保行业作为基石行业，在太阳能发电、风力发电、生物质发电、储能等绿色清洁能源领域提供全方位的金融租赁解决方案。在编制企业“十四五”战略规划过程中，该公司不断强化“双碳”目标思路，持续聚焦夯实“碳资产”基础，积极探索“气候投融资”行业前沿，以绿色金融支持低碳发展的实际行动助力国家碳达峰碳中和的实现。

前沿专栏

绿色债券发行定价及其影响因素探究

2015年9月，中共中央 国务院印发的《生态文明体制改革总体方案》提出，“建立绿色金融体系”，“研究银行和企业发行绿色债券，鼓励对绿色信贷资产实行证券化”。自此，我国绿色债券发展拉开序幕。2021年10月发布的《中共中央 国务院关于完整准确全面贯彻新发展理念做好碳达峰碳中和工作的意见》肯定了绿色金融的作用，提出助力绿色债券“扩容”。随着政策的实施和引导，中国绿色债券市场蓬勃发展，目前已成为世界第二大绿色债券市场。在力争实现碳达峰碳中和的推动下，中国绿色债券市场正在迎来广阔的发展前景，吸引了众多学者从不同角度、使用不同方法对绿色债券定价问题进行探索，主要从模型定价和影响因素两个角度入手。

目前，学者和业内普遍认可的发行定价模型有布莱克-舒尔斯模型（Black-Scholes

Model，BS 模型）、二叉树定价模型、静态现金流折现法和基于蒙特卡罗模拟的期权调整利差模型。

（1）BS 模型：它是一种用来计算期权定价的数学模型，由费雪·布莱克（Fischer Black）和迈伦·舒尔斯（Myron Scholes）提出。该模型基于金融市场中不存在套利机会的假设，并且股票价格的变化服从对数正态分布。使用这个模型，投资者可以计算期权的理论价格。由于基于一些假设条件，该模型在实际应用中可能存在限制。

（2）二叉树定价模型：二叉树定价模型是一种用来计算期权定价的数学模型，该模型基于离散化的时间和价格步长，通过构建二叉树来模拟资产价格的变化。在每个节点上，可以计算出期权的价值，然后通过向前递推，最终得到期权的理论价格。二叉树定价模型相对简单易懂，可以灵活地应用于不同类型的期权。同时，它也存在一些局限性，比如对于某些复杂的期权结构可能不够精确。

（3）静态现金流折现法：静态现金流折现法是一种用于估值和定价的方法，它基于对未来现金流的预测，将这些现金流折现到当前时点，以确定资产或项目的价值。这种方法通常用于评估固定收益证券、公司股票、项目投资等。

（4）基于蒙特卡罗模拟的期权调整利差模型：该模型是一种用于定价衍生品的方法。它结合了蒙特卡罗模拟和期权调整利差模型的原理，通过模拟未来资产价格的路径，以及对期权调整利差的考虑，来计算期权的理论价格。

绿色债券的发行定价受到多种因素的影响，包括市场利率、发行人的信用质量、项目的环保性质以及投资者对环保项目的需求等。

首先，市场利率是影响绿色债券定价的重要因素之一。一般来说，市场利率越低，债券的定价就越高，反之亦然。因此，市场利率的波动会直接影响绿色债券的发行定价。其次，发行人的信用质量也会对绿色债券的定价产生影响。如果发行人的信用质量较高，投资者对其债券的信任度也会提高，从而使得债券的发行定价相对较低。相反，如果发行人的信用质量较低，债券的发行定价就会相对较高。再次，项目的环保性质也会对绿色债券的定价产生影响。一般来说，环保项目的风险相对较低，因此其对投资者来说更具吸引力，这会使得绿色债券的发行定价相对较低。最后，投资者对环保项目的需求也会对绿色债券的定价产生影响。如果投资者对环保项目的需求较高，那么对绿色债券的需求也会相应增加，从而使得债券的发行定价相对较低。

在近些年的研究中，Reboredo（2018）发现，绿色债券与公司债和国债存在显著的协同运动关系，而与股票和大宗商品则没有。Febi 等（2018）在控制信贷风险、债券特性和宏观经济变量后，分析了市场流动性对绿色债券收益率的影响。Ng 和 Tao（2016）研究了以公司债、资产证券化和金融债作为融资方式的可再生能源项目，并发现仍需借助政策来缓解资本市场对这类项目的偏见。目前，国内的相关研究较少，其中高晓燕和纪文鹏（2018）通过构建财务评价指标与绿色债券发行利率之间的回归方程，指出公司财务状况对发行利率并未产生显著影响。王遥和曹畅（2016）的定性分析指出，第三方机构认证对中国绿色债券的长远发展具有重要意义。姚明龙（2017）建立了发行规模、期限、注册资本、净资产收益率、市场利率对绿色债券发行信用利差的多元回归模型，分析得到仅发行规模和市场利率与信用利差呈负向关系。朱培金（2017）运用熵指标法进行量化，为中国绿色债券的评估以及相关政策提供依据。杨希雅和石宝峰（2020）主张利用 2016 年以来发行的绿色债券与一般信用债的票面利率差值作为信用利差，选取影响因子进行多元回归，得出发行方式与绿色政策支持力度、偿债能力指标同信用利差显著相关，第三方绿色认证的存在与发债主体的财务状况并非影响发行利率的显著因素。

农业绿色金融实践

深度学习与家庭农场绿色评级

家庭农场以家庭成员为主要劳动力，以家庭为基本经营单元，从事农业规模化、标准化、集约化生产经营，是现代农业的主要经营方式。党的十八大以来，各地区、各部门按照党中央、国务院的决策部署，积极引导扶持农林牧渔等各类家庭农场的发展，取得了初步成效，但家庭农场仍处于起步发展阶段，发展质量不高、带动能力不强，还面临政策体系不健全、管理制度不规范、服务体系不完善等问题。

1. 影响家庭农场绿色评级的因素及指标

绿色评级是对企业、产品或服务的环境友好程度进行评估和分类的过程，通常涉及碳排放、资源利用、污染物排放处理、生态系统保护等因素，基于一系列标准和指标，旨在衡量企业对环境的影响和可持续性。

对于家庭农场的绿色评级，针对农业作业方式，可以从以下指标进行评估。在农业生产方式方面，过量的农药和化肥使用会对环境造成污染，因此评价标准可以包括化学农药使用量和化肥使用量等。在水资源管理方面，可以评估农场对水资源的利用情况，包括是否使用节水灌溉技术、水质保护措施、排放水污染处理等。在土壤保护方面，可以评估农场是否实施了耕地维护和改良的相关措施，如有机肥料的使用、耕作轮作、土壤侵蚀防治等。在能源利用和减排方面，主要评估农场是否使用了清洁能源并减少了对传统化石燃料的使用，如可再生能源的使用、节能措施、是否排放超量温室气体等。

通过对这些方面的评估，家庭农场被分为不同的绿色等级，例如优秀、良好、一般或待改进。但由于家庭农场的绿色评级标准众多，评估较为复杂，无法对绿色等级进行直观评价，需要使用深度学习对大量评级数据进行采集和数据挖掘，进而找出不同指标与评定结果之间的潜在关联模式，并准确预测家庭农场评级。

2. 深度学习解决家庭农场绿色评级问题的方法与应用

深度学习作为一种人工智能技术，可用于解决家庭农场绿色评级问题。具体来说，它可以帮助家庭农场进行环境监测、数据分析和预测，以便更好地满足绿色评级的要求。在评级数据采集阶段，使用传感器和摄像头等设备进行家庭农场环境监测，采集农田温度、湿度、二氧化碳浓度、土壤 pH、土壤微量元素等指标，这些数据用于衡量家庭农场在生产过程中对环境质量的影响。对于海量的环境数据，深度学习对这些数据进行分析处理和特征提取，提取出关键信息，用于后续的模型训练。

在模型训练与预测阶段，深度学习通过之前采集的关键指标信息构建评级预测模型，在训练好的模型上，使用测试集对模型进行评估和验证，通过计算准确率、召回率、F1 分数等评价指标来评估模型的有效性，最后输入特征数据以预测家庭农场的绿色评级。对于一些需要基于图像进行评级的情况，深度学习可以应用于图像识别和分类。例如，使用卷积神经网络对农场内的实时图像进行模型构建，用来识别和分类不同的环境等级；对于一些需要考虑时间相关性的评级问题，深度学习可以应用于时间序列数据的分析，例如，通过使用循环神经网络或长短期记忆网络来分析家庭农场在不同时间段内的环境表现，预测其绿色评级的变化趋势。

对于已构建的绿色评级模型，可以通过解释模型的决策过程、重要特征的贡献程度、输出结果等信息对家庭农场进行绿色评级。同时将评级结果可视化，以便企业和相关利益方更好地理解评级结果。需要注意的是，深度学习在解决评级问题时需要大量地标记数据和计算资源。模型的性能不仅取决于数据的质量，还取决于模型的设计和参数设置。因此，在实际应用中，需要不断优化和改进模型来提高预测性能和准确性。同时，模型的可解释性也是一个挑战，因为深度学习模型通常被认为是黑盒子。因此，在应用深度学习解决评级问题时，需结合相关专家的有效意见，以确保评价结果更具准确性和权威性。

探究与思考

1. 简述企业主体绿色评级的概念。
2. 简述我国企业主体绿色评级现状。
3. 简述国际企业主体绿色评级现状。
4. 简述企业主体绿色评级的六种评级方法。
5. 简述绿色债券发行定价的影响因素。

第 13 章　ESG 评级

近年来，在新冠疫情、极端气候变化、经济通胀居高不下等全球危机的严峻挑战下，可持续发展的绿色价值观逐渐在国内外成为普遍共识。党的二十大报告中关于绿色高质量发展、实现人与自然和谐共生的论述为我国 ESG 发展奠定了重要的政策和理论基础。当下国内外 ESG 评级业务蓬勃发展，ESG 评级在全球绿色投资生态中扮演着投资标的与资金流向的筛选者和指引者的角色。所有企业的环境与社会责任都在被量化和显化，不仅限于能源、制造类等高耗能企业，ESG 逐渐成为社会主流共识。

本章将主要阐述 ESG 的定义与起源，分析国内外发展现状，概述国内 ESG 的信息披露规范，整合梳理国内外 ESG 的主要评估体系及评价指标，最后讨论我国 ESG 信息披露正在逐渐提速。

13.1　ESG 的定义与起源

13.1.1　ESG 的定义

ESG 是 environmental（环境）、social（社会）和 governance（公司治理）三个英文单词的首字母缩写，是一种关注企业环境、社会责任、公司治理绩效而非财务绩效的投资理念和企业评价标准，评估企业在促进经济可持续发展、履行社会责任等方面的贡献。

ESG 涵盖了衡量公司或商业投资中可持续性和道德影响最核心的三个方面的因素，其内涵广泛涉及气候变化、能源、废弃物、性别不平等、劳工、产品责任、贪污、贿赂、社会发展和贫困、股东权利、机构投资者、利益相关者、披露和透明、董事会职责、管理层多样性等要素。ESG 是绿色投资与负责任投资理念的延伸和丰富，也是目前国际社会衡量企业绿色可持续发展水平的重要标准。

ESG 中的 E 指公司在环境方面的积极作为，包括符合现有的政策制度、关注未来影响等。这个维度涵盖了组织对生态系统的影响，包括其生产运营对气候变化的贡献、资源消耗、废物管理、污染控制以及保护生物多样性等方面的行为。S 指平等对待利益相关者，维护公司发展的社会生态系统，如人权、劳工、健康等。这个维度主要关注组织与人（员工、客户、社区等）的关系及其在社会福祉方面的表现。G 是治理环境、治理结构、治理机制和治理行为综合形成和作用的结果。这个维度主要关注组织的管理方式，特别是高层管理和监督结构的透明度和效率。

13.1.2　ESG 的起源

ESG 最早可追溯至 18 世纪中期清教徒所倡导的道德投资。20 世纪 70 年代，尽管美国经济稳健发展，但反越战浪潮、种族冲突等一系列社会问题在美国国内愈发激烈。在这一时代背景下，美国投资者对企业经营理念和商业决策的关注重点不再局限于传统的财务表现与投资回报，而是要求被投企业回应社会问题、承担社会责任。受这一投资趋势的影响，许多道德信托和良心基金成立，道德投资理念得到社会的普遍认可，并发展为涵盖人权、战争等社会议题的 SRI。

从 20 世纪 90 年代开始，SRI 者进一步关注企业在环保和社会议题方面的表现，这推动 SRI 理念向 ESG 理念转变。1992 年，联合国环境规划署金融倡议提出，希望金融机构能把 ESG 因素纳入其投资的决策过程。2004 年，联合国全球契约组织（United Nations Global Compact）在《在乎者即赢家：将金融市场与变化的世界联结起来》（Who Cares Wins: Connecting Financial Markets to a Changing World）研究报告中首次完整地提出了 ESG 的概念。2005 年，联合国秘书长科菲·安南（Kofi A. Annan）邀请一批全球规模最大的机构投资者共同制定了《负责任投资原则》，该原则于 2006 年正式在纽约证券交易所发布。同年，联合国发起“联合国责任投资原则组织”（Principles for Responsible Investment，UN PRI），旨在从国际组织层面对 SRI 的相关问题进一步整合，倡导、贯彻、实践 ESG 投资理念，推进 ESG 指标在投资领域的广泛运用。2007 年，高盛集团将环境、社会责任以及投资者较为关注的公司治理因素进行整合，首次明确了 ESG 的概念。自此之后，众多非政府组织和第三方机构开始大力宣传 ESG 理念和信息披露规范。例如，美国可持续发展会计准则委员会（Sustainability Accounting Standards Board，SASB）一直致力于将与 ESG 相关的可持续指标融入会计准则；全球报告倡议组织推出的“全球报告倡议指引”已成为全球多个国家 ESG 信息披露参考的准则。另外，全球已有许多交易所公布了 ESG 信息披露的指南和相应的 ESG 信息强制披露制度。

在国内，社会各界近年来也对企业的 ESG 表现给予了高度关注。2007 年 2 月 8 日，国家环保总局通过了《环境信息公开办法（试行）》；深交所和上交所分别于 2006 年 9 月和 2008 年 5 月发布了《深圳证券交易所上市公司社会责任指引》以及《上海证券交易所上市公司环境信息披露指引》，鼓励上市公司积极履行社会责任，主动编制社会责任报告；2015 年，国家质量监督检验检疫总局、中国国家标准化管理委员会先后发布了《社会责任指南》（GB/T 36000—2015）、《社会责任报告编写指南》（GB/T 36001—2015）、《社会责任绩效分类指引》（GB/T 36002—2015）等标准，初步建立了《企业社会责任报告》规范。2016 年 8 月 31 日，经国务院同意，中国人民银行等七部委联合印发了《关于构建绿色金融体系的指导意见》，后经过中央全面深化改革领导小组审议通过，明确要求进一步推动上市公司的环境信息披露。2018 年 9 月 30 日，证监会修订了《上市公司治理准则》，在该文件中首次确立了 ESG 信息披露的基本框架，其中《上市公司治理准则》第九十五条明确规定，“上市公司应当依照法律法规和有关部门的要求，披露环境信息以及履行扶贫等社会责任相关情况”。2020 年 3 月 3 日，中共中央办公厅、国务院办公厅印发的《关于构建现代环境治理体系的指导意见》，明确要建立健全环境治理的企业责任体系，要求企业公开环境治理信息。在我国积极迈向碳达峰碳中和的进程中，ESG 相关政策指导展现出日益强化的趋势。

13.2 ESG 的信息披露规范

ESG 信息披露制度是上市公司 ESG 理念的重要载体，也是企业履行社会责任和环境责任的主要形式。该制度要求公司的竞争力不再局限于财务因素，而是将 ESG 方面的非财务因素纳入公司的日常运营和治理活动中，考虑 E、S、G 三者间的关系，并披露高质量的公司信息，这些公司信息使得信贷机构和保险公司等投资者能更好地了解投资风险和机遇，以及这些投资可能对社会和环境的影响，从而建立投资者的信任。

当前 ESG 信息披露制度监管模式选择是学界与监管部门关注的重点问题。强制性 ESG 信息披露标准与自愿性 ESG 信息披露标准的区别主要体现在重大性原则和法定披露事由两个方面。第一，ESG 信息披露作为可持续性报告，在披露原则上包含单一重要性原则和双重重要性原则。单一重要性原则又称财务重要性原则，只考虑环境和社会议题对企业价值的影响。而双重重要性原则既要考虑环境和社会议题对企业价值的影响，也要考虑企业经营活动对环境和社会的影响，后者称为影响重要性。可见，在双重重要性原则下，可被纳入重大性范围的 ESG 信息数量远多于单一重要性原则。因此，双重重要性原则所体现的监管力度要强于单一重要性原则。例如，一国的 ESG 信息披露制度遵循双重重要性原则，则该制度为强制性 ESG 信息披露制度。第二，法定披露事由，即监管部门是否列举了公司必须披露的 ESG 具体事项。法定披露事由可弥补重要性原则的抽象性。因此，即使在单一重要性原则下，监管部门若列出了较多的法定披露事由，也可认为该制度为强制性 ESG 信息披露制度。

依据以上标准，我国关于 ESG 信息披露制度的规定已形成了强制性与任意性相结合的体系，且呈现出 ESG 三类议题规制力度各不相同的特点。第一，我国环境信息与公司治理信息披露制度可视为半强制的信息披露制度。监管部门并未对重大性标准进行修正，仍采取财务重要性这一单一重要性原则。当前《中华人民共和国证券法》对重大性信息披露的认定采用的是价格敏感性测试与投资者决策测试。因此只有与投资者利益相关的，或对股票及其衍生品价格产生重要影响的 ESG 信息才会被视为重要性信息。这表明我国 ESG 信息披露制度仍统领在财务重要性原则之下。但同时，监管部门增加了上市公司需披露的环境议题的法定事由。证监会要求被生态环境部纳入重点排污单位名单的上市公司应披露证监会规定的具体环境议题，重点排污单位之外的公司对于其规定的具体环境议题，应当遵守不披露就解释的规则。而公司治理一直以来就是监管核心。公司治理议题在保证上市公司规范运作、降低财务风险方面具有重要作用，因此监管部门不仅列举了上市公司需要披露的公司治理的具体事项，还对其进行了强制要求。综上，依据前述论证的强制性与自愿性 ESG 信息披露标准的分野，我国环境信息与公司治理信息披露制度均可视为半强制的信息披露制度。第二，监管部门对社会议题仍采取自愿立场，其建议披露的事项也相对较少。自愿与强制相结合的规制体系契合了差异化的公司发展水平，也有助于绿色金融的建设。

13.2.1　环境和社会责任信息披露

2016 年 8 月 31 日，中国人民银行等七部委联合印发的《关于构建绿色金融体系的指导意见》提出，“逐步建立和完善上市公司和发债企业强制性环境信息披露制度”。2017 年 12 月 26 日，证监会再次修订了《公开发行证券的公司信息披露内容与格式准则第 2 号——年度报告的内容与格式（2017 年修订）》，进一步完善对属于环境保护部门公布的重点排污单位的公司或其重要子公司的环境信息披露要求，并明确重点排污单位之外的公司可以参照上述要求披露其环境信息，若不披露的，应当充分说明原因。2018 年 9 月 30 日，证监会修订的《上市公司治理准则》规定，“上市公司应当依照法律法规和有关部门的要求，披露环境信息以及履行扶贫等社会责任相关情况”。

目前，A 股市场的上市公司中，属于重点排污单位的公司或其重要子公司，遵守强制性环境信息披露要求；其他上市公司，则需遵循“遵守或解释”环境信息披露政策。社会责任信息属于自愿性披露的范畴，相关要求中提到的具体指标梳理如下。

（1）重点排污单位应当披露的环境信息包括以下内容：排污信息，包括但不限于主要污染物及特征污染物的名称、排放方式、排放口数量和分布情况、排放浓度和总量、超标排放情况、执行的污染物排放标准、核定的排放总量；防治污染设施的建设和运行情况；建设项目环境影响评价及其他环境保护行政许可情况；突发环境事件应急预案；环境自行监测方案；其他应当公开的环境信息。

（2）鼓励上市公司披露的环境信息包括以下内容：有利于保护生态、防治污染、履行环境责任的信息；环境信息核查机构、鉴证机构、评价机构、指数公司等第三方机构对公司环境信息进行核查、鉴定、评价的信息。

（3）鼓励上市公司披露的社会责任信息包括以下内容：公司履行社会责任的工作情况，包括但不限于公司履行社会责任的宗旨和理念，股东和债权人权益保护，职工权益保护，供应商、客户和消费者权益保护，环境保护与可持续发展，公共关系，社会公益事业等方面的情况；公司履行扶贫社会责任的具体情况，如精准扶贫规划、年度精准扶贫概要、精准扶贫成效、后续精准扶贫计划。

（4）上市公司应当披露的其他相关信息包括以下内容：公司被环保、安监、税务等其他行政管理部门给予重大行政处罚的原因及结论。

13.2.2　公司治理信息披露

公司治理信息一直是 A 股上市公司信息披露的重要内容。1993 年 4 月 22 日发布的《股票发行与交易管理暂行条例》即要求上市公司在年度报告中披露公司董事、监事和高级管理人员简况、持股情况和报酬等治理相关情况。目前，《上市公司信息披露管理办法》等办法明确规定，上市公司应当在年度报告中设置专门章节，用于披露公司治理的情况。

相关要求中提到的具体指标梳理如下。

（1）上市公司应当披露的公司治理信息包括以下内容：公司治理的基本状况及其合规性；年度股东大会、临时股东大会的情况，包括会议届次、召开日期及会议决议刊登的指定网站的查询索引及披露日期，以及表决权恢复的优先股股东请求召开临时股东大会、召集和主持股东大会、提交股东大会临时提案的情况；每位独立董事履行职责的情况，包括但不限于独立董事的姓名，独立董事出席董事会的次数、方式，独立董事曾提出异议的有关事项及异议的内容，出席股东大会的次数，独立董事对公司有关建议是否被采纳的说明；董事会下设专门委员会提出的重要意见和建议；监事会对监督事项的意见；公司内部控制存在重大缺陷的应当披露具体情况。

（2）鼓励上市公司披露的公司治理信息包括以下内容：对高级管理人员的考评机制，以及激励机制的建立、实施情况。

13.3 ESG 评估方法

ESG 评价是 ESG 建设的关键环节，是衡量企业 ESG 绩效的工具。通过开展 ESG 评价，有利于“以评促改”，明确企业在 ESG 实务中需要着重改进和加强的薄弱环节，推动企业持续深化 ESG 实践，提升企业的可持续发展能力，对贯彻落实新发展理念、推动资本市场健康发展具有重要价值。ESG 评级指标体系一般包含三级。一级指标为 E、S 和 G 三个维度。二级指标为一级指标下的分类议题。三级指标由定性和定量指标共同构成，多达上百项，可涵盖具体的 ESG 指标。此外，有些 ESG 评级机构会将争议事项或负面事项也纳入评级指标范围。从评级方法来看，评级机构依据行业属性对指标设置不同的权重，最终加权计算 ESG 综合得分。ESG 评估体系中，根据不同指标对企业的重要性及影响程度，将每项评估指标依据不同行业赋予不同的权重。在对 ESG 信息进行评价打分后，评估体系通过加权计算出每家公司的整体 ESG 绩效得分，并按照分数给出每家公司的 ESG 评级。

随着可持续发展理念和 ESG 理念的觉醒，我国的 ESG 评价体系建设也加快了脚步。目前，全球 ESG 评级机构数量已达到数百家（中国约 20 家）。其中，国外著名的评级机构有 KLD 研究分析公司、MSCI、晨星（Sustainalytics）、汤森路透、富时罗素、标普道琼斯等；国内著名的评级机构有商道融绿、社会价值投资联盟（深圳）（简称社投盟）、中央财经大学绿色金融国际研究院、上海华证指数信息服务有限公司（简称华证）、润灵环球等。以下是国外 3 家评级机构的简单介绍，表 13.1 展示了国内 10 家评级机构的简单介绍。

MSCI 是一家主要提供股票基金、收入型基金、对冲基金股价指数和股东权益投资组合分析工具的全球性指数编制公司。MSCI 的 ESG 研究团队成立于 2010 年，是全球最大的独立 ESG 评级供应商之一。作为 MSCI 集团的一部分，其为超过 14 800 家全球公司和超过 68 万只股票和固定收益证券提供 ESG 评级。MSCI 的 ESG 评级覆盖范围广泛，从小型股（低于 20 亿美元市值）到大型股（超过 100 亿美元市值）。评级规模从 AAA

到 CCC 等级：AAA、AA 等级为行业领先水平；A、BBB、BB 等级为行业平均水平；B、CCC 等级为落后于行业水平。在评级方法方面，MSCI ESG 研究主要关注 37 个 ESG 关键问题，分为 3 个支柱（ESG）和 10 个主题：气候变化、自然资源、污染和废物、环境机会、人力资本、产品责任、利益相关者反对、社会机会、公司治理和企业行为。

道琼斯可持续发展指数（Dow Jones Sustainability Indexes，DJSI），作为金融投资界的公认标准，于 1999 年推出，是第一个基于荷宝瑞士（RobecoSAM）的 ESG 分析来追踪可持续发展驱动的上市公司的全球指数。标准普尔道琼斯指数公司与荷宝瑞士合作，发布和计算 ESG 指数。道琼斯指数被细分为 DJSI 世界（追踪世界领先的公司）、DJSI 地区和 DJSI 国家。市场覆盖范围从小型股（低于 20 亿美元市值）到大型股（超过 100 亿美元市值）。评级规模说明：满分为 100 分；与同行业的其他公司进行排名；分数每年更新。在评级方法方面，DJSI 的 ESG 评级指标体系主要由环境、社会和经济三个层面组成，对企业的 600 余个环境、社会和经济指标进行评分，DJSI 设有通用指标与符合行业特点的行业指标，并根据行业特性对各项分数按照权重进行调整，得出最终得分。DJSI 对企业进行评估的数据主要来源于公开信息、公司文件、调查问卷（填写问卷需提供可公开查询的信息）、直接与公司联系四种渠道。在完成企业信息收集后，将对企业进行评估，各行业可持续发展表现得分最高的 10%将最终入选 DJSI 系列流通股。

晨星 Sustainalytics 是一家于 2008 年由 Dutch Sustainability Research（DSR）、德国的 Scoris 和西班牙的 Analistas Internacionales en Sostenibilidad（AIS）合并而成的企业，主要为投资者提供单个公司的 ESG 评价。晨星 Sustainalytics 目前覆盖了 42 个行业的 6 500 多家公司，并在国际上有一定的影响力。市场覆盖范围从小型股（低于 20 亿美元市值）到大型股（超过 100 亿美元市值）。评级规模说明：可忽略风险（negl），0～10；低风险（low），10～20；中风险（med），20～30；高风险（high），30～40；严峻风险（severe），40 以上。在评级方法方面，晨星 Sustainalytics 的评估体系从 ESG 风险角度出发，根据企业的 ESG 表现进行风险评估，并按照企业的 ESG 风险得分划分风险等级。

表 13.1　国内主要 ESG 评级体系

评级机构	覆盖范围	ESG 评价体系构成
中证指数有限公司	A 股和港股上市的公司	3 个维度，14 个主题、22 个单元和 180 余个指标
华证	全部 A 股上市公司，2 000 多个债券主体	一级指标 3 个、二级指标 14 个、三级指标 26 个以及超过 130 个底层数据指标
中债资信评估有限责任公司	近 5 000 家公募信用债发行主体，其中上市公司 700 余家，其余均为非上市公司	3 个评价分项，14 个评价维度，39 个评价因素，160 余个具体计算指标
社投盟	沪深 300 成分股	由“筛选子模型”和“评分子模型”两部分构成。“筛选子模型”包括 6 个方面、17 个指标；“评分子模型”包括 3 个一级指标、9 个二级指标、28 个三级指标和 57 个四级指标
商道融绿	1 700 多家上市公司	3 个维度、13 项分类议题、200 多项三级指标、来源于 1 000 余个数据点
中诚信绿金科技（北京）有限公司	4 000 多家 A 股和 H 股上市公司，900 多个发债主体	3 个维度，16 个一级指标，50 多个二级指标，140 多个三级指标，240 多个四级指标；40 多个 ESG 行业评级模型

续表

评级机构	覆盖范围	ESG 评价体系构成
中央财经大学绿色金融国际研究院	涵盖上市公司与债券发行主体两个层面共 4 000 多家企业	3 个维度；负面行为与风险的定性与定量指标
润灵环球	中证 800 成分股	针对全球行业分类标准（Global Industry Classification Standard，GICS）68 个行业分类中的 56 个行业，共识别三大类议题，涉及 100 多个指标
微众银行股份有限公司（智能资产管理平台“揽月”）	711 家上市公司	3 个维度、41 个二级指标；短期 ESG 风险波动（脉动分）、长期 ESG 质量评价（洞察分）、近一年改善 ESG 表现的努力（动量分）
万得	800 多家上市公司	3 个维度，27 个议题，300 多个指标

资料来源：西部证券研发中心

思政专栏

ESG 信息披露提速

我国上市公司的 ESG 报告披露率正稳步提高，重视 ESG 信息披露成为新风向。

2023 年 5 月，富达基金管理（中国）有限公司和经济学人影响力（Economist Impact）共同编写的《中国企业的 ESG 实践》发布，问卷共覆盖 262 位中国上市公司最高管理层以及总监级别的高管。调研显示，近 2/3（64%）的企业已经发布年度 ESG 报告，另有 29%的企业计划在未来 3 年内发布 ESG 报告。这意味着到 2026 年，受访企业中预计有 93%将发布年度 ESG 报告。此外，资本正成为促进 ESG 信息披露的重要推动力。德邦证券股份有限公司的数据显示，截至 2023 年 7 月，我国已发行 ESG 债券 3 608 只，排除未披露发行总额的债券，存量规模 5.42 万亿元；在公募基金方面，市场存续 ESG 产品 462 只，净值总规模 5 760.39 亿元；银行理财市场存续 ESG 产品 369 只。

《中央企业上市公司环境、社会及治理（ESG）蓝皮书（2022）》的数据显示，中央企业上市公司在 ESG 信息披露方面发挥了表率作用。70.4%的央企上市公司发布了独立的 ESG 报告（包括社会责任报告、可持续发展报告），比全国平均水平高出 41 个百分点，29 家中央企业实现旗下控股上市公司报告发布“全覆盖”。2023 年，央企 ESG 指数基金频发，已有近百个以 ESG 评级标准作为重要筛选依据的指数型基金产品，其内在逻辑就是筛选出来的产品安全性更高、收益能力更强。央企 ESG 指数基金市场表现明显优于其母指数的市场表现，这反映出资本对 ESG 信息的关注，这将会激励更多企业参与 ESG 信息披露工作。

在建立高质量可持续信息披露标准成为全球共识的背景下，加快构建具有中国特色的 ESG 指标体系愈发重要。加强 ESG 信息披露，既要借鉴国际最佳实践，充分吸收境外市场的有益经验，更要立足我国国情和发展阶段，逐步研究确立具有中国特色的 ESG 话语体系。可将我国在 ESG 领域最佳实践（如以国家公园为主体的生态红线、环保督察等环境议题，乡村振兴、社会贡献等社会议题），融入可持续披露准则，充分彰显中国特色。ESG 体系指标建立不应忽视全球化、国际通行标准的价值，还要考虑我国上市公司的实际情况和能力。

《“十四五”规划和 2035 年远景目标纲要》中明确表示，“实施可持续发展战略，推动绿色发展，生态文明建设实现新进步”。另外，国家市场监督管理总局针对可持续发展目标，发布了一系列重要的国家标准。2022 年 1 月 7 日，沪深交易所分别发布的《上海证券交易所股票上市规则（2022 年 1 月修订）》和《深圳证券交易所股票上市规则（2022 年修订）》新增了对上市公司社会责任报告披露范围的要求。2022 年 4 月 11 日，证监会发布的《上市公司投资者关系管理工作指引》提出，将公司的 ESG 信息纳入与投资者的沟通内容中。由此可见，我国总体政策对 ESG 信息披露体系发展的重视度越来越高，“中国版”ESG 体系建设正不断提速。

探究与思考

1. 简述 ESG 的定义及其起源和发展历程。
2. 通过梳理近年来我国 ESG 的信息披露规范，试分析我国在 ESG 信息披露方面存在的挑战与不足。
3. 简述我国现有的 ESG 评级体系及主要的评价指标。
4. 简述当前中国企业 ESG 信息披露的进程。

第 14 章　绿色金融监管

随着绿色金融在我国的持续推进，监管网络正逐渐织密，这从我国绿色金融监管的立法发展中可以得到印证。经中国人民银行发起与倡导，众多部委陆续参与进来，发布了支持和保障绿色金融发展的各项规章制度，勾勒出绿色金融监管立法发展的清晰脉络，展现了绿色金融监管制度循序渐进的发展规律和初步框架。

本章将主要阐述我国绿色金融监管的发展进程，梳理分析绿色金融监管模式和特点，并对绿色金融监管的下一步实施工作进行讨论，从而强调绿色金融发展过程中监管工作的重要性。目前，我国的绿色金融监管工作正在不断完善发展。

14.1　绿色金融监管概述

绿色金融监管是指金融监管部门依据国家法律法规对整个绿色金融业（包括绿色金融机构和绿色金融业务）实施的全面性、经常性的检查与监督，以此促进金融机构依法稳健地经营和发展，使之符合绿色金融发展的要求。绿色金融监管主要包括政府、金融监管机构对金融机构的监管和金融机构对绿色金融客户的事后监管。

在我国，绿色金融监管体系主要由绿色金融法律和绿色金融政策两部分组成。其中，绿色金融法律属于基础性政策，是绿色金融发展的外部配套设施，包括环境相关法律、财政税收法律等方面。例如，《中华人民共和国环境保护法》作为我国环境保护的基础法律，为我国绿色经济发展提供了方向指引，更为绿色金融监管体系的建立提供了法律基础。财政税收法律是绿色金融发展的重要激励政策，可以通过优惠及惩罚等方式引导企业开展绿色生产、进行绿色融资。而绿色金融政策则具体到绿色金融本身，直接对绿色金融的发展起到激励作用。当前，我国绿色金融政策主要涉及绿色保险、绿色信贷、绿色证券等领域。

纵观我国绿色金融监管的立法发展史，萌芽期、起步期、缓行期、健进期这四个不同的阶段，都在不同程度地建构和完善监管制度，从整体上搭建起了基本框架。

第一阶段是 1995～2006 年的萌芽期。我国绿色金融监管立法始于 1995 年。1995 年 2 月 6 日，中国人民银行颁布了《关于贯彻信贷政策与加强环境保护工作有关问题的通知》，要求各级金融部门在信贷中把支持国家经济发展同资源保护、改善生态相结合。2001～2003 年，国家环保总局与证监会发布了《上市公司环境审计公告》等系列文件，将绿色金融监管的着力点放到了融资企业，对上市公司发行证券募集资金作出了前置性约束。2006 年 12 月 19 日，中国人民银行联合国家环保总局发布的《关于共享企业环保信息有关问题的通知》，要求先从企业环境违法信息起步，逐步将企业的环保信息纳入中国人民银行的企业征信系统，要求将银行审查企业的环保信息作为银行发放贷款的依据。在萌芽阶段，中国人民银行、环保部门、国家发展改革委、证监会、银监会作为绿色金融发展的推进与监管机构，就已经开启了通力协作的尝试。重点设计的监管机制包括监管部门对企业环境信息的共享机制、融资企业环境信息披露机制、违规责任追究机制等。

第二阶段是 2007～2011 年的起步期。2007 年 7 月 12 日，国家环保总局、中国人民银行和银监会发布了《关于落实环保政策法规防范信贷风险的意见》，该文件旨在落实国家环保政策法规，推进节能减排，防范信贷风险，强调金融监管部门、金融机构要与各级环保部门通力合作，建立畅通有效的信息沟通机制和联席会议制度，同时还设定了追责性规定。同年 12 月 4 日，国家环保总局与保监会联合发布的《关于环境污染责任保险工作的指导意见》，正式确立了建立环境污染责任保险制度的基本框架。2008 年 2 月 22 日，国家环保总局联合证监会等部门发布了《关于加强上市公司环境保护监督管理工作的指导意见》，旨在督促上市公司公开环境信息。在此发展阶段还出现了法律层面的绿色金融规范条款，集中体现在 2007 年修订通过的《中华人民共和国节约能源法》第六十五条、2008 年通过的《中华人民共和国循环经济促进法》第四十五条。相较于上一阶段，此阶段出现了国务院的统筹推进和较高层级的立法，新增了保监会这一监管主体，绿色金融工具也在已有绿色信贷和绿色证券的基础上新增了绿色保险，在运行机制上更加注重监管主体之间的互动与协作，进一步强调违规的不利后果。

第三阶段是 2012～2015 年的缓行期。此阶段以绿色信贷行业为突破口和试验区，我国开始了全面探索绿色金融监管的经验之路。银监会于 2012 年发布的《绿色信贷指引》，是对银行业专门设立的绿色金融发展规范，是在绿色金融监管专门立法上走出的重要一步，是我国指导和监管绿色信贷发展经验的系统呈现。该指引明确规定了银监会的监督管理权，依法负责对银行业金融机构的绿色信贷业务及其环境和社会风险管理实施监督管理。在全面探索绿色信贷监管经验的同时，我国也制定了规范其他绿色金融工具的监管规则。2013 年 1 月 21 日，环境保护部和保监会联合印发的《关于开展环境污染强制责任保险试点工作的指导意见》，在设定环境污染强制责任投保范围、条件与程序的同时，明确了环境保护部和保监会的监管职责。2015 年 12 月 22 日，中国人民银行发布的《绿色债券支持项目目录（2015 年版）》，为绿色债券审批与注册、第三方绿色债券评估、绿色债券评级和信息披露提供了重要的参考依据。2015 年 9 月 21 日，绿色金融进入中央文件，《生态文明体制改革总体方案》首次明确提出要“建立绿色金融体系”，并将其列入“十三五”发展规划，这标志着构建绿色金融体系正式上升为国家战略。

第四阶段是 2016 年至今的健进期。此阶段以中国人民银行等七部委于 2016 年联合发布的《关于构建绿色金融体系的指导意见》为开端，全面启动了我国绿色金融综合推进与监管的探索工作。《关于构建绿色金融体系的指导意见》明确提出，为防止绿色项目“洗绿”问题的出现，引发系统性金融风险，要求完善与绿色金融相关的监管机制。如果说上一阶段主推绿色信贷的发展与监管，此阶段的重点则是绿色债券的推行与监管。2015

年 12 月 31 日，国家发展改革委办公厅发布的《绿色债券发行指引》，对绿色债券的适用范围和支持重点作出了限定，并规定了绿色债券发行的具体审核要求。2017 年 3 月，证监会发布了《关于支持绿色债券发展的指导意见》，在设定绿色债券发行程序和信息披露义务的同时，规定严禁金融公司冒用以及滥用绿色环保的名义进行绿色债券资金募集，以确保绿色债券资金进入绿色产业。2018 年 2 月 5 日，中国人民银行发布了《关于加强绿色金融债券存续期监督管理有关事宜的通知》《绿色金融债券存续期信息披露规范》，以及信息披露报告模板，指出要重点核查发行人募集资金投向绿色项目的真实性、筛选和决策程序的合规性、募集资金管理的规范性、环境效益目标的实现情况。两份文件表明，中国人民银行开始关注并加强绿色债券存续过程性监管。2021 年 4 月 2 日，中国人民银行、国家发展改革委与证监会联合发布的《绿色债券支持项目目录（2021 年版）》，在 2015 年版的基础上进一步扩大债券范围、统一标准，促进绿色债券市场的扩大与融合，推动我国绿色债券市场与国际接轨。在绿色基金方面，2018 年 11 月 10 日，中国证券投资基金业协会发布的《绿色投资指引（试行）》指导绿色投资信息披露制度与指标量化设计；2020 年，国家绿色发展基金启动运营。在碳交易市场建设方面，在地方试点经验积累的基础上，7 月 16 日，全国碳排放权交易市场上线交易。2021 年 12 月 21 日，生态环境部办公厅等九部门发布的《关于开展气候投融资试点工作的通知》及《气候投融资试点工作方案》补充了气候投融资方面的政策空缺。2024 年 1 月 5 日，国务院第 23 次常务会议通过《碳排放权交易管理暂行条例》，该条例规范碳排放权交易及相关活动，加强对温室气体排放的控制，促进经济社会绿色低碳发展，推进生态文明建设，自 2024 年 5 月 1 日起施行。

14.2　绿色金融监管模式

我国绿色金融工具从最开始仅有的绿色信贷，逐步发展出绿色证券、绿色保险、绿色基金等。绿色融资工具的多元性，决定了我国绿色金融监管框架的复杂性，但整体上可以总结出以下特点。

第一，政府主导、自律为辅的监管模式形成。我国绿色金融在中国人民银行的发动与倡导、各监管部门的陆续参与下，逐步建立起了分别负责、密切协作的工作机制。在中国人民银行的统领与协调下，中国银保监会主要负责监管绿色信贷与绿色保险，证监会主要负责监管绿色证券，生态环境部、国家发展改革委、财政部等行政主管部门则在自己的职责范围内主要负责协助“一委一行两会”实施监管工作。监管机构之间的协作通常采用联席会议制度，在各单位内部确定责任部门和联络员，通过定期召开协调会议的形式保持沟通。除了政府部门的监管外，绿色金融领域已出现金融机构、行业协会或学会的身影。无论绿色信贷、绿色债券、绿色保险，还是绿色基金，起步发展之时主要是以市场主体自律为主，但随着各类市场的规模化发展，行业协会或学会开始发挥行业自律的作用。交易商协会和中国银行业协会成立的绿色信贷业务专业委员会，对绿色信贷实施行业自律监督；中国证券业协会成立的绿色证券专业委员会，对绿色证券实施行业自律监督；中国证券投资基金业协会则在绿色基金的发展与监督中发挥着重要作用。基于绿色金融统计与信息披露的局限性，社会监督起步较缓。2023 年 3 月 7 日，国务院机构改革方案发布，根据方案所述的金融监管改革内容，未来我国金融监管将形成“一行一局一会”监管模式；2023 年 3 月 16 日，中共中央 国务院印发了《党和国家机构改革方案》，方案中明确提出要组建中央金融委员会和中央金融工作委员会，不再保留国务院金融稳定发展委员会及其办事机构，将国务院金融稳定发展委员会办公室职责划入中央金融委员会办公室。在国家机构改革后，中央金融委员会将成为金融领域最高层面的决策机构。中央金融委员会和中央金融工作委员会将负责对金融工作的集中统一领导，中国人民银行将专注于货币政策和宏观审慎监管，国家金融监督管理总局将负责除了证券业之外的金融业监管及行为监管，证监会将专注于资本市场监管。金融监管将进一步强化，机构监管、功能监管、行为监管的融合也将更为紧密。

第二，辅以信息披露工作的实施和共享机制的建立。及时且充分的环境信息是绿色金融发展的基础性条件，有助于金融机构准确评估项目的环境风险；而绿色金融信息是反映绿色金融发展的实质状况，倒逼金融机构大力提升其环境风险防范能力，也有助于监管机构、社会组织和个人实施外部监督。1995 年，中国人民银行就与国家环境保护局协商筹建环境信息共享机制，几经努力发展至今，环保部门的企业环境信息已纳入中国人民银行的征信系统，为金融机构评估融资项目的绿色化程度提供了极大便利。2012 年发布的《绿色信贷指引》明确提出设立绿色信贷统计制度；2017 年 3 月发布的《关于支持绿色债券发展的指导意见》则明确设定了发行人关于绿色债券信息披露的义务，以便相关主体监控绿色金融的实施情况。2021 年 5 月 27 日，中国人民银行印发的《银行业金融机构绿色金融评价方案》提出，由中国人民银行负责 24 家主要银行业金融机构绿色金融评价工作。2021 年 7 月 22 日，《金融机构环境信息披露指南》（JR/T 0227—2021）的发布使得推动金融业进行环境信息披露迈出了重要一步。2022 年 6 月 1 日，中国银保监会印发的《银行业保险业绿色金融指引》，要求银行保险机构深入贯彻落实新发展理念，从战略高度推进绿色金融，进一步强化风险管理和信息披露，加强投融资流程管理，持续提升绿色金融服务质效。

第三，重视第三方评估认证工作的重要性。绿色金融评估认证是金融机构辨识绿色项目和实施贷（借）后监督的重要基础，也是进一步撬动社会资本的核心条件。为此，《绿色信贷指引》首次提出，建立健全绿色信贷标识制度，必要时可以借助合格、独立的第三方对环境和社会风险进行评审。在绿色债券领域，证监会也明令要求，绿色公司债券在申报前及存续期内，发行人应提交由独立评估认证机构就募集资金拟投资项目是否属于绿色产业项目所出具的评估意见或认证报告。为确保第三方机构实施客观、公正的评估认证，中国人民银行联合证监会于 2017 年 10 月 26 日发布了《绿色债券评估认证行为指引（暂行）》，该文件对评估认证机构、业务承接、评估认证内容、评估认证意见表述等事项作出了系统规定，初步建立起了评估认证机构的行为规范。2021 年 4 月 2 日，中国人民银行、国家发展改革委、证监会印发了《绿色债券支持项目目录（2021 年版）》，2021 版目录技术细节丰富，对绿色债券第三方评估认证提出了更高的要求。该目录特别指出，绿色债券项目需要符合其他有关质量、安全、技术、环境等国家标准和行业标准，强调环境与社会风险，要依赖技术专家评估和判定。2022 年 7 月 29 日，绿色债券标准委员会发布了《中国绿色债券原则》，“建议发行人聘请独立的第三方评估认证机构对绿色债券进行评估认证”。

第四，提出金融机构承担环境法律责任的要求。我国金融机构的环境法律责任制度最早见诸 2004 年的相关规定中。2004 年 4 月 30 日，国家发展改革委、中国人民银行、银监会发布的《关于进一步加强产业政策和信贷政策协调配合控制信贷风险有关问题的通知》首次规定：“对违反本通知要求或政策执行不力，违规审批项目和提供授信支持，造成严重损失的，要依照有关法律法规，追究有关当事人和负责人的责任。”2007 年 7 月 12 日，国家环保总局、中国人民银行和银监会发布的《关于落实环保政策法规防范信贷风险的意见》明确规定，“加强监督检查，追究违规者的责任”，“对商业银行违规向环境违法项目贷款的行为，依法予以严肃查处，对造成严重损失的，追究相关机构和责任人责任”。两项规定都明令禁止金融机构违反绿色金融监管规范要求而为重污染性项目提供信贷支持。一旦违规并造成严重损失的，需依法追究法律责任。两项规定的差别在于前者仅规定了金融机构内部工作人员的责任，而后者则增设了金融机构的单位责任。2016 年 8 月 31 日，中国人民银行等七部委联合发布《关于构建绿色金融体系的指导意见》，提出了“研究明确贷款人环境法律责任”的重要任务。

14.3 绿色金融监管的实施

14.3.1 完善绿色金融监管体系的法治化

绿色金融法是金融法的绿化，是环境与金融问题交织衍生的产物，是贯穿环境保护理念的金融法。绿色金融法律制度的完善健全对于绿色金融的发展和生态环境的保护治理都具有至关重要的作用。初期需要软硬兼备，既具备缺乏法律拘束力但有实际效力的软法规范，同时也要具备权利义务明确对应、强制性规范较多的硬法规范，但必须要注意实现软法与硬法的有效沟通。后期逐渐完善立法，实现管理型立法与促进型立法的相互衔接，同时并举限制性规范与鼓励性规范。此外，可以通过制定经营规则对监管法律制度的相关措施予以细化完善，确保金融机构在环境风险监控、绿色金融实际运行等措施中都有章可循、有法可依。

在传统的金融监管三原则的基础上，结合绿色金融的特点，确立生态环境监管与金融监管协调配合原则、生态环境与金融风险预警原则、生态环境优先原则三大原则。生态环境监管与金融监管协调配合原则是绿色金融监管体系的重要监管原则；生态环境与金融风险预警原则是绿色金融监管原则的次要原则，生态环境风险和金融风险是阻碍绿色金融发展的两大重要风险，在绿色金融运转中必须对两种风险均予以防控预警；生态环境优先原则是绿色金融监管原则的重要原则，当“绿色”与“金融”需要进行决策时，应当强调“绿色”的优先地位，“绿色”利益至上，生态经济优先。

14.3.2　确立多元化绿色金融监管主体

绿色金融监管机制的建立以监管主体的构建为前提。“分业经营、分业监管”一直是我国金融业的核心理念，反思传统金融的监管模式和绿色金融的特征，绿色金融的监管体系应当以多元化为特征。政府作为主要监管主体，其内部呈现多部门的多元化，而就外部监管而言，也呈现出多元化样态。除政府监管外，还有自律监管和社会监管。

一是政府监管。中国人民银行作为绿色金融的发起者，富有绿色金融监管的优势和经验，自然在监管体系中具有核心地位，而其他监管部门受其指引。因此，绿色金融监管主体必须关注中国人民银行的监管职责，监管改革也务必以中国人民银行职能的强化为主要方向，通过改革推进绿色金融的宏观审慎监管，以强化应对绿色金融风险、生态环境风险等。编织横向监管与纵向监管的行政内部监管网，既要注意自上而下的纵向监管，也要注意地方政府对所属部门的横向监管，尤其是关注跨部门监管体系的构建，需要根据部门、机构特色制定不同的监管目标、监管原则及规范准则。

二是自律监管。自律监管是一种克己复礼的监管模式，首先是绿色金融机构的自律监管，在构建完善的引导措施与约束规范的基础上，积极鼓励个体进行自我规制。构建绿色金融的“内控”模式，自下而上地维护绿色金融行业秩序，从而降低监管成本，增加绿色金融领域的活性，促进金融科技在绿色金融中的广泛运用。同时，通过宣传教育等助推手段，提升绿色金融消费者对于金融科技在该领域内运用的认知能力和行动能力，以进一步强化绿色金融在新时代下的“内控”，进一步完善行业秩序。其次是相关企业的自律监管，作为进入绿色金融市场的高污染、高排放企业，必须加强自律监管，不仅监管其金融财政状况，防止金融腐败现象，也要监管其生态环境保护治理现象，防止其绿色腐败。最后，建议建立一个独立、完备的绿色金融监管组织，与中国银保监会、行政机关等协调配合，充分发挥第三方自律组织的监管作用。加强行业协会在金融监督中的行业内部约束作用，鼓励和引导行业协会结合金融科技在绿色金融领域中的运用，构建相关的行业规范和准则，与政府规范性文件互补，形成规范金融科技运用的多层次管理体系。

三是社会监管。所谓社会协调，就是人有意识、有目的的活动，是为了使社会朝着可期望、已预定的方向和目标发展，是社会整体意识的表现。建立一个生态良好的金融环境、一个生态红利与经济红利并存的金融市场，就需要社会这只“看不清的手”，这只手既可以避免金融市场这只“看不见的手”的机会主义缺陷，也可以避免国家政府这只“看得见的手”的政府失灵缺陷。积极发挥民间第三方组织的金融技术和专门化知识优势，鼓励第三方认证组织与政府部门合作，通过项目外包或招标等方式，辅助政府在碳足迹统计、碳排放估算等大规模、专业性领域的工作，从而助力绿色项目认定。

14.3.3　健全绿色金融监管协调机制

绿色金融属于多领域金融，监管主体的多元化要求构建各主体之间的协调机制。在绿色金融监管协调机制中，中国人民银行始终占据主导地位，构建绿色金融监管协调机制，优化监管格局关系，增进监管机构之间的良性互动，同时完善、提高监管协调的相关制度规则，以充分推进构建多元化监管主体格局下绿色金融监管良性互动。

一是完善信息披露与共享制度。信息的充分性和及时性是绿色金融监管工作开展的基础性条件。在绿色金融市场中，具有信息披露与共享义务的主体大致有三种：第一种是获取绿色金融支持的企业，其具有依法披露环境信息的义务；第二种是绿色金融机构，其具有依法披露绿色金融业务情况的义务；第三种是金融机构监管主体，其具有依法共享监管事项和监管结构的义务。

二是建立联合执法机制。联合执法机制是实现绿色金融监管结果的交流沟通，是节约执法资源和成本的重要机制。可以设置一套绿色金融黑白名单，实现重点对象重点监督、诚信对象弱化监督，以提高监管效率。

14.3.4 推动科技和监管的包容共治

推动敏捷治理理念落实，借助金融科技构建个性化的、灵活化的绿色气候监管等措施，以推进国家绿色金融治理体系和治理能力的现代化。政府部门积极引导各方塑造“敏捷治理”的价值理念和灵活协同机制，实现科技和监管的包容共治。政府部门牵头，运用大数据训练一套较为成熟稳定的算法，在绿色金融领域构建基于生成式人工智能的敏捷治理模式，利用人工智能对绿色信息进行精准分析，以更加高效地回应数字时代更为复杂的绿色金融问题。一方面，需要政府主导，主动把控科技运用与科技监管之间的平衡，营造开放、和谐、共享、安全的绿色信息生态体系，处理好不同价值主体之间的矛盾和冲突；另一方面，积极推动政府、企业、金融机构和个人等多方主体参与变革，提高风险决策能力，主动发现金融科技在绿色金融领域适用中存在的新问题，进行迅速、精准的变革，以适应新时代绿色金融领域治理的需求。

思政专栏

习近平总书记谈金融监管

金融活，经济活；金融稳，经济稳。金融高质量发展关乎中国式现代化建设全局，维护金融安全更是治国理政的一件大事。党的十八大以来，习近平总书记高度重视金融在经济发展和社会生活中的重要作用，围绕做好金融工作发表了一系列重要论述。

2015 年 11 月 3 日，新华网报道了习近平总书记关于《中共中央关于制定国民经济和社会发展第十三个五年规划的建议》的说明，说明强调，要坚持市场化改革方向，加快建立符合现代金融特点、统筹协调监管、有力有效的现代金融监管框架，坚守住不发生系统性风险的底线。2016 年 12 月 16 日，新华网报道了 2016 年中央经济工作会议。会议强调，“要把防控金融风险放到更加重要的位置，下决心处置一批风险点，着力防控资产泡沫，提高和改进监管能力，确保不发生系统性金融风险”。2017 年 10 月 27 日，新华网报道了习近平总书记在中国共产党第十九次全国代表大会上的报告，报告中再次指出，“健全金融监管体系，守住不发生系统性金融风险的底线”。

2019 年 2 月 23 日，新华网报道了习近平总书记主持中共中央政治局第十三次集体学习时的讲话。会议指出，“要统筹金融管理资源，加强基层金融监管力量，强化地方监管责任，做到抓小抓早、防微杜渐。要建立监管问责制，由于监督不力、隐瞒不报、决策失误等造成重大风险的，要严肃追责”。2022 年 6 月 22 日，新华网报道了习近平总书记主持召开中央全面深化改革委员会第二十六次会议。会议强调，“要依法依规将平台企业支付和其他金融活动全部纳入监管，以服务实体经济为本，坚持金融业务持牌经营，健全支付领域规则制度和风险防控体系，强化事前事中事后全链条全领域监管……要压实各有关部门监管责任，健全中央和地方协同监管格局，强化功能监管、穿透式监管、持续监管，加强监管协作和联合执法，保持线上线下监管一致性，依法坚决查处非法金融活动”。

2023 年 10 月 31 日，新华网报道了 2023 年中央金融工作会议。会议强调，“金融是国民经济的血脉，是国家核心竞争力的重要组成部分，要加快建设金融强国，全面加强金融监管，完善金融体制，优化金融服务，防范化解风险，坚定不移走中国特色金融发展之路，推动我国金融高质量发展，为以中国式现代化全面推进强国建设、民族复兴伟业提供有力支撑”。2024 年 1 月 16 日，新华网报道了习近平总书记在省部级主要领导干部推动金融高质量发展专题研讨班开班式上发表的重要讲话。在开班式上，习近平总书记再次对“着力防范化解金融风险特别是系统性风险”作出具体部署，“金融监管要‘长牙带刺’、有棱有角，关键在于金融监管部门和行业主管部门要明确责任，加强协作配合。在市场准入、审慎监管、行为监管等各个环节，都要严格执法，实现金融监管横向到边、纵向到底”。

“‘长牙带刺’、有棱有角”，是形容加强金融监管的力度和决心。继 2023 年中央金融工作会议强调“全面加强金融监管”后，习近平总书记以一个形象的比喻，再次强调了我国对金融领域违法违规乱象“零容忍”的态度，彰显了我国全面加强金融监管的决心，指明了全面加强金融监管工作的方向。“‘长牙带刺’、有棱有角”，表明加强金融监管要综合施策、不留死角。全面加强金融监管是一项系统工程，需要多方参与、凝聚合力。金融管理部门和宏观调控部门、行业主管部门、司法机关、纪检监察机关等都应履行相应职责，金融机构、投资者、消费者等市场主体也应树立合规意识，媒体和公众也应共同发挥监督作用。唯有各方协作配合，才能形成全方位的监管合力。“‘长牙带刺’、有棱有角”，明确了加强金融监管的力度和深度。金融犯罪活动隐蔽性强、危害性大，同时专业性、技术性较为复杂。因此，只有在市场准入、审慎监管、行为监管等各个环节都严格执法，聚焦影响金融稳定的“关键事”、造成重大金融风险的“关键人”、破坏市场秩序的“关键行为”，才能把“板子”真正打准、打痛，增强监管的震慑力，实现“横向到边、纵向到底”。

防控风险是金融工作的永恒主题。党的十八大以来，我国金融体系不断发展完善，金融治理能力和治理水平稳步提升，金融监管透明度和法治化取得了新进展，现代金融监管体系日趋成熟。特别是 2023 年，我国金融监管领域迎来了重磅改革，组建中央金融委员会、组建中央金融工作委员会、组建国家金融监督管理总局、深化地方金融监管体制改革、证监会调整为国务院直属机构、统筹推进中国人民银行分支机构改革……通过机构调整、建章立制，不断扎紧制度的“铁篱笆”。如今，我国已成为重要的世界金融大国，拥有全球最大的银行体系，第二大保险、股票和债券市场，外汇储备规模稳居世界第一，普惠金融走在世界前列，不断满足经济社会发展和人民群众日益增长的金融需求，金融已经成为推动经济社会发展的重要力量。“‘长牙带刺’、有棱有角”，既是建设金融强国的重要内容，也是社会经济发展的必然要求。随着金融监管的全面加强，金融风险防控将更加有力、有效，为高质量发展提供更坚实的支撑。

思政专栏

首部绿色金融领域法律法规——《深圳经济特区绿色金融条例》

2021年3月1日，我国首部绿色金融法规，同时也是全球首部规范绿色金融的综合性法案《深圳经济特区绿色金融条例》（简称《绿金条例》）正式实施。在绿色低碳发展工作不断推进、绿色金融政策框架和激励机制不断完善的背景下，《绿金条例》的实施奏响了深圳市推动绿色金融发展先行示范、走向纵深的号角。深圳市地方金融监督管理局（简称深圳市地方金融监管局）加强与各相关部门及中央驻深金融监管机构的密切合作，联合推出了一系列配套措施，推动《绿金条例》落地实施。

为贯彻落实国家关于绿色金融改革创新发展的重要决策部署，统筹各方共同推进深圳市绿色金融发展，深圳市政府已成立绿色金融发展工作领导小组，分管金融副市长担任组长，深圳市地方金融监管局与深圳人行任副组长单位，深圳市发展和改革委员会等多部门作为成员单位。深圳市地方金融监管局正在筹建的深圳市绿色金融协会（简称深圳绿金协）与深圳经济特区金融学会绿色金融专业委员会（简称深圳绿金委）形成“两位一体”运作机制，在深圳绿金委加强政策引导的同时，通过深圳绿金协加强行业自律，形成绿色金融发展合力。深圳市地方金融监管局与深圳人行、中国银行保险监督管理委员会深圳监管局（简称深圳银保监局）研究联合推出指导意见，加强深圳市银行业绿色金融专营体系建设；与深圳人行、深圳银保监局、中国证券监督管理委员会深圳监管局共同指导深圳经济特区金融学会举办 2020 年度深圳绿色金融优秀案例评选活动；与深圳人行共同指导深圳绿金协于近期举办深圳市金融机构绿色金融培训，切实加强绿色金融专业能力建设。

《绿金条例》的实施有充分的市场和机构基础。深圳市绿色贷款余额占比较大。调查显示，截至2020年末，深圳市银行业存款类金融机构绿色贷款余额近3 500亿元，同比增长16.8%，占各项贷款余额5.1%。而且，部分金融机构已开展环境信息披露。深圳经济特区金融学会绿色金融专业委员会的调研发现，样本中过半数金融机构已开展公开环境信息披露。

深圳市金融机构也做好了充分的准备。兴业银行作为国内首家赤道银行、绿色金融领域的先行者，辖内分行已建立适应绿色金融发展的组织架构和内部管理制度，积极参与深圳市绿色金融专营体系的建设试点，未来将以《绿金条例》为指导，以金融创新为基准，持续推动绿色产业发展。国家开发银行深圳市分行也积极践行《绿金条例》，发挥专家银行的优势，参与推动深圳市绿色金融协会的成立，并将通过该协会扩大绿色金融服务半径，大力支持深圳市低碳循环经济走向全国，助力绿色产业辐射外溢发展。

下一步，深圳市地方金融监管局将进一步发挥政策引领作用，加强与其他相关部门和中央驻深金融监管机构的合作，做好对深圳绿金协的政策指导，与相关职能部门联合行动，完善《绿金条例》配套细则，优化绿色金融政策体系；完善绿色金融标准，建设绿色金融发展基础设施；加强绿色金融人才培养，补齐绿色金融中介组织发展短板，营造深圳绿色金融发展良好生态；不断总结绿色金融发展“深圳经验”，为粤港澳大湾区、国内、国际绿色金融发展提供经验。

探究与思考

1. 简述我国绿色金融监管的阶段性发展进程。
2. 简述我国绿色金融监管模式，梳理总结绿色金融监管的特点。
3. 结合当前金融工作发展面临的复杂性，试分析我国绿色金融监管存在哪些挑战与不足。
4. 结合我国绿色金融监管发展特点，试分析今后我国绿色金融监管工作应如何进一步实施。

REFERENCE

参 考 文 献

北京证监局课题组. 2021. 关于上市公司环境、社会责任及公司治理(ESG)信息披露的研究. 财务与会计, (11): 25-28.

财政金融司. 2017. 2017 年社会信用体系建设部际联席会议在京召开. https://www.ndrc.gov.cn/fzggw/wld/lwl/lddt/201705/t20170516_1167607.html[2024-10-23].

操群, 许骞. 2019. 金融“环境、社会和治理”(ESG)体系构建研究. 金融监管研究, (4): 95-111.

陈海盛, 沈满洪. 2023. 绿色信用制度理论研究: 文献综述与展望. 中国人口·资源与环境, 33(10): 61-72.

邓晶, 郑雨洁, 顾雪松, 等. 2023. 中国碳市场与绿色金融市场溢出效应研究. 金融理论与实践, (7): 47-59.

冯馨, 马树才. 2017. 中国绿色金融的发展现状、问题及国际经验的启示. 理论月刊, (10): 177-182.

高晓燕, 纪文鹏. 2018. 绿色债券的发行人特性与发行信用利差. 财经科学, (11): 26-36.

龚斯闻, 赵国栋, 马晓鋆. 2019. 绿色金融的发展逻辑与演进路径: 基于要素解构的视角. 经济问题探索, (10): 184-190.

龚玉霞, 滕秀仪, 赛尔沃, 等. 2018. 绿色债券发展及其定价研究: 基于二叉树模型分析. 价格理论与实践, (7): 79-82.

韩立岩, 王臻. 2014. 绿色信贷发展的国际比较与启示. 国际经济合作, (2): 90-94.

何广文. 1999. 从农村居民资金借贷行为看农村金融抑制与金融深化. 中国农村经济, (10): 42-48.

黄卓, 王萍萍. 2022. 金融科技赋能绿色金融发展: 机制、挑战与对策建议. 社会科学辑刊, (5): 101-108.

金晓斌, 应苏辰. 2023. 面向区域高质量发展的全域土地综合整治适应性转型与路径优化研究. 中国土地科学, 37(10): 1-11.

李朋林, 叶静童. 2019. 绿色金融: 发展逻辑、演进路径与中国实践. 西南金融, (10): 81-89.

李心丹. 2013. 金融市场与金融机构. 北京: 中国人民大学出版社.

李燕, 肖泽钰. 2024. 强制与自愿二元定位下《证券法》ESG 信息披露制度的体系完善. 重庆大学学报(社会科学版), 30(2): 195-210.

刘继光, 黄星刚. 2023. 绿色保险: 发展基础、面临挑战与政策建议. 新金融, (11): 56-61.

刘粮, 傅奕蕾, 宋阳, 等. 2024. 国际经验推动我国碳金融市场成熟度建设的发展建议. 西南金融, (1): 43-53.

刘锡良, 文书洋. 2019. 中国的金融机构应当承担环境责任吗?: 基本事实、理论模型与实证检验. 经济研究, 54(3): 38-54.

刘瑶, 张斌, 张明. 2024. 中国式转型金融: 典型事实、发展动力与现存挑战. 国际经济评论, (3): 151-176.

鲁政委, 叶向峰, 钱立华, 等. 2021. “碳中和”愿景下我国碳市场与碳金融发展研究. 西南金融, (12): 3-14.

马骏. 2015. 论构建中国绿色金融体系. 金融论坛, 20(5): 18-27.

马骏. 2016. 中国绿色金融发展与案例研究. 北京: 中国金融出版社.

潘文智. 2011. 大型养殖场沼气工程: 以北京德青源沼气工程为例. 中国工程科学, 13(2): 40-43.

秦涛, 杜亚婷, 陈奕多. 2022. 碳资产质押贷款模式比较、制约因素与发展策略. 福建论坛(人文社会科学版), (11): 51-63.

邱牧远, 殷红. 2019. 生态文明建设背景下企业 ESG 表现与融资成本. 数量经济技术经济研究, 36(3): 108-123.

史英哲, 王遥. 2018. 绿色债券. 北京: 中国金融出版社.

苏冬蔚, 连莉莉. 2018. 绿色信贷是否影响重污染企业的投融资行为?. 金融研究, (12): 123-137.

孙阿妞. 2010. 我国发展碳金融存在的问题及对策分析. 武汉金融, (6): 19-20, 6.

王波, 岳思佳. 2020. 我国绿色金融激励约束保障机制研究. 西南金融, (10): 79-87.

王波, 郑联盛. 2018. 新常态下我国绿色金融发展的长效机制研究. 技术经济与管理研究, (8): 78-83.

王凯, 张志伟. 2022. 国内外 ESG 评级现状、比较及展望. 财会月刊, (2): 137-143.

王馨, 王营. 2021. 绿色信贷政策增进绿色创新研究. 管理世界, 37(6): 173-188, 11.

王遥, 曹畅. 2016. 中国绿色债券第三方认证的现状与前景. 环境保护, 44(19): 22-26.

王遥, 毛倩. 2023. 全球绿色金融发展报告(2022). 北京: 社会科学文献出版社.

王遥, 徐楠. 2016. 中国绿色债券发展及中外标准比较研究. 金融论坛, 21(2): 29-38.

吴非, 胡慧芷, 林慧妍, 等. 2021. 企业数字化转型与资本市场表现: 来自股票流动性的经验证据. 管理世界, 37(7): 130-144.

西南财经大学发展研究院, 环保部环境与经济政策研究中心课题组. 2015. 绿色金融与可持续发展. 金融论坛, (10): 30-40.

新华社. 2015. 习近平: 关于《中共中央关于制定国民经济和社会发展第十三个五年规划的建议》的说明. https://www.gov.cn/xinwen/2015-11/03/content_2959560.htm[2024-10-23].

新华社. 2016. 习近平主持召开中央全面深化改革领导小组第二十三次会议. https://www.gov.cn/xinwen/2016-04/18/content_5065495.htm[2024-10-23].

新华社. 2016. 习近平主持召开中央全面深化改革领导小组第二十五次会议. https://www.gov.cn/xinwen/2016-06/27/content_5086105.htm[2024-10-23].

新华社. 2016. 中央经济工作会议在北京举行 习近平李克强作重要讲话. https://www.gov.cn/xinwen/2016-12/16/content_5149018.htm[2024-10-23].

新华社. 2016. 中央全面深化改革领导小组第二十七次会议召开. https://www.gov.cn/xinwen/2016-08/30/content_5103650.htm[2024-10-23].

新华社. 2017. 习近平: 决胜全面建成小康社会 夺取新时代中国特色社会主义伟大胜利——在中国共产党第十九次全国代表大会上的报告. https://www.gov.cn/zhuanti/2017-10/27/content_5234876.htm[2024-10-23].

新华社. 2019. 习近平主持中共中央政治局第十三次集体学习并讲话. https://www.gov.cn/xinwen/2019-02/23/content_5367953.htm[2024-10-23].
新华社. 2020. 习近平在第七十五届联合国大会一般性辩论上发表重要讲话. https://www.gov.cn/xinwen/2020-09/22/content_5546168.htm[2024-10-23].
新华社. 2020. 习近平在联合国生物多样性峰会上的讲话(全文). https://www.gov.cn/xinwen/2020-09/30/content_5548767.htm[2024-10-23].
新华社. 2020. 习近平主持召开中央财经委员会第八次会议. https://www.gov.cn/xinwen/2020-09/09/content_5542047.htm[2024-10-23].
新华社. 2021. 习近平出席《生物多样性公约》第十五次缔约方大会领导人峰会并发表主旨讲话. http://www.xinhuanet.com/2021-10/12/c_1127949239.htm[2024-10-23].
新华社. 2022. 习近平：高举中国特色社会主义伟大旗帜 为全面建设社会主义现代化国家而团结奋斗——在中国共产党第二十次全国代表大会上的报告. https://www.gov.cn/xinwen/2022-10/25/content_5721685.htm[2024-10-23].
新华社. 2022. 习近平向《生物多样性公约》第十五次缔约方大会第二阶段高级别会议开幕式致辞. https://www.gov.cn/xinwen/2022-12/16/content_5732339.htm[2024-10-23].
新华社. 2022. 习近平主持召开中央全面深化改革委员会第二十六次会议. https://www.gov.cn/xinwen/2022-06/22/content_5697155.htm[2024-10-23].
新华社. 2023. 坚定不移走中国特色金融发展之路——中央金融工作会议为金融发展指明前进方向、激发信心动力. http://www.xinhuanet.com/2023-11/01/c_1129953401.htm[2024-10-23].
新华社. 2023. 习近平在第三届“一带一路”国际合作高峰论坛开幕式上的主旨演讲(全文). https://www.gov.cn/yaowen/liebiao/202310/content_6909882.htm[2024-10-23].
新华社. 2023. 习近平在全国生态环境保护大会上强调：全面推进美丽中国建设 加快推进人与自然和谐共生的现代化. https://www.gov.cn/yaowen/liebiao/202307/content_6892793.htm[2024-10-23].
新华社. 2023. 中央金融工作会议在北京举行 习近平李强作重要讲话. https://www.gov.cn/yaowen/liebiao/202310/content_6912992.htm[2024-10-23].
新华社. 2024. 习近平在省部级主要领导干部推动金融高质量发展专题研讨班开班式上发表重要讲话. https://www.gov.cn/yaowen/liebiao/202401/content_6926302.htm[2024-10-23].
徐政，江小鹏. 2021. 绿色金融支持碳中和：现状、机理与路径. 学术交流, (10): 78-87.
杨希雅，石宝峰. 2020. 绿色债券发行定价的影响因素. 金融论坛, 25(1): 72-80.
杨希雅，石宝峰. 2022. 债券违约是否存在区域传染？：基于中国债券市场融资成本视角. 运筹与管理, 31(11): 186-193.
杨星，范纯，等. 2015. 碳金融市场. 广州：华南理工大学出版社.
姚明龙. 2017. 绿色债券发行利率折价因素实证分析. 浙江金融, (8): 55-59.
袁蓉丽，江纳，刘梦瑶. 2022. ESG 研究综述与展望. 财会月刊, (17): 128-134.
詹小颖. 2018. 我国绿色金融发展的实践与制度创新. 宏观经济管理, (1): 41-48.
张琳，廉永辉. 2019. 绿色信贷、银行异质性和银行财务绩效. 金融监管研究, (2): 43-61.
张瑞纲，谢若男. 2023. 绿色保险体系的构建：标准、分类和实践路径. 学术交流, (9): 131-146.
张晓晨. 2016. 我国低碳经济建设融资现状、问题和对策. 中国社会科学院研究生院学报, (6): 58-63.

赵淑霞, 肖成志. 2021. 国内外绿色基金宏观层面比较研究. 西南金融, (4): 15-28.

中国工商银行带路绿色指数课题组. 2020. "一带一路"绿色金融(投资)指数研究. 金融论坛, 25(6): 3-10.

朱兰, 郭熙保. 2022. 党的十八大以来中国绿色金融体系的构建. 改革, (6): 106-115.

朱培金. 2017. 绿色债券评估体系研究: 基于熵指标法的研究. 浙江金融, (3): 61-66

Febi W, Schäfer D, Stephan A, et al. 2018. The impact of liquidity risk on the yield spread of green bonds. Finance Research Letters, 27: 53-59.

Ng T H, Tao J Y. 2016. Bond financing for renewable energy in Asia. Energy Policy, 95: 509-517.

Reboredo J C. 2018. Green bond and financial markets: Co-movement, diversification and price spillover effects. Energy Economics, 74: 38-50.